Lo que la gente dice de Guillermo Maldonado

La revelación profética de Guillermo Maldonado sobre los fundamentos apostólicos de la iglesia, y su pasión y hambre por ver la manifestación del reino sobrenatural de Dios en la tierra en nuestros tiempos modernos, son contagiosos.

—Dr. Myles Munroe
Presidente y fundador, Bahamas Faith Ministries Int'l

He conocido a Guillermo Maldonado desde hace varios años, y nuestra amistad ha crecido durante ese tiempo. Su ministerio está causando un gran impacto e influencia en América Latina.

—Marcos Witt
Pastor asociado, Lakewood Church, Lakewood, Texas

Las enseñanzas frescas de Guillermo Maldonado ofrecen esperanza y respuestas a los problemas cotidianos.

—Jonás González
Presidente, cadena de televisión Enlace

Los libros del Pastor Maldonado son muy útiles, contienen grandes revelaciones, y sin duda dan dirección de Dios.... He visto el ministerio del Pastor Maldonado por dentro y por fuera, y me gusta el fruto de ambos.

—Marilyn Hickey
Presidente, Marilyn Hickey Ministries

Estoy impresionado con la gran presencia de Dios que rodea a Guillermo Maldonado 24/7.... Él no sólo camina en milagros extraordinarios, señales y prodigios, sino que también ha sido sobrenaturalmente dotado para discipular a otros, para que se muevan en el mismo poder sobrenatural de Dios.

—Sid Roth
Anfitrión del programa de televisión *¡It's Supernatural!*

Las prédicas del Pastor Guillermo Maldonado son un banquete espiritual que inspira a las almas.... Él anima a los quebrantados de corazón y les da esperanza. Él aviva la fe de los enfermos y ayuda a aquellos que han perdido su camino, para encontrar el camino de regreso al Señor.

—Porfirio Lobo Sosa
Presidente de la República de Honduras, Centro América

El Pastor Maldonado es un prolífico y consumado escritor cuyo ministerio llega a los fieles de todo el mundo.

—Dr. Eduardo J. Padrón
Presidente, Miami Dade College

Un hecho contundente en la vida de Guillermo Maldonado es que él ha tomado literalmente las palabras de Jesús, de "ir y hacer discípulos a todas las naciones". Si su deseo es ser un hacedor de discípulos, lo invito a abrazar al Pastor Maldonado y sus enseñanzas.

—Pastor Rich Wilkerson
Trinity Church Miami y Peacemakers Ministries

La pasión del Pastor Guillermo Maldonado por su llamado y por la gente ha dado buenos frutos en los miles que han sido salvados por Jesucristo, empoderados por el poder del Espíritu Santo, discipulados por él, y enviados a cumplir su llamado.

—Obispo Ernest P. Komanapalli
Fundador y presidente (emérido), Manna Group of Ministries, India

Las obras sobrenaturales de Jesucristo por el Espíritu Santo son declaradas sin concesiones por los Dres. Guillermo y Ana Maldonado. Con grandes o pequeñas multitudes, las obras milagrosas de Dios son demostradas sobrenaturalmente por el mismo Espíritu poderoso que levantó a Jesucristo de entre los muertos.

—Dr. Steve Anderson
Living in a Faith World ministry

El sinnúmero de vidas que son transformadas y equipadas para bien del reino dan testimonio del gran ministerio que Dios está realizando a través de este líder visionario y excepcional.

—Pastor Bill Prankard
Bill Prankard Evangelistic Association

Guillermo Maldonado ha retado, tanto a la iglesia hispana como a la iglesia más amplia, a confiar plenamente en el poder de Dios para transformar nuestras vidas, comunidades y naciones a través de su Espíritu vivificante.

—Dr. Carlos Campo
Presidente, Regent University

Quiero decir tres cosas acerca del Dr. Maldonado: (1) tiene gran fe y confianza en Jesús, (2) es un poderoso ministro del reino de Dios, y (3) hace todo esto con gran integridad. ¡Esta combinación es difícil de encontrar!

—**Charles Green**, Th.D., Litt.D., L.L.D

La integridad y honestidad de Guillermo Maldonado han sido confirmadas por la poderosa obra de Dios a través de su ministerio... por todo el mundo.

—**Dr. Andre Roebert**
CEO y fundador, TBN África y River Group

Pastor Maldonado ha sido y sigue siendo un verdadero visionario de Cristo. Él es pastor de una de las mayores iglesias multiculturales en Estados Unidos, un escritor prolífico y un predicador a las naciones.

—**Reverendo Luis Cortes Jr.**
Presidente y fundador de Esperanza

Hay demanda por los dones y llamado de Guillermo Maldonado, y estoy agradecido que, en esta temporada, el cuerpo de Cristo esté consciente de la necesidad de ver la demostración de las señales, prodigios y milagros que vienen por medio de él.

—**Dr. Renny McLean**
Presidente y CEO, Global Glory, Inc.

LA
GLORIA
DE
DIOS

GUILLERMO MALDONADO

WHITAKER
HOUSE

LA GLORIA DE DIOS
Experimente un encuentro sobrenatural con su presencia
(Publicado también en inglés bajo el título: *The Glory of God*)

Guillermo Maldonado
13651 S.W. 143rd Ct., #101
Miami, FL 33186
http://www.elreyjesus.org/
www.ERJPub.org

ISBN: 978-1-60374-491-1
Impreso en los Estados Unidos de América
© 2012 por Guillermo Maldonado

Whitaker House
1030 Hunt Valley Circle
New Kensington, PA 15068
www.whitakerhouse.com

Por favor, envíe comentarios o sugerencias para hacer mejoras a este libro a: comentarios@whitakerhouse.com.

1 2 3 4 5 6 7 8 9 10 **W** 19 18 17 16 15 14 13 12

Contenido

1

Fuimos creados para la gloria

¿Sabía que usted fue creado especialmente para la gloria de Dios? La gloria de Dios fue un regalo para la humanidad en la creación, pero también es la herencia que le pertenece a todo hijo de Dios. Cuando entramos en la gloria de Dios, habitamos en su presencia, recibimos su amor y gracia, entendemos su corazón, conocemos su voluntad y experimentamos su poder divino. Ese poder transforma vidas —salvando, sanando y liberando—, y hace milagros y maravillas que revelan la majestad de Dios. Sin embargo, muchos cristianos no viven en esta gloria. Por varias razones se conforman con mucho menos en su relación con Dios, aun cuando le sirven día a día.

La noche de su crucifixión Jesús oro al Padre celestial:

*La gloria que me diste, **yo les he dado**, para que sean uno, así como nosotros somos uno.*   (Juan 17:22)

Jesús les ha dado a los creyentes la *misma* gloria que recibió del Padre. Las preguntas que entonces debemos hacernos son: ¿qué debemos hacer con esta revelación? ¿Cómo podemos vivir, según la gloria que hemos recibido de Jesús?

Experimentando la gloria de Dios

La gloria de Dios no es sólo un concepto teológico que se debe aprender. Es una realidad que puede ser continuamente experimentada. Tristemente, muchos teólogos, maestros y predicadores consideran que la gloria de Dios es una cosa del pasado; algo que fue conocido en los tiempos bíblicos pero que no puede experimentarse hoy. Sin embargo, la gloria de Dios es para esta generación. Conozcamos a continuación el testimonio del Dr. Coradin. Él experimentó el poder transformador de la gloria de Dios, junto a su familia, cuando visitaron nuestra iglesia, El Rey Jesús:

Invitado por un amigo, llegamos a la iglesia devastados. Nuestro hijo David había pasado una noche en la cárcel por un problema de droga y mal comportamiento. Como consecuencia, perdió su beca con la Universidad de Medicina Nova. Cuando llegamos al estacionamiento de la iglesia, de repente sentimos que una presencia sobrenatural invadía nuestro auto. Mi hijo comenzó a llorar y gemir, mientras le pedía a Dios y a nosotros que le perdonáramos. Mi esposa comenzó a llorar y temblar. Yo me quedé paralizado y asombrado. Si esto estaba pasando en el estacionamiento, la primera vez que visitábamos la iglesia, entonces ¿qué iba a pasar cuando entráramos en la iglesia?

Treinta minutos más tarde, pudimos salir del auto. Como resultado de nuestra visita a la iglesia, David fue transformado. Dios lo liberó y lo convirtió en un evangelista para los que están adictos a las drogas, en un líder de Casa de Paz [el ministerio de nuestra iglesia de evangelismo y compañerismo en hogares], en un miembro del equipo de evangelismo de la universidad, en un guerrero de intercesión y en un ejemplo para muchos de sus antiguas amistades. En mi caso, yo había descuidado mi relación con Dios y con mi familia a causa del alcoholismo. El Señor me liberó de esa adicción y me reconcilié con Él. Dios también comenzó a restaurar mi matrimonio. Mi esposa, Joy, fue liberada de la depresión y de su dependencia a los antidepresivos. Esta experiencia de primera mano transformó nuestras vidas y nos dio propósito. Le dio un nuevo destino a nuestra familia y a nuestras futuras generaciones.

Jesús vive, y continúa haciendo milagros entre nosotros. En Medellín, Colombia, vive una mujer llamada Johanna. Ella trabaja con instituciones que atienden a los niños huérfanos, desamparados e infectados con SIDA. Hace un año, ella aceptó a Jesús como su Señor y salvador cuando visitó nuestra iglesia en Miami. Allí, ella fue entrenada para moverse en el poder sobrenatural de Dios. Cuando regresó a Colombia, al orfanato donde trabaja, conoció a Xiomara, una niña de cuatro meses a quien le diagnosticaron VIH positivo. El amor de Dios vino sobre Johanna y comenzó a orar por la pequeña, rompiendo la maldición que había llegado a ella por medio de su línea sanguínea. Al hacerlo, sintió el poder de Dios, y supo que Él estaba haciendo algo sobrenatural. Semanas después, al concluir una serie de exámenes médicos, Xiomara fue declarada totalmente sana y fue puesta para adopción. Johanna fue testigo de este milagro, el cual ocurrió ante sus ojos. Hoy en día, la niña vive en un hogar maravilloso con padres que la aman. Algo similar le sucedió a Laura, una niña de dos años quien fue abandonada por su madre —una joven prostituta de diez y seis años—. Los doctores la habían desahuciado y no le daban esperanza alguna, pero Johanna oró por ella y el poder de Dios creó un milagro al restaurar su sistema inmunológico y erradicar la infección viral. Las últimas tres veces que la niña fue examinada por los médicos, obtuvo resultados negativos. Entonces fue declarada sana y puesta en adopción.

¿Puede imaginar que milagros de esta índole sucedan regularmente? ¡Dios puede hacer mucho más e ir más lejos que la medicina! Un poder sobrenatural está operando, y viene por medio de la gloria de Dios.

¿Por qué la presencia manifiesta de la gloria de Dios puede producir cambios tan drásticos en la vida de las personas? Es por la naturaleza de su gloria.

La esencia de la gloria de Dios

"Peso"

La palabra *kabód* es una de las más significativas en la lengua hebrea. Su significado literal es "peso", pero el término es usado, figurativamente, en el sentido de "esplendor", "abundancia", "honor", o "gloria"; algo "glorioso". En el Antiguo Testamento, *kabód* es usado en diferentes formas; como para describir la riqueza, el poder o la majestad de un individuo, una posición de influencia o gran honor (vea Génesis 31:1; 45:13). *Kabód* también puede expresar fama, reputación, reconocimiento, belleza, magnificencia, fortaleza, esplendor, dignidad, respeto, excelencia, santidad y grandeza (vea Éxodo 28:2; Salmos 49:16–17). Entonces, la gloria (*kabód*) de Dios expresa todos sus atributos.

Hoy en día, la gente utiliza comúnmente la palabra *peso* en una forma similar. Por ejemplo, podemos decir que una persona tiene "mucho peso" (influencia) con el líder de un país, si ese líder regularmente escucha sus consejos. También podemos decir que un creyente tiene "peso espiritual" (sustancia), si posee un carácter maduro, honorable, humilde y justo. Ese peso espiritual es su "gloria", la cual hace que éste se distinga entre otros.

La gloria de Dios es la esencia de todo lo que Él es.

Necesitamos entender que la gloria de Dios es el ámbito de la eternidad. Es infinita, sin medida y sin restricciones —va más allá de la imaginación humana—. Su gloria *manifestada* es la eternidad revelada en la tierra. La gloria revelada es la marca que deja el impacto poderoso e inolvidable de Dios, el cual es visto y escuchado en lo natural.

"Majestad"

Veamos ahora una de las palabras en griego que es traducida como *"gloria"* en el Nuevo Testamento. Cuando los primeros cinco libros de las Escrituras hebreas (el Pentateuco) fueron traducidos al griego por primera vez, la palabra *doxa* fue escogida para expresar el concepto de la gloria de Dios, porque ésta explicaba mejor el significado de *kabód*, la cual conlleva la noción de reputación, honor, fama, alabanza, dignidad, esplendor y brillo. La traducción conocida como Septuaginta, fue la primera en usar la palabra *doxa* para denotar la majestad de Dios.

Más adelante, la misma palabra fue utilizada en el Nuevo Testamento, incluyendo ciertas referencias a Jesús (vea Mateo 16:27; Juan 1:14). *Doxa* habla de la verdadera majestad que le pertenece a Dios como Supremo Gobernador —majestad en el sentido de perfección absoluta de su deidad—. Al referirse al Hijo, el término alude a la realeza majestuosa del Mesías —siendo éste el más alto nivel de exaltación, y la condición por la cual el Padre levantó a Jesús, después que Él cumplió su propósito en la tierra, derrotando a Satanás y a la muerte.

La gloria de un individuo reside en su valor intrínseco.

Si unimos las diferentes definiciones de las palabras *kabód* y *doxa*, diríamos que la gloria de Dios es la suma total de sus atributos, carácter y virtudes intrínsecas, el esplendor de su presencia y el esplendor de su majestad. Entonces podemos concluir que la esencia de Dios es su gloria.

La gloria de Dios se manifestó en la creación

La gloria (presencia) de Dios es la atmósfera espiritual del cielo, tal como el oxígeno es la atmósfera física de la tierra. Porque la gloria es la esencia de lo que Dios es, entonces todo está completo en la gloria. Nada está incompleto.

Esa gloria fue la vida y el ambiente en el cual vivieron los primeros humanos. Dios creó al primer hombre, Adán, en un instante, del polvo de la tierra, y le dio su *"aliento de vida"*:

Entonces Jehová Dios formó al hombre del polvo de la tierra, y sopló en su nariz aliento de vida, y fue el hombre un ser viviente. (Génesis 2:7)

Entonces, el verdadero vivir es estar continuamente conectado a la presencia de Dios —inhalar su aliento de vida—.

En la gloria de Dios, toda necesidad es suplida.

Adán nunca fue un bebé, un niño o un adolescente; por lo tanto, no tuvo que experimentar el mismo proceso de desarrollo como nosotros. Lo mismo ocurrió con Eva, su esposa. Ellos fueron creados y formados como adultos porque, en el principio, Dios creó todas las cosas en su forma final, pero además puso una semilla en cada especie, de manera que pudiera reproducirse.

Produjo, pues, la tierra hierba verde, hierba que da semilla según su naturaleza, y árbol que da fruto, cuya semilla está en él, según su género. Y vio Dios que era bueno. (Génesis 1:12)

En la gloria de Dios —en su presencia manifestada— todo "es"; por lo tanto, toda necesidad de la humanidad puede ser suplida, porque estamos completos. En la gloria hay sanidad, liberación y milagros (aun milagros creativos, tales como órganos nuevos). Cuando la humanidad fue creada, no conocía la enfermedad, la pobreza ni la muerte, porque en la gloria no existe enfermedad, pobreza ni muerte. Ellos no sabían lo que era enfermarse ni morir. Pero, como veremos más adelante, después que el ser humano pecó al rebelarse contra Dios, tuvo que ser removido de su presencia, y comenzó a experimentar eso. También, desde entonces, todos los seres humanos pasan por un proceso de nacimiento, crecimiento y, eventualmente, la muerte.

La presencia de Dios es un ambiente

Para entender lo que significa vivir en la gloria de Dios, debemos primeramente entender el contraste entre el ambiente en el cual vivieron los seres humanos en el jardín del Edén, antes de la caída, y el ambiente en el cual vivieron en la tierra, después de la caída. En Génesis 1 vemos que lo primero que Dios hizo, antes de crear cada aspecto de la creación, fue preparar el ambiente perfecto para ello. Por ejemplo, Él creó la tierra, y después creó las plantas y árboles que se nutrirían de la tierra y sus minerales. Asimismo, el ambiente estaba listo antes que Dios creara los animales que necesitarían comer la vegetación para su sustento.

Antes que Dios creara cualquier cosa, primero preparó el ambiente que perfectamente lo sustentaría.

Dios creó los océanos y los ríos, y después creó los peces y otras criaturas vivas, las cuales estarían equipadas para existir en un ambiente de agua. Dios creó el firmamento, y después creó las estrellas y los planetas que estarían en él, los cuales funcionan de acuerdo a las leyes gravitacionales y las trayectorias orbitales (vea Génesis 1:9–25).

Igualmente, cuando Dios creó el ambiente del jardín del Edén, diseñó la perfecta atmósfera para la humanidad. ¿Cuál fue esa atmósfera perfecta? Dios puso a Adán en la atmósfera de su presencia y gloria. Él nunca le dijo a Adán, "Quiero que busques el Edén". Él lo puso allí. No le dio a escoger, porque ése era el único ambiente en el cual podía sostenerse y prosperar. En esa atmósfera, Dios se reveló a sí mismo y sus propósitos para la humanidad (vea Génesis 1:26; 2:7–9).

Veamos más detenidamente el significado de las palabras *"jardín"* y *"Edén"* en el hebreo original para determinar su significado.

La palabra *"Edén"* significa "placer" o "deleite". La palabra *"jardín"* significa "recinto" o "lugar cercado". Esta palabra deriva de una raíz que significa "cobertura"; es algo que "protege", "defiende", "cubre", o "rodea". Cuando estamos en la gloria, estamos rodeados y protegidos por la presencia de Dios. Entonces, no creo que el Edén fuera un lugar geográfico en particular, sino un placentero "espacio" o lugar de gloria, cuidadosamente preparado y diseñado por Dios para que habitara la humanidad.

También creo firmemente, que el Edén fue un "momento en el tiempo" en el cual la manifestación de la gloria de Dios pudo ser vista. ¿Por qué uso la frase "momento en el tiempo"? Porque Dios se manifiesta a sí mismo, visiblemente, en el tiempo (en la dimensión natural), para beneficio de la humanidad, y porque la gloria de Dios continuamente se está moviendo. Cuando estamos en la presencia del Señor, vamos *"de gloria en gloria"* (2 Corintios 3:18). Nadie va de un lugar a otro sin moverse. Dios es activo y constantemente se está moviendo, y Él se manifiesta a sí mismo donde le place. Y cuando estamos en Él, nos movemos con Él.

Casi todas las localidades geográficas que menciona la Escritura han sido encontradas por arqueólogos, pero el Edén no ha sido descubierto aún. ¿Por qué? Porque fue un sitio, un momento en el tiempo, donde la presencia descendió —y la presencia estaba en continuo movimiento—. A medida que se movía la presencia, Adán también se movía.

La gloria de Dios fue el ambiente original en el cual vivió la humanidad.

Dios está en todos lados, todo el tiempo, pero no se manifiesta en todos los lugares de la tierra. Él se manifiesta donde es bienvenido y donde la gente vive en relación íntima con Él. El Edén era una "puerta" o un "portal" al cielo, porque era allí donde Dios manifestaba su gloria a los seres humanos, quienes fueron creados a su imagen, y donde ellos permanecían en continua comunión con Él. La presencia de Dios con la humanidad era en verdad el cielo en la tierra.

Me gusta definir el Edén como un "lugar en la tierra que existió por un momento en el tiempo, donde la presencia de Dios es una puerta al cielo". Jacob pudo vislumbrar este tipo de gloria cuando soñó con la escalera que ascendía hacia una apertura en cielo (vea Génesis 28:12).

La humanidad esta destituida de la gloria de Dios

> *Por cuanto todos pecaron, y están destituidos de la gloria de Dios.*   (Romanos 3:23)

Trágicamente, la existencia de la humanidad en la gloria no duró mucho. Adán y Eva pecaron al elegir ir contra las instrucciones de Dios y comer del árbol del conocimiento del bien y del mal. Como resultado, fueron desconectados de la vida de Dios y fueron exiliados del Edén —de la gloria—, (vea Génesis 3). Todos están *"destituidos de la gloria de Dios"*.

El pecado hizo que el hombre fuera destituido de la gloria de Dios y fuera exiliado de su presencia.

¿Qué cambio fundamental ocurrió después de la caída del hombre? La Biblia dice que Dios envió querubines a cuidar la entrada del Edén —a proteger la presencia— porque la gloria no es un lugar, es una *atmósfera*. La presencia de Dios es pura y sin contaminación. La humanidad no fue destituida de un lugar físico sino de la presencia de Dios —del ambiente de gloria—. Entonces, desde ese día, la humanidad completa fue destituida de su gloria a partir de ese día.

Además de proteger la presencia, Dios protegió a la humanidad. Él jamás quiso que fuéramos condenados a un estado de muerte espiritual eterna, lo cual hubiera sucedido si Dios no hubiera intervenido y nos hubiera separado del árbol de la vida, hasta que fuésemos restaurados nuevamente a Él. Más adelante veremos que Dios tenía un plan de rescate y de redención para la humanidad, el cual se desarrollaría en la historia de la humanidad. Este plan Él lo anunció por primera vez inmediatamente después de la caída del hombre (vea Génesis 3:15).

Cuando Adán y Eva pecaron, sus espíritus —la esencia de quiénes eran como seres humanos, creados a la imagen de Dios— murieron. También comenzaron a morir físicamente. Sin embargo, para que el cuerpo de Adán dejara de funcionar por completo, le tomó más de 930 años (vea Génesis 5:5). Creo que el residuo de gloria que quedó en su cuerpo lo mantuvo físicamente vivo todo ese tiempo. Asimismo, sus descendientes también vivieron largas vidas debido al residuo de la gloria de Dios que permaneció en la tierra por esos días.

La vida fuera de nuestro ambiente natural

Si algo es removido de su ambiente natural usted no tiene que matarlo, ya que morirá por sí solo. Por ejemplo, si saca un pez del agua, lentamente morirá por deshidratación. Igualmente, si saca una planta de raíz y la deja sobre el piso, morirá rápidamente por falta de agua y nutrientes.

Lo creado no puede vivir independiente del ambiente que Dios le creó, porque morirá.

En el caso de Adán y Eva, básicamente ellos mismos se removieron de la presencia de Dios cuando escogieron ir contra la voluntad divina y buscaron vivir apartados de los parámetros de su gloria y protección; por eso fueron exiliados. Sin embargo, Dios creó la humanidad para que viviera en su gloria —ese fue su plan desde el principio—. Esa es la razón por la cual los seres humanos mueren cuando son separados de su presencia. ¡Fuimos diseñados para vivir en ese ambiente!

De la misma forma, hoy en día, todo ser humano tiene que pasar por el proceso de la muerte, porque está desconectado de la gloria y de la presencia de Dios. Este proceso comienza en el momento de nacer, porque es ahí donde comienza a operar en nosotros y sobre nosotros, la maldición de vivir bajo el "tic-tac del reloj", y el movernos inevitablemente hacia la muerte; aspectos que están asociados a la humanidad destituida.

La vida de los seres humanos en la tierra, bajo la maldición del pecado, es una en la que ha perdido su relación con Dios, pero también ha perdido el potencial de vida en su gloria. Abandonados a nuestra propia suerte, somos incapaces de vivir conforme al alto nivel de existencia para el cual fuimos creados.

"Traspasada es la gloria"

Y llamó al niño Icabod, diciendo: ¡Traspasada es la gloria de Israel! por haber sido tomada el arca de Dios, y por la muerte de su suegro y de su marido.

(1 Samuel 4:21)

La pérdida de la gloria de Dios en la tierra fue una tragedia, la cual podemos ver gráficamente en el recuento de la muerte de Elí, el sumo sacerdote y juez de Israel.

Elí juzgó a Israel durante cuarenta años, y vivió en Silo, donde el tabernáculo (el centro de adoración) estaba localizado. Al enterarse que el arca del pacto —el lugar donde la presencia de Dios se manifestaba—, había sido tomada por los filisteos, quienes eran enemigos de los israelitas, Elí cayó hacia atrás y se desnucó. Cuando la nuera de Elí se enteró de la muerte del juez, y la muerte de su esposo a manos de los filisteos, entró en parto prematuro y dio a luz un hijo. Antes de morir, ella llamó a su hijo, Icabod, diciendo, *"¡Traspasada es la gloria de Israel!"*. En hebreo, la palabra *Icabod* significa "sin gloria". La gloria manifestada de Dios se fue de Israel cuando el arca fue tomada. Silo, que hasta ese momento era el centro de la adoración hebrea, nunca más pudo recuperar esa distinción.

Es triste cuando la presencia de Dios se aleja, y es lastimoso observar cómo los creyentes, las iglesias y los ministerios de hoy sobreviven sin ella, teniendo sólo una apariencia de santidad y piedad. En la superficie, todo parece estar bien, pero la verdad es que la presencia de Dios ya no habita dentro. Cuando vemos una iglesia en la cual nadie recibe salvación, donde el pueblo no cambia ni es transformado, donde la santidad no es fomentada, donde los milagros, la sanidad y el poder de Dios no existen, y donde la presencia de Dios ya no es evidente, quiere decir que ese lugar está sin gloria —y eso equivale a muerte—.

¡Restaurados para la gloria!

La Biblia dice, *"El Señor... no queriendo que ninguno perezca"* (2 Pedro 3:9). Dios proveyó un camino por el cual podemos ser restaurados a Él y a su gloria, e implementó un plan de acción para rescatarnos, que incluía: (1) enviar a su Hijo, Jesús, a nacer y crecer en la tierra como un hombre, para que viviera una vida completamente libre de pecado; (2) al morir en la cruz como nuestro sustituto, Jesús tomó el castigo por nuestros pecados; (3) al ser levantado de entre los muertos y ascender al cielo, Jesús conquistó el pecado y la muerte. Con el derramamiento de su sangre, Jesús redimió a la humanidad del pecado y la enfermedad; y con su resurrección nos dio acceso a la vida eterna.

El objetivo final del sacrificio de Jesús fue restaurar a la humanidad al ámbito de la gloria de Dios para el cual fuimos creados.

> *Porque convenía a aquel* [Dios] *por cuya causa son todas las cosas, y por quien todas las cosas subsisten, que* **habiendo de llevar muchos hijos a la gloria**, *perfeccionase por aflicciones al autor* [Jesús] *de la salvación de ellos.* (Hebreos 2:10)

Cuando somos reconciliados con Dios por medio de Jesús, recibimos su Espíritu Santo, entonces nuestro espíritu es trasladado de muerte a vida y tenemos acceso a su gloria. Espiritualmente hablando, ahora podemos vivir en la atmósfera del cielo. Todavía tenemos que morir físicamente porque nuestros cuerpos aun tienen que pasar el proceso de la resurrección en gloria para la eternidad —un evento que tomará lugar cuando Jesús regrese—, (vea 1 Corintios 15:42–45).

El plan de salvación demuestra que, aunque la humanidad pecó, el propósito de Dios se cumplirá de acuerdo a este ciclo: la gloria de Dios estuvo presente en el principio de la creación, y se manifestará poderosamente en los últimos días —lo veremos en nuestro tiempo—, y seremos retornados a vivir en su presencia. La obra redentora de Jesús nos permite acercarnos, caminar hacia, y vivir nuevamente de acuerdo con la gloria de Dios, en espíritu, alma, y en gran medida, en cuerpo. Esto no será fácil, pero si creemos y perseveramos, iremos de *"gloria en gloria"* (2 Corintios 3:18). Su gloria está en nosotros. La sangre redentora de Jesús nos da acceso al Padre y nuevamente nos conecta con su presencia, mientras nuestros cuerpos esperan ser completamente redimidos de la muerte.

Somos portadores de la presencia de Dios por su Espíritu que mora en nosotros.

En Cristo, todos cargamos un "Edén portátil". En otras palabras, donde quiera que vayamos llevamos su gloria, por medio de su espíritu que mora en nosotros. Tenemos acceso a nuestra atmósfera original por medio de la sangre de Jesús. Cuando permanecemos en nuestra verdadera atmósfera, tenemos una vida verdadera. Jesús dijo, *"Yo soy el camino, y la verdad, y la vida"* (Juan 14:6), y *"El que permanece en mí, y yo en él, éste lleva mucho fruto; porque separados de mí nada podéis hacer"* (Juan 15:5).

Recuerde, usted fue *creado* para la gloria —para existir continuamente en la presencia de Dios, todos los días de su vida—. Aunque el Espíritu Santo mora en usted, necesita buscar a Dios y su gloria continuamente, por medio de la adoración, la alabanza, y sometiendo su voluntad a la del Padre por medio de la fe. ¿Por qué? Jesús dijo, *"El espíritu a la verdad está dispuesto, pero la carne es débil"* (Mateo 26:41; Marcos 14:38). Hasta el día en que de nuevo vivamos en su gloria, perpetuamente, a diario debemos buscar su gloria.

En el próximo capítulo les compartiré cómo Dios manifiesta su gloria, aun en nuestros días, tal como lo hizo en los tiempos de la Biblia.

EXPERIENCIAS CON DIOS

- Comprométase a alabar y adorar a Dios por un tiempo determinado, cada día, para generar o crear una atmósfera de gloria. Prepare sus oídos para escuchar, porque Dios desea hablarle desde la "nube de gloria" generada por su adoración.

- Si le es difícil aceptar a Dios como su Padre, y verse como su hijo amado, pídale que se le revele como Padre mientras medita en Escrituras tales como Mateo 6:32–33 y Efesios 5:1.

2

La presencia *shekina*

Existen cientos de facetas maravillosas de la naturaleza de Dios y su carácter. Asimismo, hay numerosos aspectos de la gloria de Dios, y hoy Él desea mostrarnos esas dimensiones de su gloria en la tierra a todos quienes le amamos y le servimos.

Dónde Dios manifiesta su gloria

He encontrado que el pretexto más común que suele escucharse entre las personas que no se congregan en una iglesia local es, "Dios está en todas partes". A ellos no les interesa asistir a una iglesia ni les interesa que religión siguen, porque para ellos, si Dios está dondequiera, entonces un local específico o una afiliación religiosa les tienen sin cuidado. Ciertamente, Dios es omnipresente —está en todo lugar al mismo tiempo—. Sin embargo, su gloria no se manifiesta en todo lugar, porque generalmente, Él sólo la manifiesta en medio de dos situaciones:

- Donde el pueblo le adora en espíritu y verdad
- Donde Él es continuamente honrado y revelado

En el Antiguo Testamento vemos la gloria de Dios manifestarse entre el pueblo hebreo o israelita, pero en el Nuevo Testamento, vemos su gloria manifestarse tanto entre los judíos como entre los gentiles que creen en su Hijo, Jesús. El pueblo de Dios experimentó la manifestación de la gloria muy de cerca. A menudo aparecía en forma de nube, la cual se conocía como la *shekina*. *Shekina* es el vocablo hebreo para referirse al "lugar donde Dios habita" o al "lugar donde Dios descansa". *Shekina* describe la presencia eminente de Dios que trasciende el ámbito espiritual y se manifiesta en el mundo físico. La *shekina* está relacionada con la actividad más cercana e íntima de Dios —el esplendor del Señor mientras Él está presente en el ahora, en acción, y permitiendo que otros le conozcan.

Dios está en todas partes,
pero su presencia no se manifiesta en todo lugar.

Entonces podemos definir la gloria de Dios de dos formas: (1) La gloria *kabód* o *doxa*, la cual es la esencia, la naturaleza, los atributos y la perfección infinita de Dios —su carácter y personalidad, o lo que Él es en sí mismo. (2) La *shekina* gloria, que es la manifestación visible de su presencia a la humanidad. Esto es cuando la gloria de Dios trasciende el ámbito espiritual para impactar el ámbito natural.

En ocasiones, Dios revela su *shekina* gloria —su presencia manifestada— a los seres humanos, por medio de fenómenos físicos tales como fuego o nubes. En otras ocasiones, Él revela su gloria *kabód* —un aspecto de su naturaleza—. En su soberanía, Dios toma la iniciativa y decide qué aspecto de sí mismo va a revelar. De una cosa podemos estar seguros: la voluntad de Dios siempre ha sido morar entre su pueblo y manifestarse a la humanidad. Veamos algunos pasajes bíblicos que confirman esta verdad.

Dios manifestó su gloria a los israelitas

Aconteció que al tercer día, cuando vino la mañana, vinieron truenos y relámpagos, y espesa nube sobre el monte, y sonido de bocina muy fuerte; y se estremeció todo el pueblo que estaba en el campamento.

(Éxodo 19:16)

Este pasaje muestra que cuando la gloria de Dios se manifestó en los días del Antiguo Testamento, un fenómeno físico estaba presente. Su presencia era tangible a los sentidos. Todos la percibían y sus vidas fueron transformadas. De manera similar, Dios manifestó su santidad y su gloria, con manifestaciones físicas, al profeta Isaías (vea Isaías 6:3–4).

También vemos que cada vez que Dios se manifestaba le hablaba al pueblo. Si ocurre una manifestación de Dios, y no escuchamos su voz de alguna manera, entonces sólo estamos siendo espectadores y no partícipes. Pero si Dios le habla, y usted recibe lo que Él le está diciendo, sus palabras se establecen en su interior. Algunas veces Dios les habló a individuos, como Moisés a través de la zarza ardiente o a Saulo (Pablo) en camino a Damasco. Otras veces Dios le habló a más de una persona, como ocurrió con Pedro, Santiago y Juan cuando Jesús se transfiguró. (Vea, por ejemplo, Éxodo 3:1–2; Hechos 9:1–8; Lucas 9:28–35). Cuando Dios nos habla, Él puede hacerlo de forma audible o puede hablar a nuestro corazón.

Dios manifestó su gloria a través de su Hijo, Jesús

La máxima expresión de la manifestación de la gloria de Dios en el mundo, ocurrió cuando envió a su Hijo, Jesús, a la tierra para convertirse en nuestro salvador.

> *Dios, habiendo hablado muchas veces y de muchas maneras en otro tiempo a los padres por los profetas, en estos postreros días nos ha hablado por el Hijo, a quien constituyó heredero de todo, y por quien asimismo hizo el universo; el cual, **siendo el resplandor de su gloria, y la imagen misma de su sustancia**, y quien sustenta todas las cosas con la palabra de su poder, habiendo efectuado la purificación de nuestros pecados por medio de sí mismo, se sentó a la diestra de la Majestad en las alturas.* (Hebreos 1:1–3)

Jesús *habló* la Palabra de Dios y Él *es* la Palabra de Dios (vea Juan 1:1). Él dijo lo siguiente: *"Yo y el Padre uno somos"* (Juan 10:30). *"El Padre está en mí, y yo en el Padre"* (versículo 38).

"El que me ha visto a mí, ha visto al Padre... el Padre que mora en mí, él hace las obras" (Juan 14:9–10). Jesús nos llevó a conocer al Padre por medio de su carácter, virtudes y comportamiento. Ver a Jesús equivale a ver el esplendor y la imagen del Padre. Su sustancia (esencia) era su gloria, y escucharlo hablar era lo mismo que escuchar al Padre.

Jesús es la más alta expresión de Dios a la humanidad; la completa revelación y manifestación de la gloria del Padre.

Después de la ascensión de Jesús al cielo, el apóstol Juan recibió una revelación de la gloria de Dios, similar a la revelación que recibió Isaías. Esto demuestra que Dios es poderoso y eterno (vea Apocalipsis 4:8); también revela la majestad de Jesús (vea Apocalipsis 1:13–16).

Dios nos manifiesta su gloria hoy

Sin embargo, la gloria de Dios no sólo se manifestó en los tiempos bíblicos. He aquí un recuento de lo que hoy ocurre cuando Él manifiesta su gloria. Hace algún tiempo, el Señor me llevó a predicar a Rosario, Argentina, dándome una misión específica: avivar el fuego de su presencia que una porción del liderazgo había perdido, y destruir las ataduras de religiosidad que habían reemplazado el poder de Dios en aquel lugar, después de los grandes avivamientos de los años 1980 y 1990. El último día de las conferencias, mientras ministraba a más de 3.500 líderes de todo el país, una manifestación de "fuego" descendió sobre el auditorio. La *shekina* "quemaba" a todos los presentes. Miles clamaban a Dios. En medio de esa experiencia, una joven subió al altar a testificar. Ella había nacido sin el riñón izquierdo, a consecuencia de una maldición generacional que pasó de su abuelo a su madre, y finalmente a ella. Para empeorar la situación, ella necesitaba ser intervenida quirúrgicamente a fin de devolverle un porcentaje mínimo de uso a su riñón derecho.

Por su condición, sólo iba al baño una o dos veces al día, aun cuando tomara grandes cantidades de líquido.

La primera noche de conferencias, el fuego de la gloria —la presencia— de Dios también había descendido; fue entonces cuando ella recibió su milagro. Un calor intenso traspasó todo el lado izquierdo de su cuerpo, haciendo su mayor impacto en el área de los riñones. Esa noche tuvo que ir al baño más de diez veces. Al siguiente día, después de ser examinada por el médico, se confirmó que tenía el riñón izquierdo, y que el derecho estaba funcionando perfectamente. ¡Este fue un milagro creativo! ¡La prueba irrefutable que tenía sus dos riñones perfectamente sanos eran las numerosas visitas al baño! Dios le había dado un riñón izquierdo nuevo, y le había sanado el riñón derecho. Asombrada por su milagro y aún llorando, ella pasó al frente a brindar su testimonio durante la última noche de conferencias. Todos pudieron ver su enorme emoción y gran gozo. La presencia de Dios la cubría totalmente. Dios la liberó de la maldición y la sanó por completo.

La adoración hace que Dios revele y manifieste su gloria o su presencia.

La ciudad de Rosario, Argentina, fue estremecida por la gloria de Dios. En medio de su presencia, la cual inundó el lugar de la conferencia, un pastor fue sanado de parálisis facial, una mujer fue llamada por su nombre por palabra de ciencia y liberada de cuarenta años de depresión, los oídos de varios sordos de nacimiento fueron restaurados y oían a la perfección, órganos fueron creados donde antes no existían, piernas que se habían quedado cortas crecieron a su tamaño normal, espaldas y talones deformes fueron enderezados y restaurados, y Jesús fue proclamado como el único Dios vivo y verdadero que continúa haciendo milagros entre su pueblo. La gloria es Dios en acción; por eso, debe ser revelada.

Necesitamos entender que ese mover, avivamiento o derramamiento del Espíritu Santo no descansa sobre una persona en particular, sino sobre la revelación de la gloria de Dios que es recibida e impartida (comunicada) al pueblo de Dios y recibida por fe.

"Muéstrame tu gloria"

Creo, enseño y practico la sana doctrina bíblica, pero también sé que la gloria de Dios es mucho más que una doctrina —es una realidad que podemos experimentar—. Es lo que Moisés, David y otros patriarcas desearon experimentar, y que hoy cada creyente es un candidato a experimentar.

> *Él* [Moisés] *entonces dijo: Te ruego que me muestres tu gloria.* (Éxodo 33:18)

Moisés sabía que la gloria de Dios era más que un concepto teológico. Por eso le pidió a Dios que le *mostrara* su gloria —el aspecto más íntimo de su naturaleza—. De hecho, primero Dios le mostró su gloria a Moisés, y después le dio su ley (vea Éxodo 33:19–34:28).

Muchos no tienen idea de lo que en realidad es la gloria, porque nunca la han experimentado personalmente ni en su iglesia o ministerio. Sin embargo, hasta que no la experimenten, no tendrán pleno conocimiento de lo que aquí estoy describiendo. Por eso oro para que puedan tener experiencias sobrenaturales mientras leen este libro. Considero de suma importancia la sección al final de cada capítulo, llamada "Experiencias con Dios". No permita que la lectura de este libro sea sólo una acción intelectual de su parte. Use este libro como guía para llegar a la presencia misma de Dios.

Una vez más, el reino, el poder y la gloria de Dios, no sólo son teorías o conceptos teológicos, sino que son verdades espirituales. Vivo conforme a ellas diariamente, y puedo afirmar que son verdaderas. Son realidades celestiales que cada creyente puede experimentar hoy. Una simple "religión" nunca producirá una experiencia sobrenatural con Dios, porque carece de la gloria y la vida del Señor. Distinguir esto es crucial, ya que en los próximos capítulos veremos cómo las "actitudes religiosas" evitan la manifestación de la presencia de Dios, y cómo usted puede ir más allá de una simple práctica religiosa para llegar a tener un encuentro con su Padre celestial.

Si recibimos una revelación genuina, pero fallamos en obedecerla o en tomar acción, esto nos llevará a la religiosidad.

Sin una continua revelación de la gloria de Dios, inevitablemente —tarde o temprano— nos quedaremos estancados en nuestros hábitos y nos convertiremos en *"odres viejos"* (Lucas 5:37). En otras palabras, no le permitiremos a Dios que haga algo nuevo en nuestras vidas que traiga poder y sanidad. Con frecuencia estamos tan ocupados tratando de mantener las apariencias y cumpliendo normas, que terminamos atrapados en tradiciones. Dios quiere que retornemos a su gloria. Él quiere llevarnos a nuevos ámbitos de su gloria que nunca antes hemos experimentado.

Cuando la presencia de Dios se manifiesta, suceden transformaciones radicales en la vida de las personas. Jesús no ha cambiado (vea Hebreos 13:8). Él continúa transformando vidas y haciendo milagros. La gente ha sido testigo presencial de la manifestación de la gloria de Dios en las naciones del mundo. Permítanme compartirles otro ejemplo de lo que ocurre en el Ministerio Internacional El Rey Jesús.

Una joven llamada Jennifer visitó nuestra iglesia, y su testimonio me tocó profundamente. De hecho, cuando compartió su historia con nosotros, casi toda la congregación lloró. Sé que muchos jóvenes se encuentran en situaciones similares a la de Jennifer. Ella era rebelde y usaba drogas; además, desde el segundo año de primaria practicó lesbianismo. Al cumplir los once años sus padres comenzaron a comprarle marihuana y alcohol para que los consumiera. A los trece años ya era adicta al Xanax, y a los quince tuvo adicción por la cocaína. Cuando sus padres se dieron cuenta que no podían disciplinarla, simplemente la echaron de la casa, y quedó desamparada. A los diez y seis consumía heroína, hasta que una mañana despertó en un lugar que no reconocía, y se dio cuenta que la habían violado.

Por mucho tiempo la vida de Jennifer fue un desastre. No podía pasar un día sin drogas, alcohol o perversión sexual; además sufría de bulimia. Un día, cansada de vivir y casi a punto de terminar con su vida, visitó nuestra iglesia, y la presencia del Señor la tocó. Se postró ante el altar y se entregó a Dios. Desde entonces, su vida comenzó a cambiar. Antes odiaba a sus padres, pero ahora los ama. Fue liberada de amargura, de la vergüenza por haber hecho del lesbianismo su estilo de vida, y también de depresión. En realidad, ella había tratado de terminar su adicción a las drogas en varias ocasiones, dejándolas en el altar, pero nuevamente regresaba al mundo y a sus hábitos viejos. Este ciclo vicioso continuó, hasta que un día regresó a la iglesia con todo su "cargamento" y dijo, "Nunca más regresaré a esa vida". Ahora, ella es una mujer nueva y nunca más ha vuelto atrás. Actualmente es una líder de Casa de Paz y una mentora en nuestra iglesia.

Es fácil ver la mano de Dios sobre la vida de ella y entender que Dios libera, sana y nos protege del mundo. El amor y el poder de Dios transformaron a esta joven, por dentro y por fuera, cuando se entregó de corazón. Nada ni nadie —ni la sicología ni tratamientos médicos ni sus padres— pueden adjudicarse el crédito por su nueva vida. Todo fue hecho por la presencia y el poder de Dios.

Siga al hacedor de milagros

Aunque testimonios como el de Jennifer son tremendamente emocionantes, yo le enseño a mi congregación a no seguir los milagros, sino al hacedor de milagros. Nuestra prioridad es seguir a Jesús, y cuando lo hacemos, Dios nos confirma su Palabra con señales (vea Marcos 16:20). Me apasionan las señales, los milagros y las maravillas, pero mi mayor pasión es conocer a Dios y su gloria en todos los sentidos, y llegar a convertirme en un instrumento que Él pueda usar para impactar la tierra con el evangelio, a fin de ganar almas.

Cuando conocí a los pastores José Luis y Rosa Margarita López, en el año 2005, su iglesia —Nueva Generación Internacional, en Villahermosa, Tabasco, México— tenía doscientos miembros después de doce años de ministerio. Ellos se estaban preparando para cerrar la iglesia. Años antes, Dios había rescatado a José Luis del alcoholismo, la adicción a las drogas y a los medicamentos sicotrópicos (medicinas para tratar la mente), y Margarita había sido liberada de amargura y falta de perdón a su familia. Habían comenzado sirviendo a Jesús apasionadamente, y años después fueron ungidos y enviados por su iglesia, como pastores, a establecer su propia iglesia. José Luis dejó de ejercer su profesión de arquitecto y Margarita abandonó su carrera de abogado. Además cerraron su negocio de construcción y vendieron todos los equipos con el fin de servir al Señor. Sin duda, Dios los había llamado. Sin embargo, cuando los conocí, estaban lidiando con un ministerio que no producía mucho fruto, pese a lo duro que trabajaban. No sabían que más hacer o tratar. Querían servir a Dios y ver mayores resultados, pero estaban estancados, sin poder avanzar. Habían perdido su casa, y la relación con su hijo no andaba bien. Habían arribado a un punto en su ministerio donde dijeron, "Señor, hasta aquí llegamos. Nos damos por vencidos".

Nuestra prioridad debe ser buscar su gloria; entonces las señales nos seguirán.

Fue ahí cuando Dios me llevó a sus vidas para enseñarles, entrenarles y equiparles en el poder sobrenatural y la gloria de Dios. Ellos —más que sus circunstancias— fueron los primeros en cambiar. Se entregaron para ser liberados de todo aquello que los frenaba, para ser edificados y para recibir la impartición del poder sobrenatural de Dios. El Señor primero restauró su familia, y después su congregación. Al terminar el año, su ministerio había crecido a 1.500 personas y pronto llegó a tener 2.500 miembros activos.

¿Cuál fue mi función en esto? Yo simplemente obedecí a Dios. Cuando nadie creía en ellos, los afirmé y les ofrecí cobertura espiritual, la cual ellos humildemente aceptaron. (Cuando hablo de "cobertura espiritual", quiero decir que les enseñé, entrené y equipé para que cumplieran el propósito de Dios para sus vidas). Su hijo, Rodrigo, también aceptó el llamado de Dios para su vida, y es el pastor de jóvenes. Hoy en día ellos tienen una sólida congregación, con más de 9.000 miembros. El camino no ha sido fácil; sin embargo, al haber escogido caminar bajo la autoridad de un padre espiritual, en lugar de hacerlo independientes, sin apoyo o supervisión espiritual, les ha permitido cumplir la visión y el propósito de Dios y manifestar su gloria en México. Ellos están impactando su nación. ¡Esto es glorioso!

A raíz del impacto el pastor José Luis comenzó a practicar el "evangelismo sobrenatural". Hizo a un lado los anticuados métodos de evangelizar y ahora permite que el Espíritu Santo obre por medio de él para atraer al pueblo al Señor. Como resultado, un joven llamado Cresensio visitó su iglesia. Poco después de aprender acerca de Jesús y aceptarlo como su Señor y Salvador, el joven fue secuestrado frente a su casa por seis hombres armados y drogados. Lo obligaron a acompañarlos a un bar para que él pagara todo lo que ellos consumieran esa noche, y lo amenazaron con matarlo si se negaba. Camino al bar, Cresensio estaba convencido que nunca más volvería a ver a su familia porque no tenía dinero para pagar. Sin embargo, el Espíritu Santo le recordó la prédica que había escuchado de su pastor, acerca del poder sobrenatural de Dios. Recordar ese mensaje lo llenó de fe y comenzó a orar. Mientras los hombres bebían, les pidió permiso para ir al baño. En aquel baño apestoso a orina, él cerró sus ojos y oró con más intensidad que nunca, pidiéndole a Dios que lo librara de sus enemigos. ¡Temblaba y oraba! Cresensio no recuerda cuanto tiempo pasó, pero al abrir sus ojos, se encontró en la calle, lejos de la peste del baño. ¡Dios lo había trasladado lejos del peligro! Sin dudar, corrió desesperadamente a su casa y abrazó a su esposa. Casi sin aire y sorprendido por lo que acababa de experimentar, le dio gracias a Dios. Este incidente me recuerda el milagro que le sucedió a uno de los discípulos de Jesús cuando *"el Espíritu del Señor arrebató a Felipe"* (Hechos 8:39).

Si este milagro fuera toda la manifestación de la gloria y el poder sobrenatural de Dios en la vida de un individuo, nos sentiríamos más que satisfechos. Pero un milagro conlleva a otro milagro, y éste a otro milagro más, desatando así una reacción en cadena. Días después de su milagro, Cresensio visitó a su hermana, y descubrió que le habían diagnosticado osteoartritis —una enfermedad que desgasta los huesos de la persona hasta que queda inválida—. Su hermana apenas podía caminar con la ayuda de un andador. Estaba en un estado de salud muy delicado. El joven se conmovió al verla y pensó que si Dios pudo trasladarlo a él de un lugar a otro y librarlo de la muerte, entonces también podía sanar a su hermana. Cresensio puso sus manos sobre ella y oró, tal como había visto al pastor José Luis hacerlo muchas veces, ¡y su hermana fue instantáneamente sanada! ¡Ella se levantó y comenzó a caminar sin la ayuda del andador! No podía recordar la última vez que había caminado por sí sola.

Cresensio es uno de más de 4.000 jóvenes que se congregan en la iglesia de Villahermosa, y no es el único que tiene testimonios asombrosos del poder sobrenatural del Dios vivo. Desde el día que Rodrigo (el hijo del pastor) aceptó el llamado de Dios, el grupo de jóvenes ha crecido exponencialmente. Nosotros entrenamos y equipamos al pastor Rodrigo para que caminara en la gloria y el poder sobrenatural de Dios. Lo puse bajo la tutela de uno de mis pastores de jóvenes en Miami, para que aprendiera cómo Dios me ha enseñado a hacer las cosas. Ahora él hace lo mismo en su nación. Allá está entrenando y equipando a miles de jóvenes mexicanos con las herramientas del poder sobrenatural de Dios, y el Señor le responde con milagros y maravillas. Por ejemplo, un fin de semana él llevó a su grupo de jóvenes de la iglesia a visitar los hospitales de la ciudad, y les pidió que oraran por los enfermos. ¡Los pacientes con cáncer se sanaron! Los que habían pasado por cirugía de corazón abierto se sanaron por completo. La gente que esperaba en las salas de urgencia para ser vista por un médico también recibió su sanidad. Los médicos no les encontraban mal alguno. ¡Dios los sanó a todos! Como resultado, el domingo siguiente, los que habían recibido su sanidad fueron a la iglesia y testificaron. Esto es lo que la gloria de Dios está haciendo hoy en el mundo.

La gloria en su vida

¿Está experimentando la gloria de Dios en su vida? Para que usted pueda experimentar la manifestación de la gloria de Dios, necesita tener revelación de lo que ella es. Al encontrarse con la presencia de Dios, usted será cambiado, trasformado y encendido por una pasión espiritual. No se quede en el mismo sitio; Dios tiene más de lo que usted ahora está experimentado.

Sigamos explorando lo que significa entrar en la gloria de Dios y vivir nuestras vidas en su presencia.

EXPERIENCIAS CON DIOS

- Mantenga un diario de sus experiencias sobrenaturales con el Dios vivo.

- Comparta su testimonio y vea cómo éste se convierte en un arma de evangelismo sobrenatural, que le permita alcanzar a otros para Cristo, por medio del poder y la gloria de Dios.

3

Revelación y manifestación de los misterios de la gloria de Dios

Vivimos tiempos en que el conocimiento natural ha aumentado exponencialmente, donde nuevos descubrimientos científicos y tecnologías innovadoras se están desarrollando, donde se están descubriendo tratamientos para muchas enfermedades, y donde nuevas ideas y creaciones en diversas áreas del quehacer humano están surgiendo. En estos tiempos, Dios también está revelando ciertas áreas de su conocimiento. Él nunca ha querido ser un misterio para su pueblo, y a través de los tiempos, ha manifestado su naturaleza y poder de diferentes formas. En esta nueva etapa de su plan para la humanidad, Dios ha comenzado a revelar su gloria a la generación actual, impulsando su mover final en el planeta y trayendo multitudes a la fe en Él. Los apóstoles y profetas de la Biblia hablaron de esta generación. Por ejemplo, Pedro escribió,

> *Los profetas que profetizaron de la gracia destinada a vosotros, inquirieron y diligentemente indagaron acerca de esta salvación.* (1 Peter 1:10)

Permítame compartir un testimonio acerca de cómo Dios está revelando su conocimiento a su pueblo. En uno de mis viajes a México, el Espíritu Santo me guió a adoptar como hijo espiritual, al Pastor Jorge Pompa. En ese entonces, él tenía 120 personas en su congregación en Monterrey, Nuevo León, pero tomó de mi espíritu (vea Números 11:17), y nuestros ministros lo entrenaron y equiparon con todo lo que Dios nos ha dado, hasta que los dones comenzaron a fluir en él y el crecimiento se comenzó a manifestar. Dios lo llevó a un nuevo nivel de autoridad y dominio.

Al Pastor Pompa le ayudaron mucho las sesiones de la Escuela Sobrenatural del Ministerio Quíntuple, organizada por nuestro ministerio, específicamente para entrenar líderes y pastores. Durante una de las clases acerca del denuedo en el Espíritu, llamé adelante a nuestros jóvenes a testificar, para que los líderes pudieran ver cómo ellos predican y desatan el poder de Dios en las calles. Después, ministré y desaté el mismo denuedo sobre el liderazgo por medio de la Santa Cena.

Cuando el Pastor Pompa regresó a su país, Dios le mostró que se estaba planeando un asesinato contra el alcalde de una de las ciudades principales de su país, el cual se llevaría a cabo no más tarde del 24 de febrero. Ejercitando el denuedo que había recibido, le envió al alcalde un mensaje urgente pidiendo una cita para verlo. En su ciudad, es muy difícil para un ciudadano común entrevistarse con el alcalde, sin embargo fue invitado a su oficina. Cuando el pastor llegó a la cita, le dijo, "Señor, no soy nadie, y no me guío por la emoción. Vengo a decirle que Dios me reveló que habrá un atentado en su contra antes del 24 de febrero". El alcalde se quedó callado y serio, y el pastor le advirtió que Dios sólo lo salvaría si él dejaba de practicar la brujería, porque eso era abominación ante Dios. El hombre inclinó su cabeza y comenzó a llorar. El pastor oró por él y declaró que no moriría. Al terminar, el alcalde le confesó que había recibido una amenaza de muerte diciendo que si no abandonaba la ciudad antes del 24 de febrero, lo iban a matar. ¡Él nunca tuvo que irse! El poder de Dios operó a su favor, y hasta el día de hoy, Dios lo protege a él y a su familia. La osadía del Pastor Pompa lo llevó a ser el primer pastor cristiano en recibir las llaves de la ciudad. Hoy en día, su congregación llega a 1.500 personas.

Otro testimonio asombroso del Pastor Pompa tiene que ver con la intervención sobrenatural de Dios mientras edificaba, sin deudas, el templo para su iglesia en Monterrey. Durante la fase de construcción, Francisco, uno de los trabajadores quien en ese entonces tenía 39 años, cayó desde una altura de trece pies. Sufrió una seria contusión en la cabeza y un corte lacerante de diez centímetros, los cuales lo llevaron a una muerte instantánea. La gente de la iglesia llamó a los paramédicos y le notificaron al pastor lo sucedido. Cuando escuchó del accidente de Francisco, el Pastor Pompa le dio instrucciones al pueblo para que no permitiera que nadie se acercara al cuerpo antes que él llegara. Camino a la iglesia, comenzó a clamar ante el Señor, pues no quería que una muerte quedara en los registros de la iglesia. Mientras tanto, los paramédicos hicieron lo que pudieron para revivir al trabajador, pero su corazón se había detenido; por lo tanto lo declararon muerto.

Cuando el Pastor Pompa llegó media hora después, el cuerpo del trabajador había sido cubierto con una sábana y los paramédicos se preparaban para llevárselo. Ellos decían, "Pastor, él ya no tiene pulso. No hay nada que podamos hacer". Pero el Pastor Pompa oró de todos modos, diciendo, "¡Espíritu de muerte, te reprendo! ¡Desato el poder de la resurrección de Jesucristo sobre Francisco!". De repente, el hombre comenzó a abrir sus ojos y con lentitud dijo, "¡Le escucho!". Los paramédicos no podían explicarse cómo este hombre podía hablar y abrir sus ojos cuando no tenía pulso. Finalmente, al estar completamente despierto, lo llevaron al hospital para hacerle exámenes y tomarle radiografías. En el camino al hospital, la herida en su cabeza comenzó a cerrarse, al punto que la radiografía no mostró daño alguno. Aparte de eso, el hombre se sentía perfectamente bien. Nunca sufrió pérdida de memoria. Francisco fue dado de alta por los médicos el mismo día, y como si eso fuera poco, salió caminando del hospital y regresó a la iglesia. Éste fue un gran milagro —¡la gloria de Dios habitando en su siervo trajo un muerto a la vida!—. El Pastor Pompa ha aprendido a moverse en la gloria y a manifestarla dondequiera que va. Usted puede hacer lo mismo si recibe la revelación de Dios para caminar en lo sobrenatural.

Sabiendo que la revelación (el conocimiento y entendimiento espiritual) de la gloria es un paso esencial para vivir en la presencia de Dios, veamos ahora:

- ¿Qué es revelación?

- ¿Qué ministerios en el cuerpo de Cristo están llamados a restaurarla?

- ¿Cómo hacer la transición de la doctrina cristiana básica a la revelación?

- ¿Cómo la revelación se relaciona con la manifestación de la gloria de Dios? y

- ¿Cómo evitar los extremos y abusos en las manifestaciones?

Aprenderemos cómo recibir, caminar en ella y manifestar la revelación por medio de sanidades, milagros, señales, maravillas y demonstraciones del poder de Dios, sabiendo que el propósito supremo de todo esto es recoger la cosecha final de almas antes del regreso de Jesús.

Dos tipos de conocimiento

Para entender qué es una revelación, primero necesitamos distinguir entre dos tipos de conocimiento: el conocimiento que viene por nuestros sentidos físicos y el conocimiento revelado.

1. Conocimiento mental, sensorial o natural

El primer tipo es el conocimiento científico, teórico y práctico, que viene por medio de los sentidos naturales —ver, oír, palpar, oler y gustar—. Es información o datos almacenados, adquiridos e implementados en el mundo natural. El conocimiento mental, sensorial o natural se debe buscar; es un acto que demanda aprendizaje y disciplina. La gente que sólo vive conforme a este tipo de conocimiento a menudo razona de la siguiente forma: "Creo en lo que veo, oigo, palpo, huelo y degusto. Creo en las cosas materiales porque pueden ser entendidas con los sentidos. No creo en Dios porque no puedo verlo físicamente, y porque Él no me habla".

Los milagros están fuera del ámbito del conocimiento mental, sensorial o natural, y la ciencia no los puede explicar.

No podemos conocer a Dios por medio de información sensorial —aunque esta información es vital para habitar en la dimensión natural de la tierra—. Dios creó la dimensión terrenal y se manifiesta en ella, aunque Él no pertenece a ella. Él está más allá.

2. Conocimiento (espiritual) revelado o revelación

El segundo tipo de conocimiento es el revelado por Dios.

Y al que puede confirmaros... según la revelación del misterio que se ha mantenido oculto desde tiempos eternos, pero que ha sido manifestado ahora....
(Romanos 16:25–26)

En esta Escritura, la palabra *"revelación"* viene del vocablo griego *apokálupsis*, que significa "revelar", "quitar la cubierta", "descubrir", o "manifestar algo que estaba escondido". El conocimiento revelado viene directa o indirectamente del Espíritu Santo de Dios al espíritu de una persona; no a la mente ni a los sentidos (vea, por ejemplo, Mateo 16:15–17). No requiere tiempo de aprendizaje porque es dado instantáneamente. Se manifiesta en un abrir y cerrar de ojos. No se puede buscar en un libro ni en otra fuente de información. Es algo que se lee "entre líneas".

La revelación es un fragmento del conocimiento divino que previamente no era conocido por la persona que la recibe. Por ejemplo, una *"palabra de ciencia"* (1 Corintios 12:8) es una pequeña porción del completo conocimiento de Dios, dado por el Espíritu Santo en un instante.

En el cielo, las cosas no se aprenden; simplemente son reveladas o conocidas.

Entonces, la revelación es el conocimiento espiritual acerca de Dios y sus caminos, que viene a nuestro espíritu como una fuerza súbita que nos impulsa hacia adelante, provocando un movimiento que estimula, activa y acelera nuestro espíritu. Es una ventana del tiempo en la eternidad y de la eternidad en el tiempo, la cual trae la perspectiva de Dios a los seres humanos. La revelación siempre demanda cambio.

Basando nuestra vida sólo en el conocimiento natural

El cambio del conocimiento espiritual al natural, como el medio principal por el cual los seres humanos experimentan y entienden la vida, ocurrió cuando Adán y Eva decidieron desobedecer a Dios y comer del *"árbol de la ciencia del bien y del mal"*.

Mas del árbol de la ciencia del bien y del mal no comerás; porque el día que de él comieres, ciertamente morirás. (Génesis 2:17)

Cuando Adán y Eva pecaron, sus espíritus murieron. Como resultado, pasaron de tener ambos tipos de conocimiento a tener sólo el conocimiento mental, natural o sensorial. El pecado destruyó la conexión a su Fuente espiritual y al conocimiento espiritual. Desde ese momento, comenzaron a considerar todo desde la perspectiva del conocimiento natural. Si usted basa su vida sólo en el conocimiento natural, lo que percibe es apenas una sombra de lo verdadero. Tiene una visión distorsionada.

Adán cambió el conocimiento espiritual revelado por el conocimiento sensorial.

Para ilustrar este punto, consideremos el don de profecía. Profetizar es hablar desde la perspectiva de Dios, y la fuente de esa perspectiva es el Espíritu Santo quien revela lo que está en la mente y el corazón del Padre (vea 1 Corintios 2:10). La profecía siempre trae *"edificación, exhortación y consolación"* (1 Corintios 14:3), para llevar al pueblo a ver lo que Dios ve y a caminar en una realidad que es superior a la natural. Es como dar un gran salto hacia el futuro en Dios, o declarar un futuro glorioso en el presente.

La falta de conocimiento revelado es una característica de la muerte espiritual, porque no vivimos conforme a una realidad espiritual. En el momento que tratamos de confiar en el conocimiento mental o sensorial para operar en lo sobrenatural, esencialmente estamos comiendo del árbol de la ciencia del bien y del mal. El conocimiento mental o sensorial ofrece información acerca de hechos y datos, pero no tiene la habilidad de causar un efecto transformador duradero porque viene de la mente pecaminosa del hombre y no de la mente de Dios. En cambio, el conocimiento revelado sobrepasa todo análisis racional y lleva consigo el poder intrínseco para transformar.

La revelación borra las fronteras de lo imposible

Si la humanidad no hubiera pecado, nunca hubiésemos descubierto lo que es vivir según el conocimiento mental o sensorial, y no tendríamos manera de saber que las cosas "imposibles" existen. No podríamos percibir las limitaciones del ámbito natural. Esa era la mentalidad de Adán antes del acto de desobediencia. La palabra *imposible* no estaba en su vocabulario. Sin embargo, cuando la educación intelectual sustituye a la revelación, luego queremos que ésta encaje dentro de las reducidas limitaciones establecidas por el razonamiento. Esto es imposible, porque la revelación es superior al conocimiento natural. Aunque es bueno recibir educación y tener una buena preparación profesional, la revelación de Dios —más que muchos años de estudio—, puede habilitarnos para ser más efectivos en el cumplimiento de nuestras metas.

Algunos teólogos estudian a Dios por décadas, pero nunca logran conocerlo porque les falta revelación del Espíritu Santo, mientras que otros que reciben revelación tienen un conocimiento íntimo de Él, y además comprenden la teología. La revelación nos da acceso al mundo espiritual y a elevados niveles de fe, y borra las fronteras de lo imposible.

En nuestra iglesia local, una mujer testificó que a los tres meses de embarazo recibió la devastadora noticia que el bebé que llevaba en su vientre había muerto. El latido del corazón del bebé no se escuchaba. Después de varios intentos del equipo médico, el diagnóstico fue confirmado, y todos estuvieron de acuerdo en la necesidad de remover el feto de su vientre. Sin embargo, la mujer decidió no aceptar el dictamen de muerte. Se apropió de la fe de Dios en ella y creyó por un milagro. Aunque estaba asustada, el Espíritu Santo la llenó de fe. Dispuesta a no perder su bebé, comenzó a asistir a la oración de la madrugada en nuestra iglesia, la cual dirige mi esposa.

Un día, por palabra de ciencia, mi esposa percibió la necesidad de orar por una mujer que tenía problemas con su embarazo. Cuando esta mujer pasó al frente, de inmediato sintió que el bebé comenzó a moverse en el vientre. ¡El bebé resucitó por la poderosa mano de Dios! La mujer embarazada lloraba de gozo y daba gracias a Dios. La palabra de ciencia que mi esposa recibió del Espíritu Santo le salvó la vida a ese bebé. La solución presentada por los médicos era el aborto, pero la solución de Dios es resurrección y vida.

La razón, el sentido común y la lógica sirven al alma, como la revelación sirve al espíritu.

Sin embargo, la historia no termina ahí, porque la sorpresa inicial de los médicos fue reemplazada por nuevas dudas. Al término de su embarazo, durante una de las últimas visitas al doctor, nuevamente le dijeron a la mujer que el corazón del bebé no se escuchaba, y que ciertamente, ahora sí tenían que remover al bebé. La frustración y el reto de no darse por vencida la inundaron. En lugar de rendirse, dijo, "¡No! ¡Eso no es verdad! Yo creo en Dios y sé que Él mantiene a mi bebé vivo en mi vientre". Nuevos exámenes vinieron a confirmar que el bebé estaba bien y que su corazón latía normalmente, pero le anunciaron que nacería con síndrome de Down, debido al tiempo que el corazón estuvo detenido. La madre del bebé, llena de la fe de Dios, nuevamente rechazó el diagnóstico negativo. Para la gloria de Dios, su bebé es hoy una hermosa niña de cuatro años, con cuerpo y mente saludable. Una palabra de ciencia, dada por el Espíritu Santo, resolvió lo que los médicos eran incapaces de hacer.

Los profetas, los apóstoles y el conocimiento revelado

Muchas iglesias, ministerios, universidades cristianas, seminarios e institutos bíblicos están saturados con educación intelectual, pero carentes de revelación sobrenatural. Aunque el conocimiento es bueno, se convierte en algo que no produce fruto si sólo se busca para obtener más conocimiento, y no para ser aplicado en forma práctica. Por ejemplo, en muchos seminarios e institutos bíblicos, los estudiantes aprenden cómo preparar una prédica, pero no se les enseña cómo escuchar la voz de Dios. ¿Cómo podemos ofrecer algo fresco que lleve la vida de Dios, si no podemos escucharlo, en el ahora? La Biblia dice que cuando el profeta Samuel era sólo un niño que crecía en el templo, *"la palabra de Jehová escaseaba en aquellos días; no había visión con frecuencia"* (1 Samuel 3:1). Dios llamó a Samuel para suplir esa necesidad.

Las oficinas del profeta y el apóstol son las dos con dones ministeriales, dentro del ministerio quíntuple, a quienes Dios les ha confiado el conocimiento revelado para ser compartido con su pueblo (vea Efesios 4:11–12). Aunque algunos dicen que estas oficinas del Nuevo Testamento ya no operan, no hay evidencia bíblica que apoye esta creencia. Necesitamos todos los ministerios establecidos por Dios para que la iglesia sea saludable y cumpla su propósito. Si el rol del apóstol se limita a los discípulos originales de Jesús, como algunos reclaman, entonces a Pablo y Santiago (el hermano de Jesús y autor del libro de Santiago) nunca los hubiéramos llamado apóstoles.

Las Escrituras no cambian. Ellas son el fundamento de lo que creemos y practicamos. Sin embargo, todavía se necesitan los roles del apóstol y el profeta, para establecer iglesias, enseñar y fortalecer a los creyentes, y dar una revelación fresca de la forma cómo Dios está operando en la generación presente.

La verdadera revelación no niega la doctrina fundamental bíblica o viceversa. Se puede lograr un equilibrio si comprendemos e incorporamos, tanto la doctrina como la revelación en la iglesia, a medida que crecemos espiritualmente.

Creo, practico y enseño la doctrina y la teología que apoyan las enseñanzas bíblicas. Tengo una Maestría en Teología Práctica de la Universidad Oral Roberts. Defiendo la sana doctrina de Jesucristo, nuestro Señor y Salvador. Desde la oficina del apóstol he aprendido a poner un fundamento sólido y bíblico en las vidas de miles de creyentes en la iglesia local y alrededor del mundo. Además, animo a mi liderazgo a estudiar doctrina bíblica y a establecerse más en ella. Por consiguiente, muchos de los que un día fueron nuevos creyentes hoy son discípulos, líderes, mentores, ancianos, ministros y pastores, que producen su propio fruto —esto debido a que sus vidas espirituales fueron establecidas sobre una sana doctrina—. Hago esta aclaración para que nadie cometa el error de asumir que rechazo o menosprecio la doctrina o la teología, mientras promuevo la fresca revelación.

¿Por qué es poco común la revelación o el conocimiento revelado?

Creo que la revelación ha disminuye en la iglesia de Jesús cuando los ministerios del apóstol y el profeta son eliminados. Pablo escribió,

> *Por revelación me fue declarado el misterio... de Cristo... como ahora es revelado a sus santos apóstoles y profetas por el Espíritu.* (Efesios 3:3–5)

Los ministerios del apóstol y el profeta son de rompimiento, guerra espiritual y liberación. Ellos son responsables por desatar el poder sobrenatural de Dios en la iglesia. Es triste ver que tanto los apóstoles como los profetas han sido reemplazados por administradores que tienen una educación intelectual, pero les falta esa mentalidad apostólica y profética. Por naturaleza, los apóstoles tienen planes, diseños y proyectos de Dios que edifican la iglesia y el reino, e impactan las comunidades a su alrededor. A ellos les fue dado el mapa espiritual que nos guía y nos muestra el camino y la forma cómo se hacen las cosas. Son edificadores sabios del reino, y sus corazones están centrados en traer la revelación de Dios a la tierra. Pablo escribió,

> *Conforme a la gracia de Dios que me ha sido dada, yo como perito arquitecto puse el fundamento, y otro edifica encima; pero cada uno mire cómo sobreedifica.*
> (1 Corintios 3:10)

Los profetas expresan lo que Dios está diciendo y haciendo en el momento (vea Amós 3:7); también ven y hablan del futuro y de los misterios de Dios. Gran parte de la iglesia ha rechazado el ministerio del profeta por años, y creo que una de sus consecuencias ha sido el auge y popularidad de la industria síquica. La gente tiene un vacío interior que busca llenar con algo más grande y profundo que ellos mismos. Anhelan dirección y conocimiento acerca del futuro que les espera —sin darse cuenta que su anhelo, en realidad, refleja la profunda necesidad de conectarse con el Dios verdadero y experimentar su ámbito sobrenatural—. La gente acude a una iglesia porque tiene hambre de escuchar una palabra de parte de Dios, que tenga sentido y le dé propósito, pero muchos se van sin hallar respuestas a sus necesidades, porque en muchas iglesias la voz del profeta ha sido callada.

La revelación del candelabro y los olivos

Y [el ángel] *me dijo* [profeta Zacarías]: *¿Qué ves? Y respondí: He mirado, y he aquí un candelabro todo de oro, con un depósito encima, y sus siete lámparas encima*

del candelabro, y siete tubos para las lámparas que
están encima de él; Y junto a él dos olivos, el uno a la
derecha del depósito, y el otro a su izquierda.

(Zacarías 4:2–3)

La visión de Zacarías describe un candelabro con siete
lámparas, el cual tipifica la iglesia, y dos árboles de olivo de los
cuales fluía el aceite al candelabro. El aceite, que simboliza al
Espíritu Santo es limpio, puro y fresco, y mantiene las lámparas del candelabro encendidas, de forma que la luz que éstas
emiten es brillante y clara. Zacarías no entendió la visión, por
eso tuvo que preguntarle a Dios su significado.

¿Qué significan estos dos olivos a la derecha del can-
delabro y a su izquierda? Y él dijo: Estos son los dos
ungidos que están delante del Señor de toda la tierra.

(versículos 11, 14)

Creo que desde la perspectiva profética, los olivos simboli-
zan a Moisés en el ministerio del apóstol, y a Elías en el ministerio del profeta, porque las señales de los *"dos testigos"* descri-
tos en el libro de Apocalipsis tienen similitud con lo que pasó en
sus ministerios, mientras estuvieron en la tierra.

Y daré a mis dos testigos que profeticen por mil dos-
cientos sesenta días, vestidos de cilicio. Estos testigos
son los dos olivos.... (Apocalipsis 11:3–4)

Esto no quiere decir que la iglesia debe continuar sin estos
ministerios hasta que se cumpla lo que dice Apocalipsis, pero
sí es un reflejo de lo venidero. Los dos ministerios cumplen la
función de mantener la iglesia viva, con revelación y dirección,
hasta los últimos días. Jesús tendrá una iglesia que espera su
llegada con la lámpara encendida. ¿Cómo vendrán los pecadores a Jesús sin una luz que los guíe en medio de las tinieblas?
¿Cómo serán los creyentes trasformados de gloria en gloria, si
no hay una fresca revelación que les permita moverse de una
dimensión de gloria a otra?

Los dos olivos, localizados a ambos lados del candelabro son una representación simbólica de lo que está sucediendo en la iglesia de hoy. Ellos representan los ministerios apostólico y profético. De ellos fluye el aceite puro y fresco, el cual simboliza la revelación (el conocimiento revelado). La dirección y la profecía son el combustible que produce luz brillante para la iglesia. Si el aceite deja de fluir, la luz del candelabro terminará y el caos comenzará.

Los dos ministerios declaran lo que Dios está haciendo y diciendo hoy en día en la tierra. Cuando las funciones del apóstol y el profeta son rechazadas por la iglesia, la luz se apaga y la oscuridad toma control. En contraste, si ellos pueden cumplir sus funciones, las otras tres oficinas del ministerio quíntuple también podrán funcionar debidamente: el pastor cuidará de las ovejas, el evangelista ganará almas para Cristo y el maestro instruirá a la iglesia; y todas, funcionando como una sola, recogerán la cosecha de almas.

Consecuencias de la falta de conocimiento revelado

Veamos más de cerca lo que sucede cuando la luz de la revelación se apaga, y la oscuridad se convierte en lo normal.

1. El pueblo se descontrola y desmoraliza

Sin profecía el pueblo se desenfrena. (Proverbios 29:18)

Donde no hay visión, el pueblo se extravía. (NVI)

Donde no hay visión, el pueblo se desenfrena. (LBLA)

Las palabras *"visión"* y *"profecía"* de los versículos anteriores vienen del vocablo hebreo *kjazón*, el cual también significa "revelación", "oráculo" o "comunicación divina". *Kjazón* apunta a una revelación fresca de Dios que declara lo que Él está diciendo y haciendo *ahora* (aceite siempre fresco). Es mucho más que leer y enseñar la Biblia; es más que doctrina bíblica. Es *jréma*, una palabra de Dios para el "ahora"; es el maná que Dios provee para hoy —no para ayer ni para mañana—. Mañana habrá una revelación fresca que nos mantendrá moviéndonos hacia adelante, sin perder nuestra dirección o avance. Es la revelación del Espíritu Santo. Sin *kjazón*, el pueblo se descontrola, se extravía, se desenfrena, vive sin destino y desmoralizado. El pueblo perece. Vivimos en tiempos de tinieblas, confusión e inseguridad. Ahora, más que nunca, necesitamos la revelación de Dios.

2. El pueblo es destruido

> *Mi pueblo fue destruido, porque le faltó conocimiento.*
> *Por cuanto desechaste el conocimiento, yo te echaré*
> *del sacerdocio; y porque olvidaste la ley de tu Dios,*
> *también yo me olvidaré de tus hijos.*   (Oseas 4:6)

La falta de conocimiento revelado nos lleva a la destrucción. El profeta Oseas le advirtió al pueblo de Israel la importancia de conocer, discernir y ser sabio para escoger el camino que el Señor les había puesto por delante. Rechazar el conocimiento divino equivale a despreciar o no valorar lo que Dios está diciendo. Cualquier camino que no nos lleva a Dios termina en un abismo de muerte. Debemos aprender a escoger a quién y qué creer.

Rubén, un nuevo miembro de nuestra congregación, tuvo que decidirse a creer en el camino de Dios, en lugar de seguir por un camino de muerte. Cuando visitó una de nuestras iglesias hijas, llevaba seis años sufriendo de unos quistes raros, los cuales progresivamente crecían en su cara y piernas. Cada vez que se bañaba estos se esponjaban como coliflor. Desesperado por su condición, estuvo a punto de aceptar la oferta de un brujo que le prometía sanarlo, y gratis, convenciéndolo que sólo la brujería podría curarlo. Rubén no aceptó de inmediato, pero lo pensó, debido a su deseo de terminar con el tormento. Para ese momento, aun no tenía la revelación que Dios lo podía sanar.

El enemigo lo destruirá en cualquier área donde le falte conocimiento.

Esa noche mientras dormía el Señor le dio un sueño, en el cual vio una mano gigante que se le acercaba cada vez más, apuntándole con su dedo índice. Entonces escuchó una voz que le dijo, "Yo soy tu sanador". Instantáneamente Rubén creyó. Al día siguiente, los quistes amanecieron secos por completo —¡desaparecieron!—, y jamás regresaron. Dios restauró su piel a la normalidad. Cuando Rubén le dijo "no" al brujo, Dios en su soberanía, lo sanó. Hoy lo único que se logran ver son algunas cicatrices como señal del milagro que experimentó.

¿Se dio cuenta que el enemigo casi engaña a Rubén por su falta de conocimiento revelado? Esta lección es para todos los creyentes. Si no hubiera sido por la misericordia de Dios, Rubén se habría perdido en el engaño del brujo. ¿Cuántos miles de creyentes están enfermos, deprimidos y oprimidos por el enemigo, porque les falta conocimiento?

La luz en la iglesia se está apagando

El joven Samuel ministraba a Jehová en presencia de Elí; y la palabra de Jehová escaseaba en aquellos días; no había visión con frecuencia. Y aconteció un día, que... Samuel estaba durmiendo en el templo de Jehová, donde estaba el arca de Dios; y antes que la lámpara de Dios fuese apagada.... (1 Samuel 3:1–3)

No había visión en los días del Elí, el sacerdote. La palabra fresca de Dios y el conocimiento revelado eran raros. La luz de la lámpara de Dios estaba a punto de apagarse, simbólicamente hablando.

Los líderes sin revelación o fresco conocimiento de Dios para sus ministerios se volverán irrelevantes.

Lo mismo sucede hoy. Muchos carecen de dirección, visión, y genuina revelación profética de Dios. Viven descontrolados, sin saber dónde ir. Ésa es la razón por la cual Dios está restaurando los ministerios del apóstol y el profeta. Como hemos visto, sus funciones son las de traer revelación fresca y edificar la iglesia, a fin de ver al pueblo caminar en la verdad y no ser destruidos.

El propósito y la importancia de la revelación

La verdadera revelación siempre está alineada a lo que el Espíritu Santo está revelando hoy y la forma como está operando. Con frecuencia es por medio de las oficinas del apóstol y el profeta que el cielo revela los diferentes ministerios de la gloria de Dios en la tierra. Los apóstoles y profetas no llegan a estas funciones porque son "mejores" pastores, maestros o evangelistas; ellos simplemente cumplen sus funciones espirituales y ejercitan sus dones. Cuando Dios le revela algo a un apóstol o profeta, nada lo puede detener; debe ser desatado. Cada vez que el Espíritu Santo trae una revelación a la iglesia por medio de estos ministerios, esa revelación vendrá acompañada por un reto, que llevará al pueblo a cambiar, crecer y madurar; a ascender a nuevos niveles, a alcanzar nuevas metas, a conquistar territorios espirituales que permanecían bajo el control del enemigo, y a expandir el reino.

El propósito de la revelación no es complacernos. Quizá no siempre la entendamos, pero no tenemos que entenderla para obedecerla. Lo único que tenemos que hacer es recibirla. Recordemos que en el principio, los profetas no siempre entendían los mensajes de Dios que anunciaban. Sin embargo, eran obedientes al declararlos, y todo lo que declaraban se cumplía —o se cumplirá— en el tiempo del Señor.

El propósito principal de la revelación es guiarnos a tener una experiencia sobrenatural en la presencia de Dios y a ser trasformados.

Algunos creen que la revelación viene para facilitarnos la adquisición de conocimiento, para hacernos ver más inteligentes o sabios, o simplemente para darnos más información acerca de la Biblia, pero esto no es verdad. La revelación viene para trasformar al pueblo y expandir el reino de Dios en la tierra, pero tenemos que obedecer la revelación para ver los resultados.

Y para que la grandeza de las revelaciones no me exaltase desmedidamente, me fue dado un aguijón en mi carne, un mensajero de Satanás que me abofetee, para que no me enaltezca sobremanera.

(2 Corintios 12:7)

El apóstol Pablo no tenía un *"aguijón en* [su] *carne"* por ser un buen predicador o por ayudar a los pobres y a las viudas —aunque hacer eso es bueno—. Creo que el aguijón no sólo era para mantenerlo humilde sino también por la revelación que él cargaba. El diablo odia cuando los creyentes buscan la revelación fresca de Dios. El enemigo quiere que nos mantengamos estancados, sin que avancemos espiritualmente. No podemos ser gente común si llevamos una revelación de Dios, porque la revelación nos hace diferentes. Nos hace distintos a la multitud que conforma nuestra generación. Debemos decidir: ¿seremos gente "religiosa" sólo con apariencia de santidad, o seremos gente que escucha, obedece y tiene experiencias personales gracias al conocimiento revelado de Dios? Si decidimos vivir de acuerdo a la revelación, entonces debemos aceptar que sufriremos persecución (vea Mateo 5:10–12).

Hoy más que nunca necesitamos un rompimiento en todas las áreas de nuestra vida: personal, familiar, profesional y ministerial. Muchos creyentes están estancados. No están avanzando, creciendo ni poseyendo las bendiciones; tampoco están conquistando los nuevos territorios que Dios nos ha dado. Debemos decir, "¡Basta ya!" y pedir una *jréma* divina que nos saque de nuestro estancamiento y nos lance mucho más allá de nuestras limitaciones.

EXPERIENCIAS CON DIOS

- ¿Su conocimiento de Dios se basa en el conocimiento natural o mental, o en una revelación? Si está basado primordialmente en conocimiento natural o mental, entonces le falta una conexión espiritual vital con Él. Ore para que Dios le dé una revelación fresca de Él mismo, para que pueda entrar en una relación más profunda con su Padre celestial.

- Pídale a Dios que le dé una *jréma* divina que lo saque del "estancamiento" que pueda estar experimentando en diversas áreas de su vida: personal, familiar, social, profesional y ministerial. ¡Recuerde que Él puede llevarlo más lejos de lo que usted se pueda imaginar!

4

De la doctrina fundamental a la revelación

¿Cómo podemos pasar del simple conocimiento doctrinal a vivir en la revelación del "ahora" de Dios? Primeramente, creyendo y actuando conforme a lo que ya conocemos. Los fariseos eran judíos prominentes de los tiempos de Jesús, quienes sabían teología, teoría, y mantenían sus propias prácticas de forma muy estricta. Ellos interpretaban la ley de Moisés pero tenían un grave problema: casi nunca practicaban lo que predicaban acerca de la ley. Esto los convertía en gente "religiosa". Tenían apariencia de piedad —frecuentemente oraban, ayunaban y entregaban sus diezmos—, pero les faltaba autoridad moral. Jesús los reprendió y dijo que su manera de actuar era hipócrita (vea Mateo 23). Debido a que este comportamiento puede fácilmente contaminar a otros, y dañarlos espiritualmente, Jesús les dijo a sus discípulos,

> *Guardaos de la levadura de los fariseos, que es la hipocresía.* (Lucas 12:1)

Viva en la realidad de la Escritura

Si como iglesia nos examináramos en detalle, encontraríamos que las cosas no han variado tanto desde aquellos días. Muchas personas afirman creer en lo sobrenatural; dicen que desean ver milagros, ser testigos del poder y la gloria, y tener un avivamiento, pero muy difícilmente van más allá de la teoría, porque se rehúsan a aceptar, vivir y experimentar el verdadero poder de Dios. Esto hace que su conducta sea muy similar a la de los fariseos, pues no practican lo que predican.

Tener conocimiento intelectual sobre alguna verdad bíblica no implica que la hayamos experimentado.

Por ejemplo, he conocido a cientos de pastores y visitado numerosas congregaciones que dicen creer en sanidad y milagros, pero rara vez oran por los enfermos. Dicen creer en los dones del Espíritu Santo, pero casi nunca ven las manifestaciones del Espíritu. Dicen creer en la liberación, pero nunca echan fuera demonios. Dicen creer en el bautizo del Espíritu Santo con la evidencia de hablar en otras lenguas, pero casi nadie habla lenguas en su congregación.

Lo que tienen es pura teoría —información—, sin experiencia. Ellos no obedecen la voz de Dios. Si duda acerca de lo que le estoy diciendo, pregúntese, "¿Cuándo fue la última vez que un ciego recobró la vista o un sordo volvió a oír en mi iglesia? ¿Cuándo fue la última vez que una persona fue sanada de cáncer?".

Un pastor de Honduras, que está bajo la cobertura espiritual de El Rey Jesús, es fiel testigo de lo que aquí estoy diciendo. Dejaré que él comparta con usted cómo hizo la transición de doctrina a revelación.

Mi nombre es Alejandro Espinoza. Soy doctor y pastor de la iglesia Misión Internacional El Shaddai, en San Pedro Sula, Honduras. Junto a mi esposa, Julissa, quien también es doctor, practicamos nuestra profesión por más de diez años. Dios nos ha dado dos preciosos hijos, Julissa e Isaac. Fuimos pastores de otra denominación durante diez años, y servimos a Dios porque lo amamos. Nos sentimos muy agradecidos con Él por esa experiencia, la cual fue muy buena, aunque debo admitir que era un ambiente religioso. Había marcadas preferencias por la estructura, los programas y las reglas de la denominación, las cuales sólo generaban orden y gobierno humano, mientras se ignoraba el poder sobrenatural de Dios, el cual era reemplazando con rutina, tradición y pasividad. Casi nunca vimos las manifestaciones del reino de Dios, y los milagros fueron escasos, irrelevantes y sin revelación. Lo sobrenatural era ignorado, rechazado y criticado.

Sin embargo, hoy me siento agradecido con Dios porque fuimos transformados por la paternidad espiritual del Apóstol Guillermo Maldonado y su esposa, la profeta Ana Maldonado, lo cual hizo que esta revelación viniera a nosotros. Ellos nos dieron identidad, herencia y nos impartieron dones, fuego, pasión y visión. Dejamos de trabajar en nuestras fuerzas y de ser guiados por nuestro razonamiento, para seguir la dirección del Espíritu Santo y su revelación. La evidencia de esto es el fruto producido por nuestro ministerio desde entonces. Cuando fuimos adoptados por la cobertura espiritual del Ministerio Internacional El Rey Jesús, teníamos una congregación de ochenta personas. Hoy, cinco años más tarde, tenemos una congregación con más de dos mil personas y diez iglesias bajo nuestra cobertura, a lo largo y ancho del país. Hemos comprado un terreno para edificar nuestra iglesia, en la mejor ubicación de la ciudad, y tenemos una estación de radio que cubre todo el territorio y llega a casi un millón de hogares. Los milagros creativos, las sanidades y las salvaciones son continuos. Hemos visto piernas crecer, ciegos ver, sordos oír, paralíticos caminar, quistes desaparecer y a los poseídos por demonios recibir su liberación. Hemos sido testigos de la restauración de matrimonios y de gente liberada de la drogadicción. Carlos, un hijo espiritual, cuyo pasado incluía drogas y violencia, decidió darle un vuelco a su vida después de sobrevivir a un atentado en el cual recibió cinco tiros con una pistola nueve milímetros. Él le entregó su vida al Señor, y hoy está libre de drogas y ganando almas para Cristo. ¡Esta es la manifestación del reino de Dios! Todo lo que pasa en el Ministerio Internacional El Rey Jesús también ocurre en nuestra iglesia. Fluyen la misma unción y gloria, porque aplicamos el entrenamiento que continuamente recibimos de ellos. Puedo decir, usando una frase de Jesús, que hemos nacido de nuevo (vea Juan 3:3). La religión nos había mantenido estancados, pero el reino de Dios nos ha dado vida y la habilidad para producir y multiplicar el fruto de nuestro esfuerzo. Antes vivíamos en la oscuridad; nuestra lámpara estaba apagada. Sin embargo hoy, con revelación, ¡la gloria de Dios se ha manifestado! La religión apela a lo externo, pero el reino de Dios transforma el corazón. Tenemos hambre y sed de Dios, tenemos pasión por el cambio, y por transformaciones radicales. ¡Dios está haciendo algo nuevo en nuestra ciudad!

Edifique sobre el fundamento de la doctrina básica

Por tanto, dejando ya los rudimentos de la doctrina de Cristo, vamos adelante a la perfección; no echando otra vez el fundamento del arrepentimiento de obras muertas, de la fe en Dios, de la doctrina de bautismos, de la imposición de manos, de la resurrección de los muertos y del juicio eterno. (Hebreos 6:1–2)

El autor de hebreos indicó que el fundamento de la doctrina cristiana debe ser enseñado a todos los que entran en una relación con Jesús. El propósito de la doctrina es establecer y afirmar a los creyentes, habilitándolos para ser firmemente cimentados en la fe. Cuando establecemos el fundamento de la doctrina, comenzamos a edificar sobre ella. Los creyentes deben ser entrenados en la *"palabra de justicia, porque... el alimento sólido es para los que han alcanzado madurez, para los que por el uso tienen los sentidos ejercitados en el discernimiento del bien y del mal"* (Hebreos 5:13–14). Si queremos crecer en fe, necesitamos revelación o conocimiento revelado. La revelación es la carne de la Palabra porque, una vez más, es una palabra dada para hoy en la vida de uno. La revelación no se aprende simplemente por estudio, sino por iluminación del Espíritu Santo.

La doctrina es el fundamento que echamos para edificar un nuevo creyente; esto lo prepara para recibir revelación.

No se compra un terreno en un área residencial sólo para ir a mirarlo los domingos y luego ignorarlo el resto de la semana. ¡No! Después de comprar un terreno se echa el fundamento, porque el deseo es edificar una casa —una vivienda o una habitación—, donde usted o alguien más pueda vivir. Un proceso similar ocurre en el ámbito espiritual. Jesús pagó un precio muy alto para redimir a la humanidad del pecado y la muerte. Él llama a la iglesia a echar el fundamento de la doctrina en cada persona, a fin de edificar una habitación donde la presencia de Dios pueda morar, conforme a los planes revelados del Espíritu Santo. Recuerde que Dios no habita en edificios de ladrillo ni cemento. Él habita en vasos de barro —¡nosotros!—. (Vea 2 Corintios 4:7).

Sin embargo, no todos edifican. Muchos se quedan en el fundamento de la doctrina de Cristo y hacen a un lado la revelación —no porque la rechazan, sino porque les aterroriza la idea de moverse de un lugar a otro, le temen al compromiso, y tener que pagar el precio—. La doctrina en sí misma no produce un movimiento espiritual ni un avivamiento. Por el contrario, la revelación sí produce un mover del Espíritu Santo, porque revela lo que Dios está diciendo y haciendo entre nosotros.

Continúe moviéndose a nuevos niveles

Toda transición implica riesgo porque significa tener que moverse de un lugar conocido a otro desconocido. La mayoría de la gente teme lo desconocido, por eso prefiere quedarse en un lugar cómodo y conveniente. Sin embargo, quienes no se mueven —aquellos sin revelación—, quizá nunca tengan una experiencia con el poder de Dios que fluye en ellos. Debemos desear ir a otros niveles, a otras dimensiones; expandirnos a nuevos territorios, movernos a niveles más altos de fe, unción, gloria, madurez y crecimiento. La vida cristiana está diseñada para ser un caminar diario de aventuras, porque nos lleva a enfrentar cada nuevo reto con fe. Si nos conformamos, nos estancamos, y esto no le agrada a Dios.

La doctrina es la leche de la Palabra, y la revelación es la carne de la Palabra.

Diversas transiciones espirituales están ocurriendo en este mismo instante: la iglesia está pasando de la doctrina a la revelación, de los fundamentos bíblicos al mover del Espíritu Santo, de la raíz al fruto, de la unción a la gloria, de la sordera espiritual a escuchar la voz de Dios, de la iglesia al reino, del vino viejo al vino nuevo, de la teoría a la experiencia, de la teología a la demostración, del conocimiento a la manifestación, de las simples palabras a los hechos concretos, y mucho más. Como antes dije, cuando hacemos la transición de una cosa a otra, no se niega lo que antes fue, ni es indicativo que lo anterior fue malo o insignificante. Lo que sí significa es que Dios nos quiere llevar a nuevos, más profundos y extensos territorios en Él —y únicamente un fundamento sólido puede asegurar la estabilidad y firmeza del edificio—.

> *Pues, ¿busco ahora el favor de los hombres, o el de Dios? ¿O trato de agradar a los hombres? Pues si todavía agradara a los hombres, no sería siervo de Cristo.*
> (Gálatas 1:10)

Muchos movimientos y avivamientos del Espíritu se han perdido porque los líderes buscaron complacer al pueblo más que a Dios. La revelación reta al pueblo a subir a nuevos niveles y territorios, pero no podemos detenernos en cierto nivel ni quedarnos estancados. Dios está llamando a cada creyente a crecer y madurar. Él nos está empujando a hacer la transición. En este punto en particular, los apóstoles de hoy tienen un gran trabajo que realizar, porque son los llamados a encender el fuego que generará nuevos movimientos y avivamientos. Los apóstoles encienden el fuego porque no están dispuestos a comprometer principios y porque siempre están en el primer plano de lo que Dios está diciendo y haciendo. Los apóstoles se posicionan en el frente de batalla para expandir el reino por la fuerza, ganar almas para Cristo, hacer milagros y traer visión y dirección a la iglesia. Ellos movilizan a los creyentes a evangelizar. Son los más avanzados en revelación dentro de su generación. Ésta es también la razón por la que no siempre son bien recibidos, sino que con frecuencia son perseguidos y rechazados. Muchos no los entienden porque ellos son los primeros en ver lo que otros aún no han visto, y entender lo que otros todavía no han entendido.

Cuando una verdad basada en la Escritura fue revelada por primera vez a la iglesia, casi siempre fue catalogada como falsa.

La gente que se estanca en lo básico no es muy abierta a recibir revelación o conocimiento revelado. Muchos creen que ya no hay más que conocer ni experimentar. Otros no apoyan la idea de seguir aprendiendo, y carecen de humildad para recibir algo nuevo. Debido a que se quedan en el fundamento de la fe, sin avanzar, siguen siendo "infantes" espirituales.

Estos creyentes son los que usualmente critican el mover y los avivamientos de Dios, y a quienes los promueven. Sólo cuando es demasiado tarde —después de haber rechazado, perseguido, engañado y moralmente destruido a los ungidos de Dios—, algunas veces se dan cuenta que estos movimientos eran auténticos. Cuando veo tales cosas, me pregunto, *¿Puede* *ser falso un movimiento que lleva a miles de personas a la salvación? ¿Puede ser falso algo que restaura un sinnúmero de matrimonios, y sana y libera a miles de la depresión, el alcoholismo y la drogadicción? ¿Hay falsedad en algo que lleva a miles de jóvenes a dejar sus afiliaciones a las pandillas y a las calles, para regresar a sus hogares junto a sus padres, y arrepentirse de sus actos? ¿Puede ser falso un movimiento o avivamiento cuando miles de personas prosperan en integridad? ¿Hay algo malo en estas cosas?* No lo creo. No puede haber nada falso cuando Jesús es glorificado y exaltado. Desafortunadamente, quienes encuentran falsas estas manifestaciones y niegan que Dios está detrás de ellas, son líderes y creyentes llenos de ataduras mentales e ideas rígidas —gente "vino viejo"—, llena de teorías sin demostraciones sobrenaturales.

Existe una diferencia entre (1) desear corregir una teología falsa/incorrecta o un caos causado por excesos y comportamientos no anti bíblicos, y (2) detener un mover genuino de Dios por causa de nuestras conceptos equivocados, que están arraigados en nuestra forma de pensar y actuar. Debemos aprender a discernir entre estas situaciones si deseamos mantenernos al mismo ritmo de lo que Dios está haciendo entre su pueblo hoy. Si no lo hacemos, podemos dañar nuestra salud y crecimiento espiritual, así como el de otros.

En cierta ocasión, cometí el error de echar fuera lo bueno junto con lo malo. En este tiempo no creía que los profetas fueran auténticos, porque había sido herido por uno de ellos. Un profeta visitó mi iglesia y comenzó a "profetizar", causando confusión entre el pueblo, de manera que le tuve que pedir que se fuera (vea 1 Corintios 14:33). Sin embargo, cuando sólo se reacciona a un error sin ponerlo bajo la perspectiva bíblica, se termina cayendo en otro error. En lugar de eso, usted debe responder a la verdad. Eso se hace preguntándose a sí mismo, "¿Qué dice la Biblia acerca de los profetas (o de cualquier otro tema)?".

Rápidamente, aprendí a discernir entre el profeta falso y el genuino. Por ejemplo, nuestro templo actual fue edificado a un

costo de 27 millones —sin deuda—, como resultado de una palabra profética. La profeta dijo, "Éste es el lugar y lo edificarás
sin deuda". Tomé la palabra que venía de Dios y caminé en ella.
Si hubiera dicho, "¡No, no quiero escuchar al profeta!", nuestra
iglesia hubiera perdido una gran bendición. Entonces, podemos
responder a todas las situaciones que se nos presenten, cuando
conocemos la Palabra de Dios.

Usted no puede crear una doctrina en base a una experiencia,
pero toda doctrina que viene de Dios nos lleva a tener una
experiencia con Él.

La Palabra de Dios dice:

El que quiera hacer la voluntad de Dios, conocerá si la
doctrina es de Dios, o si yo hablo por mi propia cuen-
ta.   (Juan 7:17)

Crecí en una iglesia que cumplía con los requisitos para
ser de sana doctrina. El pastor continuamente advertía a la
congregación acerca de las falsas doctrinas, los falsos profetas y
las experiencias emocionales. Sus intenciones eran buenas. Su
deseo era proteger al pueblo y evitar que fuera engañado, porque era un hombre con el temor reverente del Señor y con celo
santo por mantener la sana doctrina. Sin embargo, su deseo de
sobreprotegernos bloqueó lo sobrenatural. No se veían sanidades ni milagros. El temor a ser engañados evitó que el pueblo
experimentara el poder sobrenatural de Dios y su presencia.
Esto sucede en las iglesias que tienen pastores con gran conocimiento teológico, conceptos y teorías, pero poca o ninguna
experiencia con la persona del Espíritu Santo. Preguntémonos
en este caso, "¿Quién está engañado, el que predica sobre experiencias sobrenaturales, o quien por temor a ser engañado se
priva de tenerlas?". Aquellos que temen ser engañados pueden
pensar que tienen la motivación correcta, pero se están per-
diendo una parte maravillosa de lo que Dios quiere para ellos,

que es tener una relación intima con Él y recibir poder por servirle.

Los más renuentes a recibir revelación son los creyentes que tienen la cabeza llena de teoría, pero carecen de experiencia.

Como indica Hebreos 6, creo que cuando el fundamento está en su lugar, debemos avanzar hacia la revelación de los misterios, hacia nuevos niveles de fe, unción y gloria, hasta que impactemos el mundo. El temor a ser engañados no nos puede detener, porque si nuestros corazones son puros y tenemos hambre por lo genuino y fresco de Dios, el Señor nos guardara.

He conocido creyentes y líderes que continuamente dicen, "¿Sera esto todo lo que Dios tiene para mí? ¿Dónde está el Dios de poder y milagros? ¿Es Jesús una figura histórica o el Cristo vivo? ¿Puede el Señor hacer los mismos milagros que encontramos en la Biblia? ¿Dónde está el Dios de Moisés que abrió el Mar Rojo? ¿Dónde está el Dios de Josué y Elías que abrió el Río Jordán?".

Dios no ha cambiado. Él sigue siendo el mismo ayer, hoy y por los siglos (vea Hebreos 13:8). Por experiencia personal puedo testificar que Dios existe y continúa haciendo milagros en nuestro tiempo.

Si no tenemos experiencias sobrenaturales con la presencia de Dios, ya estamos engañados acerca de su voluntad para nosotros.

Hace algún tiempo conocí a Luis, quien es ministro de una iglesia local en Miami. Su salud era deplorable. Tenía diabetes, y su nivel de azúcar en la sangre había subido de 200 —ya alta— a 600, una condición que amenazaba su vida. Tenía que inyectarse insulina cuatro veces al día, hasta un máximo de treinta y seis unidades. El páncreas y otros órganos se empezaron a deteriorar y comenzó a sufrir dolores intensos en los riñones. La enfermedad había llegado a una etapa en la cual orinaba sangre. Su interior era como una llaga abierta. Su dieta era muy restringida y su habilidad para moverse era limitada por el dolor continuo que sufría. Se sentía como "muerto en vida". El pronóstico más optimista de su médico le predecía no más de tres años de vida.

Un día, su hija, quien se congrega en nuestra iglesia, le regaló mi libro *Cómo Caminar en el Poder Sobrenatural de Dios*. Luis testifica que mientras leía, oraba, "Señor, quiero conocer al Dios poderoso que menciona este libro. Deseo ver milagros, señales y maravillas. Anhelo ver al Dios viviente que existe en mí". Antes de terminar de leer el libro, Luis experimentó la gloria de Dios en su cuerpo. En un instante, su azúcar bajo a 96 y desde entonces, ya no usa insulina y el páncreas y los riñones trabajan perfectamente bien. ¡Esto es la gloria de Dios! ¡Jesús continúa haciendo milagros! ¿Está listo para recibir su milagro?

Las personas que aman la verdad no serán engañadas. No escuche a la gente que sólo tiene una opinión, pero nunca ha tenido experiencias sobrenaturales.

¿Cuál es la conexión entre revelación y manifestación?

Es común encontrarse con gente que aparentemente ha tenido revelaciones profundas, pero no manifestaciones ni demostraciones de lo que enseñan. Una enseñanza profunda debe ir acompañada por el mover del Espíritu Santo en sus vidas o ministerios. Lo contrario nos indica que tales revelaciones no vienen de Dios sino del intelecto humano, porque todo conocimiento, revelación y enseñanza que viene de Dios debe producir manifestaciones sobrenaturales y vidas transformadas. El reino, el poder y la gloria de Dios no se basan sólo en palabras, sino en el poder para manifestar lo que se está enseñando (vea 1 Corintios 4:20). Entonces, además de conocer el significado de la revelación, es necesario entender lo que es, y lo que incluye una manifestación.

Cuando Dios es revelado, algún aspecto de Él se manifestará

La manifestación es una demostración sobrenatural, la cual se puede percibir por nuestros sentidos naturales. Cuando Dios es revelado, algún aspecto invisible de Él se manifestará o se dará a conocer a los sentidos naturales, causando gran impacto y transformación. Los milagros predisponen el corazón del pueblo a la realidad de la existencia de Dios. Ellos experimentan el temor reverente cuando son confrontados por su poder y su amor.

> *Y el uno al otro* [serafines] *daban voces, diciendo: Santo, santo, santo, Jehová de los ejércitos; toda la tierra está llena de su gloria.* (Isaías 6:3)

La Biblia declara que toda la tierra está llena de su gloria. Entonces, alguien puede preguntar, "Si eso es cierto, ¿por qué no vemos manifestaciones continuas de esa gloria alrededor del mundo?". En otras palabras, ¿por qué no podemos ver a Dios haciendo milagros, señales y maravillas de forma tangible?

Es fácil predicar o enseñar algo que no tenemos que demostrar ni probar.

Como dije anteriormente, Dios está en todos lados —Él es omnipresente—, pero no se manifiesta en todos lados. Su gloria se manifiesta de forma visible y tangible sólo donde es adorado en espíritu y verdad (vea Juan 4:23), y donde existe revelación —y ésta es recibida por fe—. Tenemos que entender esta realidad si deseamos hacer la transición de revelación a manifestación.

Porque la tierra será llena del conocimiento de la gloria de Jehová, como las aguas cubren el mar.

(Habacuc 2:14)

Este pasaje es una promesa maravillosa de Dios para los últimos días. El Señor nos promete tanto conocimiento de su gloria, que las manifestaciones llenarán el planeta que habitamos. Grandes milagros —inusuales y extraordinarios— que nunca antes se vieron, comenzarán a verse. ¿Por qué? Porque la humanidad está recibiendo el conocimiento revelado de la gloria de Dios.

Nuestra fe es fuerte donde tenemos conocimiento revelado

Cuando tenemos conocimiento o revelación de Dios y nos movemos por fe hacia adelante, vemos manifestaciones continuas de su presencia, porque trascendemos las leyes del tiempo, espacio y materia, y porque la perspectiva de Dios es promulgada en la tierra. Existe un principio básico en las manifestaciones de la gloria en nuestra vida: nuestra fe siempre estará en su punto más fuerte en las áreas donde tenemos más conocimiento revelado. Entonces, si su fe es débil en un área específica es porque le falta revelación en esa área. Su ignorancia —falta de revelación o luz espiritual—, le da al enemigo entrada a su vida. Es ahí cuando él comienza a levantar una o más fortalezas mentales para encerrarlo, separarlo de Dios y destruirlo. No obstante, la situación cambiará cuando usted reciba la revelación.

Y ellos, saliendo, predicaron en todas partes, ayudándoles el Señor y confirmando la palabra con las señales que la seguían. (Marcos 16:20)

La revelación nos introduce a la manifestación de la gloria de Dios; sin ella, la gloria no puede ser vista.

Usted no tiene que ser un predicador ni un líder en su iglesia para recibir una revelación y actuar de acuerdo a ella. El Señor está haciendo en este siglo lo que hizo con la iglesia primitiva: Él está usando a gente común y corriente para cumplir su voluntad en la tierra.

Franklin es uno de los miles de discípulos de nuestra iglesia. Un día se enteró que una de sus compañeras de trabajo, a causa de una profunda depresión, había tomado una pistola y se había disparado en la cabeza. La mujer sobrevivió, pero tuvo que ser operada para extraerle la bala. Franklin sintió del Señor ir a visitarla al hospital y orar por ella, aunque pensó que no le iban a permitir entrar a la unidad de cuidados intensivos. Al llegar a la sala de espera, encontró gente llorando, y todos temían lo peor. Una enfermera lo detuvo, preguntándole quién era y qué hacía allí. Él simplemente contestó que Dios lo había enviado a orar por la muchacha y después se iría. La enfermera entonces le dijo, "Entra y ora, y si es posible, úngela con aceite".

Donde existe una genuina revelación de Dios, debe haber también manifestaciones visibles que confirmen su origen divino.

La joven había permanecido en coma por una semana sin reaccionar a estímulo alguno, pero después que Franklin desató palabra de vida sobre ella, comenzó a recuperarse rápidamente. De repente, comenzó a mover sus manos y pies; incluso trató de quitarse los tubos que la tenían conectada a los monitores y otras máquinas. ¡Todos quedaron asombrados! Al día siguiente, la desconectaron de las máquinas y pronto fue dada de alta del hospital. Ella aceptó al Señor y fue liberada de depresión y del espíritu de suicidio. ¡Dios rescató a esta joven de las garras de la muerte! Repito: Dios puede usar a cualquiera que se ponga a su disposición. Donde la revelación de la voluntad de Dios sobreabunda, ¡su gloria se manifestará!

Los extremos y abusos de las manifestaciones

Aunque las manifestaciones de la gloria de Dios son maravillosas, tenemos que tener mucho cuidado de no perder el enfoque. Verdaderamente tenemos que seguir al hacedor de milagros y no sólo los milagros. Veamos ahora algunos extremos y abusos relacionados con las manifestaciones, y aprendamos de ellos, para siempre darle la gloria a Dios.

1. No mantener una solidez espiritual

En el cuerpo de Cristo hemos visto líderes que se mueven en el poder de Dios y exhiben grandes manifestaciones de su gloria, pero después los vemos caer por fallas morales o por seguir falsas doctrinas. Esta clase de situaciones pueden pasar por varias razones: por falta de carácter, por no rendir cuentas a su autoridad espiritual, por no tener una cobertura espiritual adecuada, por hacer de las manifestaciones su única prioridad, por irse a los extremos, o por hacer a un lado los fundamentos de la Palabra de Dios. Si evitamos caer en estos errores o si rápidamente los corregimos al darnos cuenta de lo que está sucediendo, entonces no hay excusa para no movernos en lo sobrenatural. Recordemos a esos hombres y mujeres de la Biblia, quienes al igual que muchos creyentes a lo largo de la historia, se movieron en lo sobrenatural y terminaron su caminar espiritual con éxito.

2. Fijar los ojos en las manifestaciones

El otro extremo ocurre cuando la gente fija su atención en las manifestaciones, pero lo hace principalmente para desmentirlos. Esas personas desean saber dónde encontrar ejemplos de señales o demostraciones específicas en la Escritura. Pero, ¿qué pasa cuando no existe exactamente tal caso? Por ejemplo, en la Biblia no encontramos que la gente que tenía sobrepeso, de repente, perdió libras después de haber orado por ellas, lo cual sí ha sucedido en reuniones donde he ministrado. Las únicas referencias que tenemos para este tipo de fenómeno son (1) la

confirmación del Espíritu Santo en nosotros que es una manifestación de Dios, y (2) una palabra *jréma* —una palabra de Dios
que habla a las circunstancias presentes—, y que nunca con-
tradice las Escrituras. El Señor nunca hará algo que vaya contra su Palabra. Necesitamos preguntarnos por ejemplo: "¿Perder
peso es beneficioso para la gente?", "¿Esta experiencia promueve
el amor hacia Dios en la persona que experimenta el milagro?",
"¿Tengo paz en lo que concierne a esta situación?".

Enfocarnos en la gloria, alejados de la Palabra de Dios, nos lleva a un desbalance.

Anteriormente di ejemplos de dos profetas que visitaron mi
iglesia. Cuando el primer profeta vino, trajo confusión al pueblo.
Sin embargo, cuando el segundo profeta vino y habló acerca de
que tendríamos un templo nuevo, libre de deudas, sentí paz.
Debemos tener presente que las manifestaciones tales como la
pérdida repentina de peso, son *señales*, no doctrina. Después
que ocurrió esa manifestación, no salí a proclamar que todos
tenían que experimentar la pérdida de peso para ser salvos o
para experimentar la genuina presencia de Dios. Las verdaderas preguntas serían: ¿Está Dios tomando la iniciativa? ¿Es Él
quien hace la obra? Conoceremos si esto es verdad cuando la
obra —el milagro— es consistente con la naturaleza y el carácter de Dios, y produce lo mismo entre las personas presentes.

3. Ceder a la tentación de probar nuestra espiritualidad

Un abuso de las manifestaciones ocurre cuando tratamos de usarlas para probar cuán "espirituales" somos. En el
siguiente pasaje bíblico, note cómo el enemigo tienta a Jesús
para que haga un milagro que pruebe su identidad como Hijo
de Dios.

Y vino a él [Jesús] *el tentador, y le dijo: Si eres Hijo de
Dios, di que estas piedras se conviertan en pan. El*

respondió y dijo: Escrito está: No sólo de pan vivirá el hombre, sino de toda palabra que sale de la boca de Dios. (Mateo 4:3–4)

El diablo quería que Jesús reaccionara pecaminosamente y demostrara sus poderes para probar que Él era el hacedor de milagros. El Hijo de Dios no sólo tenía poder para convertir piedras en pan sino que también tenía poder para convertir el agua en vino, para multiplicar los panes y los peces y alimentar a miles, para sanar multitudes y aun para levantar muertos. Pero Él conocía su identidad y el poder que tenía; esto evitó que cayera en la trampa de la vanidad y el narcisismo presentada por el tentador.

La tentación de probarse a sí mismo no es una razón válida para manifestar el poder y la gloria de Dios.

Cuando Jesús hizo milagros, no fue para probar algo sino para glorificar al Padre y bendecir al pueblo. Él nunca hizo cosa alguna para exaltarse a sí mismo, como Satanás quería que hiciera. Debemos tener mucho cuidado cuando demostramos el poder de Dios, a fin de no ser guiados por motivos erróneos que sólo alimenten nuestro ego. Los que deciden alimentar sus egos caerán por su orgullo y es posible que sean destruidos por el peso de sus errores.

En mi caminar con Jesús, he visitado lugares donde la gente súbitamente insinúa, "Si usted verdaderamente es un hombre de Dios, ¿por qué no levanta a esa persona de la silla de ruedas?". Otros me han criticado abiertamente porque he llamado a diez personas sordas a la plataforma para orar por ellas, pero sólo cinco son sanados. Me juzgan diciendo, "¡Pruebe que es un siervo genuino de Dios y sánelos a todos!". Mi función es orar por los enfermos, pero la sanidad es entre Dios y ellos. Cuando la gente dice estas cosas de mí, siempre les respondo diciendo, "No he venido a probar nada acerca de mí, sino a hacer la voluntad de Dios, y a demostrar que Jesús vive. Él me envió a bendecir a su pueblo y eso es todo lo que haré". Así evito caer en la tentación del enemigo.

Cada vez que usamos nuestros dones o unción para exaltar nuestro ego, para sacar ganancia u obtener una posición, estamos comercializando la unción.

Al afirmar mi identidad en Cristo frustro todo plan perverso que me lleve a ganar seguidores de mí mismo o a abrir puertas que Dios no abrió para mí. ¡Me niego a caer en esa trampa! Nunca debemos ceder a la presión externa para manifestar el poder de Dios o para tomar cualquier otra acción.

Balance entre teología y manifestación

Dondequiera que me invitan a predicar, tomo tiempo para enseñar con detalle la Palabra. Instruyo al pueblo en teología, conocimiento y revelación, basado en lo que Dios está a punto de manifestar. He descubierto que, de otro modo, la impartición no permanece en ellos y perderán la habilidad para repetir lo que me vean hacer. Dios me ha enseñado que cuando al pueblo no se le da conocimientos y principios que apoyen la manifestación, ellos no sentirán la necesidad de practicarlos.

Vuelvo y repito que soy un firme creyente y practicante tanto del conocimiento bíblico como de la manifestación, y considero que los dones del Espíritu Santo son importantes. Sé que la revelación (el conocimiento revelado) y la teología (el conocimiento intelectual) deben marchar juntas para producir una manifestación espiritual. Siempre me aseguro que la Palabra apoye toda experiencia y manifestación que ocurre. Animo a los jóvenes de mi iglesia a estudiar teología, pero sólo en instituciones que creen en las manifestaciones del Espíritu Santo, que no tengan maestros ni teólogos que rechacen esas manifestaciones, y que hayan pasado por la experiencia de ser bautizados en el Espíritu Santo.

La revelación o el conocimiento del Espíritu Santo activa al pueblo.

Mi llamado apostólico es a enseñar, entrenar y equipar a los creyentes. El deseo de mi corazón no es ser uno de los pocos vasos que Dios usa para hacer milagros, señales y maravillas, sino que anhelo equipar a miles de líderes para que ellos a su vez entrenen y guíen a otros en el mismo camino y ganen almas. Me he invertido en la nueva generación que Dios está levantando, y hoy soy testigo de resultados asombrosos. ¡Quiero que usted alcance los mismos resultados al combinar su conocimiento bíblico con la revelación, y que le permita a Dios manifestar su gloria a través de usted!

La gloria está con nosotros

La gloria de Dios está con nosotros en la tierra, tal como dice la Escritura en Habacuc 2:14. Lo único que necesitamos para tener acceso a la gloria y manifestarla es el conocimiento de Dios revelado por el Espíritu Santo. Los hombres y mujeres que se han movido en el poder sobrenatural de Dios, y que han sido usados por Él para hacer milagros, señales y maravillas han tenido una revelación dada por el Espíritu Santo; esto los hizo diferentes a otros. En el próximo capítulo veremos cómo movernos de la unción a la gloria, y cómo recibir la revelación de Dios.

EXPERIENCIAS CON DIOS

- ¿En qué pasada manifestación de gloria se quedó usted estancado? Quizás fue en el avivamiento que se produjo en la calle Azusa, el cual hizo énfasis en el bautizo del Espíritu Santo. Quizás fue en el Movimiento de Fe. Estos y otros movimientos fueron creados por Dios, pero Él se mueve continuamente, y nosotros debemos movernos a su velocidad para recibir una fresca palabra para hoy. Pídale a Dios que le revele una palabra del *ahora* para usted.

• Recuerde que reaccionar a un error puede producir otro error. Si ha tenido temor o es demasiado cauteloso acerca de las manifestaciones sobrenaturales por los abusos que ha visto, estudie la Palabra de Dios y pida discernimiento para recibir un mayor nivel de entendimiento bíblico y balance en esta área.

5

La transición de la unción a la gloria

Sin una revelación continua de la gloria de Dios, tarde o temprano nos quedaremos espiritualmente estancados. Nos convertiremos en vino viejo. Entrar en la gloria de Dios requiere revelación, y para recibirla necesitamos entender la relación que existe entre las tres dimensiones de lo sobrenatural: (1) fe, (2) unción, y (3) gloria. Analicemos cada área y los pasos esenciales que debemos tomar para realizar la transición de la unción a la gloria.

Las tres dimensiones de lo sobrenatural

1. Fe

En Romanos 12:3 vemos que todos hemos recibido de Dios una *"medida de fe"*. Él nos dio esa medida de fe para que pudiéramos interactuar en el ámbito espiritual mientras vivimos físicamente en la tierra. La fe es la antena del creyente para "escuchar" mas allá de la dimensión natural; es la *"certeza de lo que se espera, la convicción de lo que no se ve"* (Hebreos 11:1).

Antes de levantar a Lázaro de entre los muertos, Jesús le dijo a Marta, la hermana de Lázaro, *"¿No te he dicho que si crees, verás la gloria de Dios?"* (Juan 11:40). La fe es un requisito para ver la gloria, porque tener fe significa creer en lo que Dios puede hacer. Fe es la habilidad para creer lo imposible y lo que no tiene sentido.

La fe nos fue dada para poder ir más allá del tiempo a la eternidad.

Hay una diferencia entre creer por algo con la medida de fe que Dios nos ha dado, y Dios mismo ejerciendo su propia fe. El ámbito de la "gloria" es Dios mismo en fe y acción —lo que Él cree y hace por su propia cuenta—, en comparación con lo que nosotros creemos —basados en nuestra fe—, y en lo que podemos hacer en base a nuestra unción. Pero hay un prerrequisito para ver a Dios en la dimensión de gloria, y ésa es nuestra fe.

2. Unción

Existen varios aspectos de la unción que debemos considerar. Primero, cada creyente ha recibido una medida de fe y una medida de unción y un don o dones en particular para cumplir los propósitos de Dios (vea, por ejemplo, 1 Corintios 12:4–11). La unción es el poder de Dios, dado a los creyentes para que cumplan la obra del ministerio. También se usa para enviar a hombres y mujeres al ministerio (vea Efesios 4:11–13; Hechos 13:1–3). En el Antiguo Testamento, la gloria de Dios descendió sobre el tabernáculo después de ungir a los sacerdotes, el altar y los utensilios (vea Éxodo 40). Entonces, la unción es el poder de Dios obrando a través de nosotros para cumplir lo que Él desea hacer en la tierra. Él puede decirle a un individuo, "Estás llamado a ser un misionero, por tanto, te daré una porción de mi poder y la fe necesaria que te permita cumplir ese llamado".

En mi experiencia, cada medida de unción dada al creyente contiene varios niveles. Un nivel equivale a un "paso" que debemos dar o ascender, a medida que progresamos en la habilidad de movernos en la unción, y a medida que crecemos espiritualmente en relación con ella. No podemos evadir ninguno de los pasos, porque representa un aspecto esencial de madurez en las cosas espirituales. Tenemos que ir paso a paso, de nivel en nivel, sin saltarnos ninguno, hasta alcanzar el nivel en el cual la medida de unción que recibimos se desarrolle completamente. Al llegar al último nivel no podemos hacer nada más en términos de nuestra unción —hemos alcanzado la llenura de esa medida de unción—. En ese punto, la única opción que nos queda es entrar en la gloria.

Otro aspecto de la unción es que la fe de un creyente puede halar la unción de otro creyente. En otras palabras, una persona puede ejercitar su fe y poner una demanda espiritual sobre la unción de otro individuo para operar en esa unción. Por ejemplo, supongamos que estoy predicando, y de repente, tengo que detenerme en medio del mensaje y orar por alguien en la audiencia, porque esa persona está ejercitando su fe, pensando, *Creo que él vendrá ahora a mí y me impondrá manos para sanarme porque necesito un milagro.* La fe atrae la unción. Así vemos que la fe y la unción trabajan juntas.

Un ministro de Dios no puede forzar la unción sobre la gente —ellos tienen que apropiarse de ella por fe—.

Tener unción no es lo mismo que moverse en la gloria, la cual incluye todos los atributos de Dios. La unción es una *parte* de Dios, operando en nosotros. Además, ésta es sólo un aspecto de su poder porque el poder de Dios incluye muchos aspectos. Por ejemplo, el poder de Dios en el área del ministerio se llama *unción*. El poder de Dios en el área de la ley se llama *autoridad* y el poder de Dios en el área de la guerra espiritual se llama *fuerza*. El poder de Dios en el área de territorialidad se llama *dominio*; éste es el más alto nivel de poder. Eso fue lo que recibió Adán al ser creado. Entonces, en verdad, no podemos hablar del "poder de Dios" como si todo fuera lo mismo.

Finalmente, en 2 Corintios 5:4–5, aprendemos que Dios nos ha dado el Espíritu como *"garantía"* (NVI), deposito o pago inicial por la gloria. Es la marca de nuestro destino (vea Efesios 1:13–14). La unción, al igual que la fe, nos prepara para recibir la gloria, la cual es la presencia de Dios manifestada. En fin, la fe atrae la unción, pero la unción atrae la gloria.

3. Gloria

Podemos operar en los dones del Espíritu Santo por fe y unción si entendemos cómo operan los principios que los activan. Sin embargo, la gloria de Dios es diferente. La gloria es la presencia manifestada —la *shekina*— de Dios, que testifica del cielo y de los *"poderes del siglo venidero"* (Hebreos 6:5). La presencia manifestada opera de acuerdo a la soberanía de Dios. Él hace lo que Él quiere, cuándo quiere y cómo quiere, sin depender de nuestra fe, dones o unción. Es Dios haciendo sus obras sin la participación de los seres humanos. Creo firmemente que el último mover de Dios sobre la tierra no vendrá por medio de un hombre o una mujer, sino de Dios mismo.

Cuando se manifiesta la gloria de Dios, ésta opera de acuerdo a la iniciativa y soberanía de Dios, no del hombre.

La presencia de Dios no puede ser provocada, manufacturada, o creada, pero sí puede ser atraída por medio de la adoración. A menudo, Dios ha sanado, liberado y transformado a personas durante un servicio de la iglesia sin que yo tenga que ejercitar mi fe ni mi unción. Estos son los actos soberanos de nuestro Padre celestial. Cuando la gloria de Dios está presente, no pensamos en la persona que nos imparte un aspecto de su gloria. Dios toma la iniciativa y obra de acuerdo a su voluntad. La gloria, o la presencia de Dios, va más allá de todo don, unción, fe o función ministerial, aunque todas estas cosas vienen de Él y son usadas por Él para edificar a su iglesia.

Operar bajo la unción versus experimentar la gloria

Para ayudarle a tener un mayor entendimiento de lo que es la gloria, le voy a describir el contraste que existe entre ministrar bajo la unción y experimentar la gloria.

Cooperando con Dios

Cuando opero bajo la unción, siento que sale poder de mí. Recuerda cuando la mujer con el flujo de sangre tocó el borde del manto de Jesús, y Él dijo, *"¿Quién es el que me ha tocado?... porque yo he conocido que ha salido poder [dúnamis] de mí"* (Lucas 8:45–46). Cooperar con Dios es similar a esto, porque es el poder de Dios operando *a través de* mí, usando mi cooperación. Cuando ministro bajo la unción quedo exhausto al terminar, porque es Dios usando mi humanidad.

Como creyentes sabemos que la unción opera cuando sentimos virtud y poder salir de nosotros, como le ocurrió a Jesús. Los predicadores experimentan esto a menudo. En el ámbito de la fe, la gente pone demanda sobre la unción o el manto de un hombre o una mujer de Dios, y reciben lo que desean.

Descansando en Dios

Cuando experimentamos la gloria —cuando Dios en su soberanía escoge trabajar solo— ése es el ámbito de descanso; es cuando no podemos "hacer" nada, excepto adorar. Estuve un estadio con catorce mil personas, adorando y clamando a Dios, y entonces todos fuimos tocados cuando Él descendió para estar entre nosotros.

Trabajamos bajo la unción,
pero descansamos en la gloria de Dios.

Una vez que fui a predicar a una de nuestras iglesias hijas, en Orlando, Florida, comenzamos a adorar a Dios. De repente su presencia vino. Muchos vieron la nube de su *shekina*. Yo no la vi en ese momento, pero sí la pude percibir. Se movía en cierta sección del público y la gente en ese sector comenzó a llorar y recibir sanidad y liberación. Yo no toqué a nadie, tampoco nadie me tocó. Sin embargo, la gente comenzó a pasar al frente a testificar de lo que les había sucedido. La gente estuvo recibiendo sanidad y liberación, continuamente, por dos horas y media. Entre los asistentes había una señora a quien le habían extirpado el útero por cáncer. Ella pasó al altar diciendo una y otra vez, "¡Sentí algo!". Dos semanas después, cuando ella volvió a ver a su médico, recibió la confirmación que tenía un nuevo útero. ¡Esto es lo que pasa en la gloria!

La unción fue dada para sanar a los enfermos, pero en la gloria estamos cubiertos con una inmunidad sobrenatural a las enfermedades.

Cuando la gloria está presente, en lugar de agotado, me siento fresco al final del servicio. Eso es porque Dios está operando directamente, no a través de mí.

¿Debo esperar por Dios en su gloria o tomar la iniciativa por la unción?

Como Dios nos ha dado unción, pero también opera independiente de nosotros, debemos aprender a distinguir estas dos situaciones, y cómo ellas operan juntas. Hay quienes dicen, "Yo nunca tomo acción para ministrar si antes Dios no me dice qué debo hacer", creyendo que así imitan a Jesús cuando dijo, *"No puede el Hijo hacer nada por sí mismo, sino lo que ve hacer al Padre; porque todo lo que el Padre hace, también lo hace el Hijo igualmente"* (Juan 5:19). Ellos esperan que Dios se manifieste en su gloria y les hable específicamente; por eso no hacen nada. Lo que no entienden es que, escuchar a Dios de esa forma, es sólo una dimensión en la que Él opera. Por ejemplo, ya fuimos instruidos acerca de cómo hacer ciertas cosas, tales como llevar las buenas nuevas del evangelio a quienes aún no las han escuchan. Lucas 9:2 dice, *"Y [Jesús] los envió [a sus discípulos] a predicar el reino de Dios, y a sanar a los enfermos"*.

No decimos, "Bueno, espero en Dios para poder ir a evangelizar". Eso equivale a llevar las cosas al extremo. Ciertamente, debemos estar atentos para escuchar su dirección y guía cuando les hablemos a otros acerca de Jesús. Debemos esperar en Dios para ver si Él escoge manifestar su gloria. Pero si no lo hace, entonces debemos operar de acuerdo a la unción que ya nos dio. Hay ciertas cosas que Él ya dijo que hiciéramos, y nos ungió para cumplirlas. Por tanto, debemos seguir adelante y hacerlas, si Él no toma la iniciativa.

La gente sabe que se está moviendo en una dimensión de la gloria de Dios cuando no necesita usar su fe ni su unción.

Algunos se van al otro extremo y no le dan espacio a Dios para operar. No esperan por Él. Por ejemplo, muchos pastores tienen un plan concreto y han establecido el orden en el cual llevarán sus servicios, y hasta los elementos que incluirán en ellos. No consideran la posibilidad que el Espíritu Santo pueda desear moverse de forma diferente a sus planes. Dejan a Dios fuera de su programa, mientras Dios les está diciendo, "Quiero visitarte. Quiero venir y mostrarte mi gloria. Quiero moverme entre ustedes y sanar y liberar". Trágicamente, es casi imposible realizar cualquiera de estas cosas, si el pastor y la congregación no han dejado espacio para que Dios obre. Necesitamos tener un balance entre operar bajo la unción y darle libertad a Dios para que Él se mueva como le plazca.

Respetando la gloria

La mayoría de creyentes nunca ha experimentado la gloria de Dios; sin embargo, muchos de los que sí la han experimentado no han sabido qué hacer cuando ella estaba presente. Es triste ver que algunos ni reconocen cuando la presencia de Dios se manifiesta. Estas situaciones pueden causar que la gente no responda a la gloria debidamente. Esto fue lo que le sucedió a Uza, quien tocó el arca de Dios (el arca del pacto) mientras era llevada a Jerusalén por el rey David.

Cuando llegaron a la era de Nacón, Uza extendió su mano al arca de Dios, y la sostuvo; porque los bueyes tropezaban. Y el furor de Jehová se encendió contra Uza, y lo hirió allí Dios por aquella temeridad, y cayó allí muerto junto al arca de Dios. (2 Samuel 6:6-7)

En estos versículos, podemos ver una advertencia importante. Uza —cuyo nombre significa "fuerza"— cayó muerto por contradecir las instrucciones dadas por Dios acerca de cómo transportar el arca. El arca nunca debió ser transportada en un carro halado por animales (vea el versículo 3), sino llevada por levitas (vea Deuteronomio 10:8), levantada sobre sus hombros y sostenida por palos de madera (vea Éxodo 25:13-15). En el Antiguo Testamento, ni siquiera a los sacerdotes les era permitido tocar el arca ni examinar su contenido. Aunque Uza pertenecía a la tribu de Leví, falló al irrespetar la presencia de Dios, representada en el arca, al tocarla para tratar de evitar en sus propias fuerzas que el arca se cayera. Esto nos demuestra que no debemos familiarizarnos con la presencia de Dios en nuestras vidas ni en nuestro entorno cuando nos unimos como creyentes. ¡Eso fuera una atrocidad! Lo que le sucedió a Uza nos enseña a ser reverentes con Dios, pues Él es el único digno de adoración y honor. Estos versículos revelan la importancia de conocer y entender la gloria de Dios para poder caminar debidamente en ella, vivirla y experimentarla, y así no ofender a Dios. De lo contrario, nos exponemos a la disciplina y el castigo, incluso hasta la muerte.

Pasos esenciales en la transición de la unción a la gloria

Muchos creyentes reconocen la unción, pero saben muy poco de la manifestación de la gloria de Dios. Por lo tanto, ahora veremos algunos pasos fundamentales que necesitamos tomar cuando nos movemos de una dimensión a otra.

1. Entienda la revelación de las tres dimensiones sobrenaturales

Como hemos visto, el hecho que nosotros ejercitemos una medida de fe, o que operemos en una medida de unción, o en un don espiritual, no es igual a que Dios haga su voluntad con todo su poder y majestad. En la gloria de Dios el tiempo no existe. Entonces, cuando estamos delante de su presencia por una hora, nos parece que sólo son minutos. De la misma manera, lo que nos ha tomado una década edificar bajo la unción, puede ser terminado en un año o menos cuando habitamos continuamente en la gloria. Puedo testificar de los efectos de esa transición en mi vida. Sin embargo, primero tuve que recibir revelación acerca de las tres dimensiones de lo sobrenatural. Lo mismo es cierto para usted.

Muchos creyentes nunca han experimentado la gloria de Dios por falta de revelación y conocimiento.

Durante muchos años he vivido y caminado en fe y en la unción, y también he escrito acerca de ambos. He visto sanidades y otros milagros en mi ministerio, los cuales han sido poderosos. Sin embargo, llegó un momento en el cual sentí que había llegado a un tope donde no ocurría mas allá que cierto nivel, pero aún tenía hambre por conocer más de Dios. Anhelaba ver milagros creativos, provisión sobrenatural, señales, maravillas y transformaciones radicales en la vida de la gente. Tenía la fe requerida para que esto pasara, pero nada sucedía. Creía que Dios podía crear nuevos órganos y sanar cualquier tipo de enfermedad; entonces comencé a buscar personas que necesitaban órganos nuevos, que no podían caminar o que tenían enfermedades incurables. No obstante, cuando oraba por ellos, nada sucedía. Fue ahí que llegué a la conclusión que mi dimensión de fe era más grande que mi nivel de unción.

He dicho que cada creyente ha recibido una medida de fe y unción, pero yo había llegado al nivel que necesitaría más que la unción. Entonces, comencé a buscar un mayor nivel en Dios. Al mismo tiempo, el Señor había guiado a mi esposa a Isaías 60, donde se describe la gloria de Dios y sus bendiciones viniendo hacia nosotros; ella llevaba tres meses orando por esto. Casi al mismo tiempo, un apóstol amigo me compartió la revelación de las tres dimensiones de lo sobrenatural. Como dije anteriormente, he escrito y predicado acerca de la fe y la unción, pero nunca las había visto conectadas ni operando juntas. Esto completó la revelación y me llevó a comprometerme a entrar en la dimensión de gloria. En esa dimensión sería Dios —no mi fe ni mi unción—, quien obraría.

El conocimiento revelado nos introduce en la dimensión de gloria, pero es el hambre y la sed por Dios lo que nos mantienen en ella.

Al entender esta revelación, aprendí a dejar que Dios sea Dios, a fluir con Él y a permitir que Él diera todo lo que tenía. ¡Entonces, la gloria comenzó a manifestarse de forma visible! Muchos se sanaron de enfermedades incurables. Los milagros creativos comenzaron a suceder: hubo gente que recibió órganos nuevos, tales como riñones; además otros recibieron huesos y cartílagos nuevos, y hasta cabello nuevo comenzó a crecerle a personas calvas. Hubo transformaciones radicales en las vidas de muchas personas, así como también recibieron provisión sobrenatural de dinero. Cuando me di cuenta que Dios podía tomar la iniciativa pensé, *¿Por qué no dejar que sea Él quien opera directamente?*

Después de recibir la revelación de las tres dimensiones de lo sobrenatural, aprendí a discernir cuándo tomar la iniciativa con la unción y cuándo dejar que sea Dios quien haga las cosas por la gloria. También aprendí a identificar cuándo era fe, cuándo era unción, y cuándo era la gloria la que estaba operando. De la misma forma que lo hizo conmigo, confío que Dios lo llevará a usted a través de este proceso, a medida que hace la transición de la unción a la gloria.

2. Renueve su entendimiento conforme a la perspectiva de Dios

Para moverse en el poder sobrenatural del reino de Dios necesitamos renovar nuestro entendimiento, porque sólo por medio de la renovación es que podemos ver de acuerdo a la perspectiva de Dios. Para ser útiles en el reino debemos ser transformados o transfigurados, con el fin de tener una mentalidad redimida. Los creyentes a menudo oran por ver naciones transformadas, pero la Biblia nos enseña que primero debemos tener un cambio de mentalidad.

> *Seis días después, Jesús tomó a Pedro, a Jacobo y a Juan su hermano, y los llevó aparte a un monte alto; y se transfiguró delante de ellos, y resplandeció su rostro como el sol, y sus vestidos se hicieron blancos como la luz.* (Mateo 17:1–2)

El vocablo griego para la palabra *"transfiguró"* es el mismo que se usa en Romanos 12:2 para *"transformaos"*: *"No os conforméis a este siglo, sino **transformaos** por medio de la renovación de vuestro entendimiento, para que comprobéis cuál sea la buena voluntad de Dios, agradable y perfecta".* Ese vocablo es *metamorfóo*, que significa "cambiar de forma o transfigurar; experimentar una metamorfosis". Cuando Jesús fue transformado, reflejó la realidad del mundo venidero y manifestó su gloria. Los discípulos lo habían visto vivir y caminar bajo la unción, pero ese día, por primera vez vieron su verdadera gloria —la gloria que había dejado atrás al venir al mundo—. A medida que renovamos nuestro entendimiento, de acuerdo a su naturaleza, reflejaremos la realidad de su gloria.

La mente renovada es la herramienta esencial que necesitamos para traer la realidad del reino, el poder y la gloria a la tierra.

Una mente renovada nos hace más útiles a Dios, porque entonces nuestros pensamientos se alinean a los suyos. Esto también permite que lo que existe en el cielo se manifieste en la tierra por medio de milagros, señales y maravillas. Una mente no renovada puede experimentar lo sobrenatural sólo ocasionalmente. Cuando esto sucede, es Dios dándole a la gente a probar de lo sobrenatural para despertar en ella el deseo por experimentarlo más.

¿Está listo para renovar su entendimiento? ¿Está preparado para hacer la transición de la unción a la gloria? ¿Desea experimentar la gloria de Dios? El proceso de transformar nuestra mente es esencial, por eso en los capítulos ocho y nueve exploraremos con más detalle cómo hacerlo.

3. Permita que Dios sea Dios

Debemos dejar que Dios haga su voluntad en lugar de tratar de hacer las cosas por nuestras propias fuerzas.

Estad quietos, y conoced que yo soy Dios; seré exaltado entre las naciones; enaltecido seré en la tierra.
(Salmos 46:10)

Un gran problema de los seres humanos es que siempre queremos estar en control. Hemos creado estructuras religiosas y denominaciones rígidas (algunas por diseño, otras por defecto) que cortan el fluir del Espíritu Santo. Pero, ¿qué sucedería si decidimos esperar en Dios? ¿Si le permitiéramos tomar la iniciativa? ¿Si simplemente aprendiéramos a descansar en su gloria?

Permita que el Espíritu Santo se mueva cómo y cuándo quiera. ¡Aprenda a confiar en Él, porque Él ya está en control de todas las cosas!

Cómo recibir revelación del Espíritu Santo

Para concluir este capítulo, quiero darle algunas pautas acerca de cómo recibir revelación a medida que usted se acerca a Dios y su gloria.

1. Permita que su corazón se llene del temor reverente al Señor

*La comunión íntima de Jehová es con los que le temen,
y a ellos hará conocer su pacto.* (Salmos 25:14)

Dios comparte sus secretos sólo con los que le temen y respetan, no con sus enemigos que rechazan y aborrecen sus secretos, y ciertamente tampoco lo hace con aquellos que no se someten a Él ni a sus caminos. La comunión íntima con Dios es parte del pacto que tenemos con Él, en Jesús, y Él da su revelación a los humildes de corazón. Cuando la gente no teme al Señor, es incapaz de recibir las verdades que enseña la Palabra de Dios. En ese caso, recibir la verdad no depende de los predicadores ni maestros que la presentan, sino de la condición en que se encuentran sus corazones. Por tanto, si usted quiere recibir revelación, debe comprometerse a establecer una relación íntima con Dios y a desarrollar un temor reverente al Señor.

Ésta es la única forma de obtener resultados, tales como los que obtuvo Cecilia y su esposo. Esta pareja buscó al Señor y le pidió ayuda cuando su hijo de dos años fue diagnosticado con autismo, lo cual causa que los niños tengan dificultad para comunicarse e interactuar con otros. Esta condición casi siempre viene acompañada de otros retos físicos.

El neurólogo les dijo que cuando llegara el tiempo para que el niño fuera a la escuela le prescribiría un medicamento para calmarle la ansiedad, pero que por el momento sólo le daría algo que mejoraría su calidad de vida y nada más. Sin embargo, Cecilia creyó en Jesús y trajo a su hijo a una cruzada de milagros. Luego ella pasó por sanidad interior y liberación y comenzó a asistir a la oración de la madrugada en nuestra iglesia. Un día mientras ayunaba y oraba, fue guiada por el Espíritu Santo, y recibió revelación acerca de cómo orar por su hijo. Por fe, comenzó a ungirlo con aceite todos los días, declarando la Palabra sobre él.

Cecilia comenzó a ver la sanidad de su hijo a través de los ojos de la fe, hasta que ésta se hizo realidad. Ella declaró que sus neuronas se tenían que alinear al diseño perfecto de Dios. También profetizó que las cuerdas vocales se desataban para predicar y orar por otros, y comenzó a establecer que su hijo tendría inteligencia sobrenatural. Desde entonces, las cosas han cambiado radicalmente. El año en que debía ser promovido a primer grado, ¡fue promocionado a tercer grado de primaria! Aparentemente sí tiene inteligencia sobrenatural. Aunque ahora sólo tiene siete años, habla y lee mejor que un niño de diez. Antes tenía dificultad para comer, hoy come normalmente; ¡hasta come espinacas y zanahorias!

Este es un ejemplo de una vida bajo la gloria de Dios. La revelación vino a la vida de la madre por medio del temor reverente al Señor, y por su compromiso de buscarlo. Aunque en el mundo no hay cura médica para el autismo, ¡nada es imposible para Dios!

2. Conozca las verdades fundamentales del evangelio

Como hemos visto, el fundamento de la doctrina cristiana debe estar bien establecido en nuestros corazones. Esta doctrina incluye, por ejemplo, la naturaleza de la trinidad de Dios —Padre, Hijo y Espíritu Santo—, la inspiración divina de la Palabra, el nacimiento virginal de Jesús, el arrepentimiento de pecados, el nuevo nacimiento a través de la fe en el sacrificio de Jesús en la cruz, la resurrección de Jesús de entre los muertos, la fe continua en Dios por medio de Jesús, el bautismo en agua, el bautismo en el Espíritu Santo, la imposición de manos para sanar y enviar, la segunda venida de Cristo, las recompensas y el juicio eterno, y el nuevo cielo y la nueva tierra. Cuando estas verdades se graben en nuestros corazones, entonces el fundamento de nuestros "edificios espirituales" estará preparado y Dios desatará revelación a nosotros.

Atesorar verdades básicas y vivir conforme a ellas, edifica el fundamento para que Dios viva en nosotros y nos de revelación.

3. Practique, valore y obedezca las verdades que ya conoce

Desde la perspectiva de Dios, si usted no está dispuesto para hacer algo, entonces no está listo para conocerlo. Como hemos visto, el propósito de tener conocimiento bíblico no es acumular información sobre Dios, sino que es una invitación del Espíritu Santo para tener una experiencia sobrenatural con Él.

Ningún conocimiento o revelación es nuestro hasta que es obedecido y practicado.

Quienes viven conforme a la mentalidad del mundo dicen que el conocimiento es poder, pero eso es parcialmente cierto, porque en realidad el conocimiento se convierte en poder solo cuando se practica.

4. Entienda que la revelación es sólo para quienes tienen hambre y sed de Dios

Él [Jesús] respondiendo, les dijo: Porque a vosotros os es dado saber los misterios del reino de los cielos; mas a ellos no les es dado.   (Mateo 13:11)

En este versículo, Jesús presenta dos tipos de individuos: *"ellos"* (los fariseos y todos los que hoy en día son igualmente religiosos) y *"vosotros"* (los discípulos y aquellos que genuinamente buscan a Jesús). Muchos de los fariseos acumulaban conocimiento de las Escrituras sólo por vanidad. Su intención no era obedecer el espíritu de la ley ni querían ser transformados por ella, por eso Jesús no les reveló los *"misterios del reino de los cielos"*. Lo mismo podemos decir de los creyentes que buscan llenarse de conocimiento bíblico pero no tienen la intención de obedecer la Palabra. En resumen, ellos eran motivados por el orgullo y no por el amor a Dios (vea 1 Corintios 8:1).

Si lo que lo motiva a buscar conocimiento no es el amor, entonces el conocimiento adquirido sólo lo guiará a la vanidad.

En contraste, los discípulos de Jesús tenían hambre y sed por escuchar y aprender la Palabra y obedecerla, por eso Jesús les reveló el reino de Dios. Lo mismo se puede decir de todos los que hoy en día tienen hambre y sed de Dios. Lo mejor de todo es que Dios promete que sus misterios serán revelados a quienes genuinamente desean ver avanzar el reino en la tierra, y a sus hijos.

Las cosas secretas pertenecen a Jehová nuestro Dios; mas las reveladas son para nosotros y para nuestros hijos para siempre, para que cumplamos todas las palabras de esta ley.   (Deuteronomio 29:29)

Espiritualmente hablando, ¿qué es un misterio? Es algo que no puede ser percibido ni conocido por medios naturales, sino revelado por el Espíritu Santo. Un misterio es conocimiento que sólo Dios tiene y es revelado únicamente a los que tienen hambre y sed de Dios, y se esconde a quienes no desean conocerlo. Si buscamos genuinamente los misterios de Dios porque queremos entenderlo mejor y conocer sus caminos, entonces los recibiremos con la ayuda del Espíritu Santo. Él nos guiará en nuestra búsqueda y los revelará ante nosotros.

El conocimiento de la gloria pertenece al ámbito de los misterios de Dios.

Clama a mí, y yo te responderé, y te enseñaré cosas grandes y ocultas que tú no conoces. (Jeremías 33:3)

Cuando clamamos a Dios desde lo más profundo de nuestro corazón, Él revela lo que está escondido, siempre y cuando verdaderamente deseemos usar lo que recibimos para avanzar sus propósitos. La iglesia necesita conocer lo que está escondido para manifestar la gloria de Dios y recoger la cosecha de almas que están listas para Él.

Antes bien, como está escrito: cosas que ojo no vio, ni oído oyó, ni han subido en corazón de hombre, son las que Dios ha preparado para los que le aman. Pero Dios nos las reveló a nosotros por el Espíritu; porque el Espíritu todo lo escudriña, aun lo profundo de Dios.

(1 Corintios 2:9–10)

Hoy en día, no es extraño encontrar una generación que anhele conocer esos misterios —las cosas maravillosas y escondidas que nos promete la Palabra—. La gente desesperadamente clama de día y noche diciendo, "Señor, quiero lo 'fresco'. Deseo ver tu gloria. Anhelo ver las grandes manifestaciones del Dios de Israel". Esta actitud motiva a Dios a desatar las revelaciones y el conocimiento de su gloria como nunca antes (vea Habacuc 2:14). Un avivamiento surgirá en cada ciudad, nación y continente, y el reino de Dios se expandirá por toda la tierra.

La transformación de un individuo también puede transformar familias, ciudades, naciones y el mundo.

---

5. Orar por el espíritu de sabiduría y revelación

...haciendo memoria de vosotros en mis oraciones, para que el Dios de nuestro Señor Jesucristo, el Padre de gloria, os dé espíritu de sabiduría y de revelación en el conocimiento de él. (Efesios 1:16–17)

Necesitamos orar diariamente por el *"espíritu de sabiduría y revelación"*. En esto es importante entender la diferencia entre sabiduría y conocimiento. ¿Qué es sabiduría? Es la habilidad de conocer cómo y cuándo aplicar el conocimiento que poseemos. La sabiduría es útil cuando se usa para guiar a otros.

Si se embotare el hierro, y su filo no fuere amolado, hay que añadir entonces más fuerza; pero la sabiduría es provechosa para dirigir. (Eclesiastés 10:10)

La lengua de los sabios adornará la sabiduría; mas la boca de los necios hablará sandeces.
(Proverbios 15:2)

Aunque la sabiduría y el conocimiento son diferentes, aún funcionan juntos. La sabiduría provee dirección mientras el conocimiento provee información. Usted puede tener la sabiduría para hacer algo, pero si le falta conocimiento, entonces no podrá lograr mucho. Por otro lado, si tiene conocimiento, pero le falta sabiduría para aplicarlo, también queda incompleto. Muchas personas poseen el conocimiento, pero lo usan incorrectamente, no saben cómo aplicarlo a su diario vivir. La sabiduría de Dios es práctica y sencilla; provee instrucción y guía acerca de cómo vivir y cómo aplicar el conocimiento de Dios efectivamente.

El espíritu de sabiduría y revelación ilumina nuestras mentes y corazones al transformarnos. Mientras Jesús caminaba en la tierra, operaba en el espíritu de sabiduría y revelación. Él enseñó a sus discípulos que las señales y maravillas no pertenecen al ámbito de lo natural ni de lo común, sino a la dimensión sobrenatural. Cada milagro de Jesús fue el resultado de una revelación dada por el Padre y por el Espíritu Santo. Muchas personas hoy en día buscan milagros, sanidad, provisión y respuestas a sus problemas en el ámbito natural, sin darse cuenta que buscan estas cosas en la fuente equivocada. Necesitamos la revelación de Dios para encontrar nueva sanidad, provisión y respuestas.

Cuando falta el espíritu de sabiduría y revelación, la iglesia sólo imparte información y conocimiento natural, y el pueblo no es transformado.

Cuando Dios nos imparte el espíritu de sabiduría y revelación descubrimos una dimensión de su gloria, e inmediatamente somos activados en ella; entonces recibimos la habilidad para hacer lo que Dios nos ha revelado. ¡El Señor está dispuesto a revelar y manifestar su gloria en la tierra! Sin embargo, recordemos que la revelación sólo viene cuando estamos bien arraigados en las verdades básicas de la doctrina cristiana, cuando obedecemos esas verdades y anhelamos conocer más a Dios. Nada sucederá si tratamos de obtener revelación por otros métodos.

Permítame preguntarle lo siguiente: Primero, ¿qué le ha revelado Dios en el pasado que usted todavía no ha obedecido? Si tiene conocimiento específico de algo que Dios le ha dado y que usted ha fallado en aplicar, pídale a Dios que le perdone y obedézcale inmediatamente. Por último, ¿puede usted, honestamente, contestar "sí" a las siguientes declaraciones?

- Anhelo conocer más de Dios.

- Genuinamente deseo ver su gloria manifestarse.

- Estoy dispuesto a clamarle al Señor, continuamente, para que me revele *"los misterios del reino de los cielos"* (Mateo 13:11).

Si su respuesta a cada una de las declaraciones anteriores es "sí", entonces todo lo que le falta hacer es ¡comprometerse a clamar a Dios! Si contestó "no" a alguna de las declaraciones anteriores, entonces pídale a Dios que le dé hambre y sed, por Él y por su gloria.

Me gustaría orar por usted en este instante:

Padre celestial, oro por mis estimados lectores, te pido que les abras los ojos del entendimiento y los ilumines con el espíritu de sabiduría y revelación, para que puedan entender los misterios de tu gloria. Te pido que les confirmes esta revelación, manifestándote sobrenaturalmente en sus vidas, ¡ahora! Si están enfermos, te pido que los sanes. Si están sufriendo de depresión o están emocionalmente oprimidos, te pido que los liberes. Si necesitan un milagro creativo, te pido que lo reciban ahora mismo. Manifiéstate en sus vidas con milagros de provisión sobrenatural. Y para aquellos que anhelan ser transformados y entrar en una mayor dimensión de gloria, desato tu presencia sobre ellos, ¡ahora mismo! Manifiéstate como el Cristo viviente y resucitado. Creo con todo mi corazón que lo harás. ¡En el nombre de Jesús, amén!

Tome tiempo y medite sobre todo lo que el Señor le ha revelado en estas páginas. Estos primeros cinco capítulos son el fundamento teológico de lo que viene en los próximos. De ahora en adelante, usted recibirá entrenamiento para conocer con qué actitud debe recibir la gloria de Dios. También, descubrirá los beneficios que se producen al buscar su presencia manifestada, y mucho, mucho más.

EXPERIENCIAS CON DIOS

- Ore para que Dios manifieste su gloria, para que la revelación penetre su espíritu y su mente sea transformada, para entonces poder moverse de la unción a la gloria.

- Aumente su tiempo de oración a una hora de gemir con todo el corazón delante del Señor, para que el conocimiento revelado venga y su gloria se manifieste.

- Practique lo que ha aprendido. Vaya y ore por los enfermos, evangelice y enseñe a otros las revelaciones que usted ha recibido.

6

Pasión y sed por buscar la presencia de Dios

Cualquiera que verdaderamente ha conocido a Dios en alguna de sus cualidades no puede contener la pasión por conocerlo más. Una pregunta que a menudo me hacen es, "¿Qué le motiva a buscar la presencia de Dios cada día más?". Mi respuesta siempre es la misma: "Es la pasión que siento por Él, el temor reverente que siento por Él, y la sed y el hambre que siento por su presencia. Reconozco mi necesidad de Dios. Sé que sin su presencia estoy destinado a fracasar. También sé que nada soy sin Él, y nada puedo hacer. Recuerdo de donde Él me sacó y de donde me rescató. Reconozco mi inhabilidad como ser humano, y admito mi absoluta necesidad y dependencia de Dios. Soy lo que soy gracias a Él. Estoy donde estoy por Él. Nada en mi vida hubiese sido posible sin su favor, su gracia, su poder y su presencia".

Amo profundamente a mi Salvador y apasionadamente deseo ver todos los reinos de la tierra someterse al dominio y señorío del único Dios verdadero, el Rey de Reyes y Señor de Señores. Cada mañana me levanto con más pasión. ¡Mi sed por Él es insaciable! Deseo ver millones de almas venir al reino, y cada día me enfoco en servir a Dios con ese propósito en mi mente y en mi corazón. Es un fuego que quema dentro de mí; una llama que nunca se apaga. He aprendido de la Biblia que el único ingrediente que necesitamos para experimentar calamidad es separarnos de la presencia de Dios, como le pasó a Adán. Si soy exitoso, es porque vivo mi vida atado a Él. Yo digo como Moisés, cuando estaba a punto de guiar al pueblo israelita fuera de la cautividad de Egipto, *"Si tu presencia no ha de ir conmigo, no nos saques de aquí"* (Éxodo 33:15).

La Biblia nos habla de varias personas que vivían apasionadas por la presencia de Dios. Veamos a tres de ellos: Moisés, David y Pablo.

La gran pasión de Moisés

Desde el momento que Moisés reconoció la presencia de Dios, allá en el desierto, nunca más pudo vivir sin ella. Atesoraba tanto su presencia, que no se atrevía a dar ni un paso hacia adelante sin consultar antes con Él. En varias ocasiones Dios estuvo dispuesto a destruir Israel, pero cuando Moisés intercedía, Dios detenía su juicio. Dios escuchaba a Moisés porque sabía quién era él, y ambos tenían una íntima relación.

[El Señor dice,] *Mi siervo Moisés... es fiel en toda mi casa. Cara a cara hablaré con él, y claramente, y no por figuras; y verá la apariencia de Jehová.*
(Números 12:7–8)

Era común que Moisés hablara cara a cara con el Señor, pero no sucedía lo mismo con el resto de israelitas. Creo que Dios sabía que si se les revelaba a los demás, pronto edificarían una escultura o estatua de su imagen para adorarla, en lugar de adorar al Dios verdadero (vea Deuteronomio 4:15–19). Hoy en día la idolatría ocurre cuando anteponemos cualquier otra cosa a Dios. Sin embargo, a medida que le permitimos a Dios que arranque de raíz la idolatría de nuestros corazones, Él comenzará a revelarse en nuestras vidas a un nivel personal e íntimo.

Todos los que vieron a Dios "cara a cara" —de acuerdo con las Escrituras—, tuvieron que pagar un precio y someterse a cambios drásticos en sus vidas. Puedo entonces concluir que en el presente, muchos rechazan el "fuego" de la gloria de Dios, porque experimentarlo expondría su verdadera condición espiritual (vea Deuteronomio 5:4–5). Además, éste nos conduce a la santidad y la pureza, dos cualidades que una gran cantidad de gente rechaza, porque *no quiere* cambiar. Someterse a grandes cambios en nuestras vidas no es fácil; cuesta mucho. Ese es el motivo por el cual a muy pocos la Biblia llama, "amigos de Dios".

El celo de David por Dios

Otro hombre que tenía pasión y sed por el Señor era David, el segundo rey de Israel, a quien la Palabra llama, *"un varón conforme a su corazón"* (1 Samuel 13:14). Él tenía gran celo o afán por buscar constantemente a Dios y estar es su presencia. Aparentemente Saúl, el primer rey, nunca pensó traer el arca del pacto a Gabaa, donde él reinaba. Por veinte años, el arca estuvo en Quiriat-jearim, el pueblo donde fue llevada después de ser capturada y devuelta siete meses más tarde por los filisteos, quienes eran enemigos de Israel. Sin embargo, cuando David asumió como rey de Israel, una de sus primeras decisiones reales fue regresar el arca —y con ella, la presencia de Dios manifestada—, a Jerusalén, donde David había establecido su residencia y sede de gobierno (vea 2 Samuel 6).

David fue un hombre conforme al corazón de Dios, debido a su sed y pasión por buscar su presencia.

Fácilmente podemos identificar un patrón en la vida de David: cada vez que enfrentó una situación difícil, cuando tuvo que tomar una decisión importante o cuando iba a enfrentar a un enemigo en batalla, lo primero que hacía era consultar a Dios y buscar su rostro (vea, por ejemplo, 1 Samuel 30:6–8). Tenía gran pasión por adorar al Señor. En los Salmos leemos acerca de su gran sed por la presencia de Dios, la cual lo llevó a buscar a Dios sin cesar.

El deseo intenso de Pablo de conocer a Dios íntimamente

A fin de conocerle [a Jesús], *y el poder de su resurrección, y la participación de sus padecimientos, llegando a ser semejante a él en su muerte.*   (Filipenses 3:10)

El apóstol Pablo era un apasionado por Dios y por conocer a Cristo. En el lenguaje original de la Biblia, existen tres palabras que describen la acción de "conocer": *Gnósis* —un vocablo griego que alude al conocimiento informativo, mental, teórico y científico—. *Epígnosis* —una palabra griega que se refiere al conocimiento experimental, o conocimiento adquirido por la práctica o la experiencia—; a nivel personal, este término se refiere a tener intimidad con otro individuo, o a conocer a otra persona íntimamente. *Yadá* —una palabra hebrea que significa tener conocimiento íntimo, o conocer a alguien en la intimidad. La voluntad de Dios es que cada creyente tenga una experiencia con Él, o un encuentro íntimo, cara a cara con Él.

[Que realmente pueda llegar a] conocer [en la práctica, por medio de la experiencia personal] el amor de Cristo, que excede a todo conocimiento [sin experiencia].

(Efesios 3:19)[1]

Lo que Pablo expresa en este versículo es que debemos alcanzar *epígnosis*, el amor de Jesús que excede toda *gnósis*. Conocer a Dios es experimentar su amor. Sin importar lo que hagamos, cuántos libros leamos o cuántos diplomas universitarios obtengamos, si nunca tenemos una experiencia con Dios, nunca entenderemos el amor del Padre ni la vida de Jesús. Sinceramente deseo que usted conozca de primera mano que el reino, el poder y la gloria de Dios no sólo son conceptos teológicos; ellos pueden ser experimentados aquí y ahora, en el presente. Conocer a Jesús es traer su realidad, su dominio, su vida y su poder a la tierra. Por eso necesitamos algo más que teología; necesitamos una experiencia. Cada persona que verdaderamente ha conocido a Dios ha tenido una experiencia, y hoy en día, cada creyente también puede aspirar a tener una experiencia con Él.

La teología sin una experiencia o sin un encuentro divino, no es espiritualmente provechosa. Si nunca experimentamos, o recibimos, a Jesús como nuestro Señor y Salvador, terminaríamos perdidos a pesar de entender la teología, o teoría, correcta

---

[1] Traducido de la Biblia en inglés *Amplified® Bible* [La Biblia Amplificada], © 1954, 1958, 1962, 1964, 1965, 1987 por The Lockman Foundation. Usada con permiso. (www.Lockman.org).

acerca de Él. Es triste saber que por eso hay miles de personas religiosas en el infierno.

Conociendo a Dios en todas sus facetas

Moisés le pidió a Dios que le mostrara sus caminos para poderlo conocer más. En esencia, lo que Moisés dijo fue, "Si me das la revelación de quién tú eres, prometo que te buscaré de todo corazón, hasta tener un encuentro contigo". Creo que no podemos conformarnos simplemente con el primer encuentro que tenemos con Jesús, nuestro Salvador. Debemos buscarlo de continuo a fin de tener más encuentros y experiencias con Él, y conocerlo en toda su plenitud y en sus diversas facetas. No podemos contentarnos sabiendo *acerca* de Él. Debemos conocerlo *a* Él. Por ejemplo, muchos saben que Dios es el proveedor, pero todavía no le han conocido como *su* proveedor. Hay muy poca ganancia cuando sabemos que Dios les provee a otros, si no lo conocemos como *nuestro* proveedor. ¿Conoce a Dios como su proveedor? Usted necesita tener un encuentro personal con Él, como su proveedor, para recibir su provisión sobrenatural.

Durante dos meses enseñé en mi iglesia acerca de conocer a Dios como proveedor, y el pueblo recibió, tanto provisión sobrenatural como trabajos, a medida que Él se les revelaba como *su* proveedor. La provisión es sólo un aspecto de su gloria, porque la gloria comprende lo que Dios es en su *totalidad*. Existen muchos nombres para Dios, aunque la mayoría de creyentes sólo conoce algunos. Recuerde que la gloria de Dios es el medio ambiente de Dios mismo, y las diversas facetas de su gloria concuerdan con sus nombres y formas. Cada nombre de Dios revela una promesa específica de quién es Él para su pueblo, un aspecto de su naturaleza y carácter. Así es como sabemos que toda manifestación de Dios procede de la naturaleza y carácter de Dios mismo. Cuando Dios manifiesta un aspecto de su gloria, vamos a recibir de Él conforme a ese aspecto.

Mucha gente se pierde las experiencias divinas y los encuentros con su presencia. A ellos les basta la teoría, la teología y el conocimiento que tienen, pero eso nunca debe ser suficiente para nosotros. Jesús prometió estar con nosotros cada día de nuestra vida (vea Mateo 28:20). Afirmar esta verdad no sólo debe ser una declaración doctrinal de nuestra parte. Debemos recibir su promesa por fe cada día, sabiendo que Él está con nosotros ¡ahora! De esa manera, podemos experimentar su maravilloso amor, gracia, fortaleza y poder.

El hombre saciado desprecia el panal de miel; pero al hambriento todo lo amargo es dulce. (Proverbios 27:7)

La iglesia moderna tiene muchos recursos: biblias de estudio, libros, enseñanzas en CD y DVD, diccionarios, programas computarizados, estudios bíblicos en línea y prédicas de la Palabra vía satélite, todo lo cual llega a gran parte del mundo. Estos recursos son de fácil acceso para muchos cristianos, especialmente en el mundo occidental. Tenemos todo tipo de recursos disponibles para ayudarnos a crecer y madurar espiritualmente. Sin embargo, tenemos tanto conocimiento que nos hemos convertido en gente selectiva, a tal punto que hay quienes ponen sus intereses personales por encima de la viva y transformadora Palabra de Jesús. Como resultado, a menudo muchos también rechazan la sana doctrina y adoptan creencias que parecen ser más congruentes con sus propios estilos de vida. En esencia, han llegado al punto de estar tan satisfechos con ellos mismos, que ahora desprecian *"el panal de miel"*. Y aunque muchos rechacen la revelación divina, existe una generación —gente de todas las edades y naciones—, que genuinamente tiene sed y hambre de Dios; gente que tiene mentalidad de discípulo, de estudiante dedicado, o de aprendiz de las cosas de Dios, quienes humildemente sirven a otros en su nombre. Esa multitud anhela aprender más de Él con el fin de hacer una diferencia en el mundo. Para ellos, aun lo amargo sabe dulce (vea el versículo 7).

Estar conscientes de nuestra necesidad de la presencia de Dios nos mantiene hambrientos y sedientos de ella.

Hace algunos años ministré a miles de pastores y otros líderes cristianos en Trujillo, Perú. Durante la conferencia, llamó mi atención una bandera ubicada en una sección del lugar de reuniones, que decía, "Hijos del reino en la selva peruana". Esa sección fue la más bulliciosa durante la alabanza. ¡Danzaban y saltaban sin parar! Después del servicio, pidieron hablar conmigo, así que nos reunimos en el hotel donde me alojaba. Lo que escuché de ellos me conmovió profundamente, por lo que llamé a mi equipo para que escuchara lo que ellos tenían que decir, de manera que pudieran valorar lo que tenían en casa.

En medio de la selva peruana, donde los recursos económicos son mínimos y donde el cuidado médico escasea, esas personas estaban iniciando una revolución espiritual. El grupo había viajado más de veinticuatro horas por carretera para llegar a Trujillo, buscando la oportunidad para pedir la cobertura espiritual de nuestro ministerio. Nos contaron lo duro que tenían que trabajar para conseguir el dinero suficiente para comprar nuestros materiales. Nos compartieron cómo la enseñanza acerca de la religión versus el reino estaba liberando al pueblo de la religiosidad. Ellos dijeron que apenas pudieron compraron nuestra música y narraron cómo a través de ella revolucionaron la alabanza en sus iglesias. Con nuestros libros aprendieron a oír la voz de Dios. ¡Ellos son radicales, por eso las señales del creyente los siguen! Salen a buscar a los drogadictos en sus escondites, los llevan a Cristo y los liberan. Ministran sanidad a los enfermos y liberación a los poseídos por demonios. ¡Los hospitales les envían los casos sin esperanza! Nunca antes me habían visto ni conocido, pero hacían lo mismo que hacemos en nuestro ministerio, por medio del poder de Dios. Su hambre y sed de Dios hicieron que el brazo de su justicia y poder se moviera a favor de ellos.

Desde entonces hemos seguido entrenándolos, dándoles recursos espirituales e instruyéndolos en lo sobrenatural y en la paternidad de Dios. Cada vez que veo al pastor Benito Risco, él nos comparte testimonios de lo que Dios está haciendo en la selva peruana. Por ejemplo, un día nos contó que un alcalde en su área tenía cáncer en la piel, a tal grado que cuando se acostaba, la piel se quedaba pegada en la ropa. Su cuerpo era como una gran llaga. Había gastado todos sus recursos buscando una cura, pero los médicos no le daban esperanzas de recuperación. El Pastor Benito y su gente compartieron el evangelio con él y recibió a Jesús en su corazón; incluso asistió a un retiro donde fue liberado de falta de perdón, entre otras cosas. A la semana siguiente empezó a notar que su piel comenzaba a cambiar, lucía como nueva. ¡Hasta que sanó por completo! Donde antes había una llaga tras otra, ahora tenía piel normal y saludable. ¡Jesús lo sanó! Los doctores aún no pueden explicar lo que pasó.

Este es otro testimonio de Perú: un hombre de veintitrés años estaba en la última etapa del SIDA. Los médicos le dieron de alta en el hospital y lo enviaron a su casa a morir. El Pastor Benito lo visitó y lo guió a Cristo; oró por su sanidad y el joven se sintió mejor. Le he enseñado a la gente a orar, declarar y creer en milagros, aun cuando estos no se manifiesten al instante; así que ellos regresaron dos veces más para orar por él. ¡Hoy, ese joven está completamente sano! Cuando el Pastor Benito entró bajo la cobertura espiritual de nuestro ministerio, tenía veinte iglesias; ahora tiene treinta iglesias y más de cinco mil creyentes, ¡en medio de la selva! Hemos entrenado y equipado a estos creyentes con todos los recursos que Dios nos ha dado y ellos están produciendo gran fruto, y manifestando los mismos milagros y señales que vemos en nuestro ministerio. Aunque han enfrentado problemas dentro de su denominación y han sufrido persecución por manifestar el poder de Jesús, ellos escogieron obedecer la voz de Dios, porque desean ver que las almas se salven y proveer respuestas a sus necesidades. ¡Su sed de Dios los mantiene buscando más y más de Él, y las señales los siguen!

Beneficios y bendiciones que Jesús ganó en la cruz

He dicho todo esto para despertar en usted la pasión por conocer a Dios íntimamente. Esto sólo se puede lograr por medio de Jesús, quien ha abierto el camino que nos permite "ir detrás del velo" del Lugar Santísimo, para entrar a la presencia de Dios. Por medio de estos beneficios y bendiciones que Jesús ganó en la cruz, los cuales nos pertenecen a todos los que le recibimos como Señor y Salvador, podemos proseguir nuestra pasión por conocer a Dios.

1. El Lugar Santísimo nos fue abierto

Más Jesús, habiendo otra vez clamado a gran voz, entregó el espíritu. Y he aquí, el velo del templo se rasgó en dos, de arriba abajo.... (Mateo 27:50–51)

Bajo la ley, en el antiguo pacto, sólo el sumo sacerdote podía entrar al Lugar Santísimo del templo, una vez al año, el día de la expiación, para hacer restitución por los pecados del pueblo. En el Lugar Santísimo se encontraba el arca del pacto o el arca de la presencia de Dios. Pero gracias a la muerte y resurrección de Jesús, ahora tenemos acceso directo a su presencia, a su gloria, en el Lugar Santísimo celestial. La barrera que limitaba nuestro acceso y evitaba que entráramos en la gloria era el pecado y nuestra naturaleza pecaminosa. Pero Jesús —el Hijo de Dios, el Cordero de Dios—, destruyó la fortaleza de pecado y muerte. Al morir en la cruz, el velo del templo se rasgó de arriba hacia abajo, para que nadie dudara que esto venía de Dios y no de un hombre. Sólo Jesús nos da acceso a la presencia de Dios. Y en el instante que el velo se rasgó, el Hijo de Dios entró al Lugar Santísimo —en la presencia del Padre—, como nuestro Sumo Sacerdote y precursor.

2. Tenemos acceso a la presencia de Dios por la sangre de Jesús

...Teniendo libertad para entrar en el Lugar Santísimo por la sangre de Jesucristo.... (Hebreos 10:19)

Dios nos da acceso a su presencia por la sangre de Jesús, el Cordero sin mancha. Cuando Jesús entró al Lugar Santísimo, presentó su sangre en el altar celestial, y ésta continuamente habla a nuestro favor delante del Padre. Sin su sangre no tendríamos la libertad de entrar. En el versículo que acabamos de leer, el vocablo griego que se usa para la palabra *"libertad"* es *parresía* que significa "libertad para hablar, sin reservas en el hablar, hablar abiertamente y con honestidad". Esta definición nos ayuda a entender que, creer en lo que Jesús hizo por nosotros no es suficiente. Debemos decirlo, declararlo y decretarlo. Es por esto que los redimidos deben testificar diciendo, "He sido redimido" (vea Salmos 107:2).

El derecho a la libertad de expresión de los ciudadanos de esta nación está garantizado en la Constitución de los Estados Unidos y es avalado en muchos otros países del mundo por las leyes y documentos de gobierno suyos. Debemos entender que a través de la sangre de Jesús, Dios nos garantiza la libertad de hablar en su presencia. Podemos acercarnos a Él confiadamente, sin dudas, y hablarle abiertamente. Dios desea que declaremos en voz alta y con absoluta libertad lo que la sangre de Jesús ha hecho por nosotros, al derrotar a Satanás y sus opresiones.

3. Tenemos un camino nuevo y vivo que nos lleva a la presencia de Dios

> *Por el camino nuevo y vivo que él nos abrió a través del velo, esto es, de su carne.* (Hebreos 10:20)

Jesús vivió en obediencia y abnegación, y con su muerte sacrificial en la cruz por nosotros, preparó el camino para que entráramos al Lugar Santísimo. Además, nos dio ejemplo a todos los creyentes para que sigamos sus pasos.

- *Abnegación:* Jesús tuvo que negarse a sí mismo para ir a la cruz y cumplir el propósito del Padre para nuestra salvación (vea, por ejemplo, Mateo 26:39, 42). Él tuvo que dejar su propia voluntad a un lado para hacer la voluntad del Padre. Éste fue el punto culminante de su abnegación. Asimismo, nosotros debemos sacrificarnos y decir "no" a nuestro ego, nuestra rebelión y nuestra naturaleza pecaminosa. Cuando el ego dice, "Yo quiero", nosotros debemos responder, "¡No!". Lo que el ego piense o sienta no es lo más importante. Lo que sí importa es lo que nuestro Padre celestial desea hacer. No podemos negociar con nuestro ego. Éste debe ser ejecutado y morir, ¡para que Jesús viva en, y a través de nosotros!

El primer paso para seguir a Jesús como discípulo es negar nuestro ego.

- **Obediencia:** Jesús nos mostró que el camino de la obediencia es el único que nos lleva a alcanzar madurez y disfrutar la vida eterna. Ningún rebelde entrará en el reino de los cielos. Las aflicciones que vienen como consecuencia de la desobediencia, usualmente no purifican ni maduran, pero las que vienen por obediencia sí (vea Hebreos 5:7–8).

- **Sufrimiento:** Todos los hijos de Dios debemos seguir el ejemplo de Jesús para ser perfeccionados en santidad por medio del sufrimiento (vea los versículos 8–9). Sin embargo, hoy en la iglesia, el concepto de "sufrimiento" es raro oírlo mencionar; incluso en muchos casos es rechazado. Unos han llegado al extremo de etiquetarlo como mala palabra, porque se rehúsan a aceptar el sufrimiento que acompaña la total obediencia a Dios y su Palabra.

- **Muerte:** Jesús entregó su vida en sacrificio, para mostrarnos el camino que debemos seguir: el camino de la muerte al ego, al yo o a la carne. Debemos elegir caminar este camino de auto-negación, sufrimiento, obediencia y muerte, todos los días, para que Dios pueda ser glorificado y manifestado a través de nosotros (vea, por ejemplo, Mateo 16:24–25).

4. Nos fue dado un Sumo Sacerdote

Y teniendo un gran sacerdote sobre la casa de Dios.
(Hebreos 10:21)

En el Lugar Santísimo celestial, tenemos un Sumo Sacerdote quien nos recibe y nos da acceso a la presencia del Dios todopoderoso —la suprema autoridad del universo y de toda cosa creada—. Es importante reiterar que todo esto sólo es posible con Jesús. Sin Él no tendremos acceso a la presencia del Padre —no seremos aceptados, no se nos permitirá entrar ni seremos bienvenidos—. ¡Jesús es el centro de todo!

Hace algunos años conocí al Presidente George W. Bush. Cuando me dio la mano, sentí la autoridad que reposaba sobre él. En ese momento, él era el hombre más poderoso del mundo y el estar en su presencia me hizo sentir nervioso. Verlo cara a cara generó en mí una gran emoción. Era el peso de su autoridad gubernamental y el poder político que reposaba sobre él. Si este tipo de reacciones suceden cuando conocemos a un ser humano, quien realmente no es muy diferente a otros hombres, ¿puede imaginarse el impacto al estar en la presencia del Dios vivo y todopoderoso? ¡El Rey de Reyes y Señor de Señores! ¿Se imagina usted teniendo acceso total a Él, todo el tiempo y en todo lugar? Jesús entró al Lugar Santísimo como Sumo Sacerdote para ofrecer el sacrificio perfecto de su sangre, de modo que usted y yo tengamos acceso a entrar en la presencia del Padre, dondequiera que estemos, en cualquier momento, y bajo cualquier circunstancia —tantas veces como lo deseemos—. ¡Gloria a Dios! Gracias a ese acceso, Dios nos transfiere su poder para que podamos hacer sus obras en la tierra.

Por ejemplo, durante un servicio en nuestra iglesia local, llamé a todos los que habían sido liberados de los espíritus de homosexualidad, bisexualidad y travestismo, para que compartieran su testimonio, y Raúl pasó al frente. Los miembros de la congregación quedaron profundamente impactados con lo que dijo. Mencionó que desde los trece años hasta los cuarenta, fue homosexual y practicó el travestismo. Además había usado drogas, consumido alcohol, fumado cigarrillos y practicado la brujería. Al pasar el tiempo y hacerse mayor, se sintió más y más atraído a la ropa femenina; el deseo era tan fuerte que comenzó a pintarse, usar carteras, joyas, zapatos altos, faldas, blusas y vestidos. Incluso llegó a teñirse el cabello rubio y lo dejó que creciera hasta la cintura.

Es posible que alguna maldición haya entrado a su vida debido al hecho que su madre había mantenido relaciones sexuales con un hombre bisexual, mientras Raúl todavía estaba en el vientre. Testificó también que su tío y su primo lo habían abusado sexualmente cuando apenas era un niño. Cuando vino para ser liberado, hubo un momento en que los demonios se manifestaron furiosamente y gritaban, "¿Qué haces aquí? ¡He estado contigo desde que eras un niño!". No obstante, el poder de Dios lo liberó y lo restauró, devolviéndole su hombría y su identidad como hombre de Dios. ¡Él recibió una transformación total!

Al tiempo, Raúl conoció a una señora en la iglesia; se enamoraron y se casaron. Hoy, se regocija porque es libre y tiene una hermosa familia. Él testifica que nunca más ha tenido tendencias ni deseos homosexuales. La sangre de Jesús pagó el precio por él y le dio acceso a su gracia y favor para activar el poder de Dios, y ser liberado de la maldición de inmoralidad sexual.

Claves para vivir una vida de sed apasionada por Dios

¿Le gustaría sentir sed y pasión por Dios? Permítame compartirle cuatro claves que le ayudarán a desarrollar ese estilo de vida.

1. Pídale al Espíritu Santo el deseo de beber de Él

En el último y gran día de la fiesta, Jesús se puso en pie y alzó la voz, diciendo: Si alguno tiene sed, venga a mí y beba. (Juan 7:37)

Debemos pedirle al Espíritu Santo que nos dé el deseo de beber el agua de vida de Dios. Cuando estemos llenos del Espíritu Santo, con la evidencia de hablar en otras lenguas (vea Hechos 2:4; 19:6; 1 Corintios 14:18), los ríos de agua viva comenzarán a fluir en nosotros; pero hay más. La Biblia nos enseña que deberíamos estar *continuamente* llenos del Espíritu Santo (vea Efesios 5:18). Sin embargo, no podemos caminar en el Espíritu hasta que vivamos la experiencia de estar gloriosamente llenos esa primera vez. El bautismo del Espíritu Santo nos da la llenura inicial, por la cual comenzamos a experimentar el poder y la vida sobrenatural de Dios. Pero luego debemos buscar ser llenos continuamente. Esa llenura nos permitirá caminar en el Espíritu a toda hora, por largos períodos.

Ahora, ¿cómo puede beneficiarnos a nosotros (o a otras personas) que testifiquemos acerca de cómo el Espíritu Santo nos llenó hace varios años atrás, si hoy en día somos ramas secas? Esa es la condición de muchas personas que, en un punto de sus vidas, recibieron la llenura del Espíritu Santo, pero nunca aprendieron a beber de Él continuamente. Entonces, ser bautizado en el Espíritu de Dios es sólo el primer paso; luego, necesitaremos el fuego que nos mantenga encendidos para cumplir sus planes en la tierra. Después de todo, necesitamos vivir expuestos a su gloria y su fuego para ser continuamente llenos. De lo contrario, nos secaremos, sin importar lo poderosa y maravillosa que fue esa primera llenura. No deberíamos cesar en la búsqueda de ser continuamente llenos del Espíritu Santo.

Si usted sólo ha sentido un deseo lejano de buscar a Dios, pero desea cambiarlo por una verdadera pasión, la solución es, ¡orar para que el Espíritu Santo descienda sobre usted con su fuego y le llene con *su* pasión! En los próximos capítulos abordaremos este proceso con más detalle.

2. Permita que Dios llene totalmente todo

...Vi yo al Señor sentado sobre un trono alto y sublime, y sus faldas **llenaban** *el templo... Toda la tierra está*

llena *de su gloria... Y la casa se* **llenó** *de humo.*

(Isaías 6:1, 3–4)

Varias veces en estos versículos, vemos la palabra *"lle-naba"* o *"llena".* Ella refleja una acción continua, que nunca termina. En otras palabras, sus faldas llenaban y continuaban llenando el templo. El humo llenaba y continuó llenando la casa —la llenura nunca cesaba—. La Biblia dice que Jesús *"todo lo llena en todo"* (Efesios 1:23). Dios puede llenar todas las cosas con su llenura —nuestras iglesias, ciudades y naciones— ¡todo el universo! Él puede llenar y seguir llenando. Él es el único que puede llenar el universo con su presencia. La pregunta ahora es, ¿cuánto de Dios deseamos tener? La llenura que recibimos de Él depende de cuán grande es nuestro deseo por Él. Algunos piensan que ya están suficientemente llenos de Dios, pero Él vive continuamente, por lo tanto, continuamente llena. Entonces, siempre hay más de Él que podemos obtener; siempre hay algo nuevo y mayor por recibir. La gloria de Dios llenaba el tabernáculo hecho por manos humanas (vea, por ejemplo, Éxodo 40:34), pero hoy, Él quiere llenar el templo que Él edificó y llenarnos con su llenura (vea, por ejemplo, Efesios 1:22–23; 1 Pedro 2:5.)

La sed es una fuerza compulsiva que nos hace olvidar nuestra reputación y hacer "locuras".

Si tiene sed de Dios deje de vivir de glorias pasadas, como hacían los israelitas cuando, por ejemplo, recordaban a sus antepasados comiendo maná en el desierto. Ellos no reconocieron que el maná que venía del cielo representaba a Jesús, el Pan de Vida, y que *"el verdadero pan del cielo"* habitaba entre ellos (vea Juan 6:30–35). Hoy, Jesús vive en nuestros corazones. Por lo tanto, no tenemos que vivir en el pasado —dependiendo de viejas glorias—, o esperando que mañana algo nuevo suceda. ¡Simplemente crea!

En el último y gran día de la fiesta, Jesús se puso en pie y alzó la voz, diciendo: Si alguno tiene sed, venga a mí y beba. El que cree en mí, como dice la Escritura, de su interior correrán ríos de agua viva.

(Juan 7:37–38)

Leamos una vez más estos versículos, pero ahora hagámoslo en presente continuo: "Si alguno tiene sed, y continúa con sed, que venga continuamente y beba continuamente. El que cree en mí y me sigue continuamente, como dice la Escritura, de su interior continuamente correrán ríos de agua viva". No basta con ser tocado por el Espíritu Santo ni recibir una bendición de Él. Necesitamos el continuo fluir de los ríos. Cuando nuestra sed sea saciada, entonces podemos orar por los enfermos, testificar de Jesús y ser instrumentos efectivos de Dios, capaces de bendecir a mucha gente. Pero para sostener esos ministerios, debemos mantenernos regresando a la fuente, a beber continuamente.

La clave para ser continuamente llenos, es buscar a Dios apasionadamente en adoración; esto incluye cantar himnos y alabanzas. Debemos adorarle y estar continuamente en comunión con Él.

3. Esté dispuesto a tomar riesgos

Cuando perseguimos la gloria y elegimos creer en lo sobrenatural de Dios, no sólo nos arriesgamos a movernos en una nueva área de nuestras vidas, sino también nos arriesgamos a la desaprobación de los demás. Sin embargo, para ministrar la gracia de Dios a otros debemos arriesgarnos, tal como lo hizo Jesús (vea, por ejemplo, Juan 5:1–17).

¿Cuáles son algunos de esos riesgos? Muchos en la iglesia no creen en las manifestaciones del Espíritu Santo, tales como sanidades y milagros, porque piensan que eso sólo ocurría en el tiempo de los apóstoles. Nos pueden malentender por eso. Podemos enfrentar ser expulsados de alguna denominación o experimentar la crítica, ser ridiculizados e incluso perder el trabajo a causa de ciertas manifestaciones, tales como reírse o "caerse" en el Espíritu. Si usted es pastor, es posible que pierda miembros de su congregación y hasta a algunos de sus líderes, pero yo le pregunto, "¿Está dispuesto a tomar el riesgo?".

El Pastor Javier Aguilar, de Málaga, España, está asociado a nuestro ministerio. Antes él pertenecía a una denominación que no cree en lo sobrenatural. Sin embargo, hace poco él comenzó a tener sed de Dios. Un día, mientras oraba, escuchó la voz de Dios decirle, "Guillermo Maldonado". Hasta ese momento, él nada sabía de mí, así que me buscó en Internet. En nuestra página Web, vio mi libro *Sanidad Interior y Liberación*. Aunque no creía en tales cosas ordenó el libro, y como resultado de leerlo fue liberado de celos absurdos que estaban destruyendo su matrimonio. Continuó leyendo mis enseñanzas y decidió arriesgarse a predicar y demostrar el poder de Dios, lo cual hizo aunque fue expulsado de su denominación.

Antes de ser expulsado, fue diagnosticado con hepatitis C —una enfermedad que daña el hígado y puede conducirlo a la muerte—. Los médicos sólo le daban diez años más de vida; sin embargo, lleno de fe rechazó ese diagnostico. Escogió creerle al Señor, se apropió del poder de la sangre de Jesús y se declaró sano. Incluso rehusó la idea de recibir un trasplante de hígado, diciendo, "El Apóstol Maldonado enseña que yo tengo autoridad para romper y destruir todas las maldiciones generacionales, en el nombre de Jesús". Un mes después regresó al médico quien le confirmó que todos los exámenes habían salido ¡negativos! Los médicos le dijeron que tenía mucha suerte, pero él sabe que su sanidad no vino por suerte. ¡Fue Jesús quien lo sanó!

La congregación del Pastor Javier se ha multiplicado y él continúa equipando y entrenando a su gente. El Señor lo usa a él y a los miembros de su congregación para liberar cautivos y sanar a los enfermos. Por ejemplo, un día el Pastor Javier tomó a un niño que sufría de una enfermedad pulmonar —la cual evitaba que creciera y ganara peso—, y lo sentó, sosteniendo sus piernas rectas mientras oraba por él, y Dios se manifestó en una forma tan maravillosa que las piernas del niño, instantáneamente, crecieron cinco centímetros, en presencia de testigos. Dios está haciendo cosas maravillosas en Málaga, España, porque una persona decidió ¡tomar el riego! Él se lanzó por fe para ver la gloria de Dios descender sobre su nación. Él pagó el precio; ahora, cientos disfrutan de los beneficios.

4. Cambie las rígidas estructuras mentales, religiosas y denominacionales

Anteriormente he hablado acerca de cómo las estructuras establecidas en la iglesia —aunque no necesariamente malas en sí mismas—, pueden bloquear el mover de Dios en nuestras vidas y enfriar nuestra pasión por Él. Por ejemplo, algunas iglesias tienen un orden predeterminado para los servicios, del cual nunca se desvían. Comienzan con oración, cantan tres canciones rápidas de "alabanza", seguidas por tres canciones lentas de "adoración"; recogen la ofrenda, presentan el mensaje, y terminan con una invitación a aceptar a Jesús como Señor y Salvador. Pero, ¿qué pasa si el Espíritu Santo desea cambiar el orden del servicio y hacer el llamado al perdido antes de presentar el mensaje? Tenemos que estar listos y dispuestos a romper toda estructura que evite que Él se mueva entre nosotros según su deseo. El programa no es tan importante como permitirle al Espíritu Santo fluir cuando Él está preparado para salvar almas.

La religiosidad mata nuestra pasión y sed por Dios.

Otro ejemplo de seguir una estructura rígida ocurre cuando no se permite hablar ni interpretar lenguas durante un servicio. Debemos romper los reglamentos humanos y ceder el control al Espíritu Santo, y confiarle a Él los resultados. Podemos estar seguros que si Él está en control, nada se va a descontrolar. Él siempre es ordenado, nunca desordenado. La pregunta es, ¿complacemos al Espíritu Santo o nos doblegamos ante la presión de otras personas y seguimos una agenda creada por el hombre? Si nuestra prioridad es complacerlo a Él, entonces debemos estar dispuestos a tomar riesgos y demostrar que Dios aún nos habla y hace milagros hoy, y que el Espíritu Santo no está limitado por la rigidez de nuestras estructuras religiosas. Debemos permitirle al Espíritu que le dé gloria y honra a Dios, y que avance, extienda y establezca su reino por todas partes.

La religiosidad, desafortunadamente, prevalece con frecuencia en la iglesia, matando nuestra sed y pasión por Dios. Una encuesta conducida por George Barna reveló que el creyente promedio pasa más tiempo mirando televisión, escuchando música o leyendo otros libros que estudiando la Biblia. Muchos mueren sin jamás haber ganado un alma para Jesús. Es más, "ocho de diez creyentes confiesan nunca haber entrado en la presencia de Dios ni experimentado una conexión con Él durante un servicio de adoración". En efecto, esas personas siguen una religión, pero en verdad no tienen una verdadera relación con Dios. Ellos son miembros de una iglesia y obedecen sus normas, preceptos, reglas, ritos y tradiciones, pero no experimentan la presencia viva, real y tangible de Dios.[2]

Antes hablamos de los fariseos, y dijimos que eran los teólogos y la autoridad religiosa más alta que existía en tiempos de Jesús. Su entrenamiento lógico y filosófico, su conocimiento de la ley y la teología eran profundos y extensos. Sin embargo, sus mentes carnales seguían atadas a la religiosidad, cegándolos y evitando que tuvieran una experiencia con el Padre celestial, quien se encarnó en la persona de Jesús. Ellos pensaban que serían justificados por sus propias obras y su sacrificio personal, y muchos nunca entendieron su necesidad de Él. De hecho, hicieron lo contrario. Acusaron a Jesús de ser un hereje e intentaron silenciar a todos los que testificaban voluntariamente de su poder. Mientras vigilaban que sus ritos, tradiciones, doctrina, disciplina y ley fueran observados, la religiosidad mataba su hambre y sed por experimentar el verdadero poder de Dios. Eso evitó que tuvieran una experiencia sobrenatural con Él y

---

[2] George Barna, *Revolution* (Carol Stream, IL: Barna Books [Tyndale House Publishers], 2006), 31–37.

que entendieran que Jesús era el cumplimiento de la profecía. La mayoría nunca lo reconoció como el Mesías.

Dedicarnos a los actos religiosos, nos lleva a olvidar nuestra necesidad de Dios.

En contraste, veamos algunos ejemplos de gente que, aunque no tan instruida, tenía una mayor conciencia de su necesidad de Dios. Por ejemplo, Simeón, un anciano que reconoció a Jesús como el Mesías cuando Él sólo era un bebé recién nacido. Su hambre por la presencia de Dios produjo en él la revelación del Espíritu Santo (vea Lucas 2:25–32). También está Zaqueo, el cobrador de impuestos, quien era pequeño en estatura, pero tenía pasión por conocer de Dios. Él arriesgó su dignidad y la fuente de su riqueza, y Jesús le perdonó sus pecados y transformó su vida (vea Lucas 19:1–10). También está la despreciada mujer samaritana, quien corrió el riesgo de hablarle a un judío, y se atrevió a confesarle su inmoral estilo de vida; ella aprendió a adorar al Dios verdadero (vea Juan 4:5–42). Finalmente, considere al endemoniado gadareno, quien corrió desesperadamente hacia Jesús y Él lo liberó de todo tormento demoníaco (vea Marcos 5:1–20).

Todos ellos demostraron tener sed de Dios y fueron bendecidos por Él. La religión es culpable de crear teologías, prácticas, reglas y normas que nos alejan de las bendiciones de Dios, porque producen formatos que impiden que recibamos el verdadero evangelio. La vida cristiana no es complicada si Jesús es primero en nuestro corazón. La gente religiosa, en los días de Jesús, no le reconocieron porque estaban cómodos en sus posiciones, conocimiento, entrenamiento y disciplina, y hasta en la forma como hacían obras para Dios, ofreciendo grandes sacrificios para complacerlo. Esas cosas los alejaron de la verdad; sus oídos no estaban listos para recibirlo.

Por otra parte, aquellos que sí reconocieron a Jesús, siempre estuvieron conscientes de sus necesidades. Deseaban un cambio porque estaban cansados de su situación. Esto nos lleva a concluir que, a menudo, las personas que están listas para ser transformadas son aquellas que están más sumergidas en pecado; son quienes han tratado todo y han comprobado que nada les funciona ni les funcionará. ¡Ellos saben que necesitan un milagro!

Otros que están listos para ser transformados son los que están hartos de la religión. Quizá no estén envueltos en pecados flagrantes o deliberados, pero reconocen que están estancados y necesitan algo nuevo de Dios. ¡Ellos necesitan crecer!

El hambre y la sed activan la provisión de Dios. Él no se manifestará donde no hay necesidad.

Si no sentimos que necesitamos algo —si estamos cómodos donde estamos, con nuestras obras y rituales—, entonces es posible que consideremos ridículo o tal vez hereje lo nuevo que Dios está haciendo.

Cada vez que predico fuera de Estados Unidos, la mayor demanda de la unción de sanidad que está sobre mí viene de sectores donde está la gente que tiene hambre y sed de Dios. En esos países, muchos de ellos saben que si Dios no los sana, morirán, debido a que no tienen seguro médico ni recursos para consultar a un doctor. Están muy conscientes de su necesidad de Dios. Lo único que tienen es su fe en Él para conseguir un milagro. Eso los lleva a arriesgarse y viajar grandes distancias para recibir sanidad o liberación, sea para ellos o para un ser querido.

Hace poco, en un país de Sudamérica, conocí a una mujer que había viajado cientos de millas buscando liberación para su hija endemoniada. Yo había terminado de predicar y hablaba con la gente, y me rodeaba una multitud impenetrable. Pero esa mujer tomó a su hija, empujó a los ujieres, atravesó mi seguridad personal, y vino detrás de mí. ¡Era imparable! Cuando llegó a mí, estaba llorando, sudando y gritando. La seguridad trató de sacarme por otra puerta, pero pude sentir el dolor de ella. Sentí compasión por su necesidad y me detuve. La mujer, desesperada, me contó lo que le pasaba a su hija, quien estaba aterrorizada. Reprendí el demonio que atormentaba a la niña y la ungí con aceite. ¡Instantáneamente fue liberada! La expresión de su rostro cambió radicalmente. La mujer comenzó a llorar mientras me abrazaba y le daba gracias a Dios. ¿Qué fue lo que sucedió? Esa madre, plenamente consciente de su necesidad, arriesgó todo para recibir ayuda, y fue recompensada.

¡Recobre su pasión por Dios!

Algunas personas tienen un deseo intelectual de buscar la presencia de Dios, pero no tienen la pasión para hacerlo. Ese tipo de deseo es una actitud mental pasiva; es sólo un deseo o anhelo de alcanzar algo sin hacer nada para obtenerlo. La pasión, por el contrario, es una fuerza motivadora, una energía espiritual que moldea nuestro estilo de vida, mentalidad y acciones, y nos lleva a pelear para obtener nuestros sueños. Cuando una persona se apasiona por obtener algo, cada pensamiento y cada onza de su energía los dedica a perseguir y alcanzar el objetivo deseado. Nuestra mentalidad, conversaciones y prioridades se basan en lo que verdaderamente apasiona a nuestro corazón. El simple deseo nunca lleva a nadie a terminar algo. ¡Necesitamos pasión espiritual!

Evite caer en extremos de lascivia y letargo

Cuando no desatamos nuestra pasión para cumplir con la visión de Dios —expandir su reino en la tierra y ganar almas—, el trágico resultado es que con frecuencia (1) desatamos una pasión poco saludable, satisfaciendo los deseos de la carne (comportamiento lascivos), lo cual es opuesto a la verdadera pasión, o (2) nos aletargamos para las cosas espirituales.

El vocablo griego para "lascivia" es *asélgeia*, que significa "exceso", "libertinaje sexual", "lujuria desenfrenada" e "indecencia". La lascivia no se refiere sólo a la inmoralidad sexual sino también a otras actitudes negativas y comportamientos, tales como la glotonería, el consumo desmedido de bienes, la acaparamiento de cosas materiales y otras manifestaciones de deseos egoístas en áreas de nuestra vida que aún no hemos rendido a Cristo. Lascivia es vivir desenfrenadamente por propósitos egoístas y malvados, pero la verdadera pasión es vivir desenfrenadamente para alcanzar la visión y los propósitos de Dios.

El letargo es un arma mortal que el enemigo usa para evitar que el ejército de Dios cumpla lo que Dios quiere hacer. Su propósito es hacer que perdamos nuestra pasión por Jesús y su reino. La apatía viene como un manto que nos cubre y nos lleva a un sueño profundo. Éste es el estado en el cual se encuentra la mayor parte de la iglesia hoy en día. Jesús advirtió a los pasivos,

Pero por cuanto eres tibio, y no frío ni caliente, te vomitaré de mi boca. (Apocalipsis 3:16)

Un serio problema en la iglesia, especialmente en los Estados Unidos, es que a medida que la gente crece espiritualmente, y son bendecidos por Dios, menos conscientes son de su necesidad de Él —de su presencia y poder—. Muchos ministros están tan cómodos con sus salarios, membrecía y rutina, que no sienten la necesidad de cambiar. Muchos creyentes, una vez que son sanados, liberados y prosperados, se acomodan y terminan su búsqueda de Dios. No podemos tener hambre y sed de algo si no estamos conscientes que lo necesitamos. Y si no creemos que necesitamos algo, no lo buscaremos con pasión.

Es extraño, pero cuando los creyentes buscan a Dios en ayuno, oración e intercesión, casi siempre los demás los califican como fanáticos. No obstante, muchos de los que buscan a Dios entienden que hay multitudes en el mundo que están perdidas, y sólo desean ayudarlas usando el poder del Espíritu Santo. Saben que algunos están atrapados en la adicción, otros están confundidos, hay quienes se sienten desesperados, mientras otros sufren por haber crecido en hogares disfuncionales, y aun otros están al borde del suicidio. Pese a todo, la mayoría de la iglesia no responde con compasión. Quienes fueron sedados por el espíritu de letargo pierden el deseo de servir a Dios y no pueden volver a pelear contra la pasividad porque les falta energía para hacerlo. Sin embargo, al ser liberados del letargo, por el poder del Espíritu Santo, nada los detiene de hacer la voluntad de Dios y derrotar al enemigo. El Espíritu de Dios destruye el espíritu de letargo.

Sea un pionero apasionado

Los individuos apasionados no pueden ser detenidos. Ellos no pierden el enfoque ni se desaniman. Siempre demuestran sus fuertes convicciones, porque están dedicados a cumplir sus obligaciones y responsabilidades. Los apasionados por Jesús están consumidos por una visión divina, la cual los ayuda a superar toda oposición, lucha, y la simple rutina diaria. Su pasión los lleva a romper patrones humanos y estructuras rígidas. Son pioneros que toman grandes riesgos y entienden que tienen un destino, y se mueven hacia metas específicas. Son visionarios que viven vidas poco comunes e irreprensibles. Manifiestan su pasión cuando alaban y adoran a Dios, traen ofrendas y le sirven de todo corazón. También reconocen la urgencia de los tiempos y desean tener una relación íntima con el Espíritu Santo. Su anhelo es hablarles a todos acerca de Jesús y su reino, y entienden que la cosecha espiritual está lista para recoger. Ellos aman las almas perdidas y son movidos a la acción por los propósitos de Dios. Por eso trabajan con excelencia para Él.

Dios usa hombres y mujeres, jóvenes y adultos —personas de todas las razas, lenguas y profesiones—, para avanzar su reino. Por eso, el siguiente testimonio, que fue compartido por la líder de una de nuestras Casas de Paz en Miami, me tocó profundamente. Su nombre es Rosslynn Rodríguez, y es una joven de apenas veintiún años. Había sufrido una infección en el oído que le causó meningitis, la cual se complicó y fue diagnosticada con hidrocefalia (agua y presión en el cerebro). Mediante una operación se logro disminuir la presión, pero su nervio óptico quedó irreversiblemente dañado, de manera que su visión fue disminuyendo, hasta que fue declarada legalmente ciega. Consultó distintos médicos en la Florida, incluso fue al principal instituto de ojos de los Estados Unidos, pero todos le dijeron lo mismo, que jamás volvería a ver. Entonces, durante uno de los servicios de nuestra iglesia, el Señor me mostró que deseaba sanar a los ciegos, y después que oré por sanidad, ¡la vista de Rosslynn fue sobrenaturalmente restaurada!

El poder de Dios comenzó a fluir tan poderosamente en ella, que otros fueron sanados después que Rosslynn oró por ellos. Así es el río de Dios, que nunca deja de fluir; por el contrario, su corriente se hace más fuerte. Ella comenzó a evangelizar a todo el que se cruzaba en su camino, contándole a la gente su testimonio de sanidad. Una tarde, antes de comenzar su reunión de Casa de Paz, fue a un centro comercial a evangelizar. Allí vio que en la óptica tenían una oferta de anteojos que incluía el examen de la vista gratis. Decidida, se acercó a un grupo de ocho personas que hacían fila y les pidió que le dieran sus nombres y prescripciones. A cambio, ella les entregó una tarjeta con la dirección donde podrían encontrar ¡lentes gratis para todos! A las 7 p.m. la gente estaba tocando la puerta de su casa, demandando sus lentes. Ella los recibió y les dijo: "Siéntense treinta minutos, sólo permítanme enseñar esta lección, y al final tendrán lo que vinieron a buscar". Cuando terminó, fue a cada uno y les preguntó si le permitían que orara por ellos, a lo que consintieron; así que después de presentarles el plan de salvación, se apropió de la unción de sanidad y milagros de la que le había enseñado en la iglesia, y comenzó a orar con fe. El poder sobrenatural de Dios vino sobre los ojos de esas personas y, para su gloria, ¡todos recuperaron la vista! Biblia en mano fue comprobando la sanidad de cada uno, pidiéndoles que hicieran lo que antes no podían hacer —leer sin anteojos—. ¡Imagínese el asombro de esas personas! Sin embargo, ellas seguían reclamando sus "lentes gratis"; así que les dijo: "Volvamos a la óptica que está a sólo tres minutos de aquí, y háganse el examen gratis de la promoción". Así lo hicieron, y para sorpresa de todos, las pruebas arrojaron resultados 20/20; o sea que no necesitaban lentes porque tenían visión perfecta. Los médicos no salían de su asombro, ya que de acuerdo con el historial, unos tenían -2 y -3 de miopía y astigmatismo; incluso un joven que tenía -5 de miopía, por lo que era legalmente ciego de ese ojo, también recibió su milagro y fue completamente sano. ¡Ahora todos están sanos, y también salvos! Ah, y las órdenes de anteojos fueron canceladas. ¡Gloria a Dios!

> **La clave para obtener algo que verdaderamente se desea es arriesgar todo para conseguirlo.**

Rosslynn es también la protagonista de uno de los testimonios de evangelismo más locos que jamás he oído. Feliz como estaba por su milagro, comenzó a hacer todo lo que no había hecho desde que perdió la vista, incluyendo conducir su automóvil. Una noche, mientras manejaba, la detuvo un policía. Pero me gustaría que usted conociera lo que pasó, en palabras del propio oficial, quien nos envió este correo electrónico:

> La noche del 21 de marzo detuve a una joven de apellido Rodríguez, por conducir a exceso de velocidad en una zona en construcción. Estaba bajo fuerte estrés emocional; lloraba y gritaba excesivamente. No tenía licencia de conducir permanente y en sus documentos figuraba que era legalmente ciega, por lo que de inmediato la arresté, la esposé y la senté en la parte posterior de la patrulla. Mientras esperábamos que la grúa viniera a remolcar su automóvil, ella no dejaba de hablar; así que le dije que era mejor que se tranquilizara, pero ella no me escuchó y siguió hablando sin parar. Lo hacía en un tono tan decidido y al mismo tiempo tan sincero, que no tuve más remedio que oírla. Me contó que aunque sus documentos decían que era ciega, porque su nervio óptico estaba

muerto y no recibía señales de su cerebro; que aunque tenía todas las pruebas firmadas por su doctor, sin embargo, ella podía ver a la perfección, porque Dios la había sanado. Entonces empezó a compartir conmigo lo que llamó las "buenas nuevas". En mi propia patrulla me tocó la presencia de Dios y su testimonio penetró mi corazón, mientras ella me decía que me mostraría el poder de su Dios. Primero me guió a hacer lo que llamó la "oración del pecador", luego oró por mi salud, sin saber que yo había sido diagnosticado con una acumulación de ácido úrico y gota, los cuales habían producido tumores y quistes—este proceso inflamatorio ocasiona artritis y daño renal, el cual puede ser irreversible—. Cuando terminó de orar me dijo que buscara señales de sanidad; así que en silencio busqué los quistes y los tumores por todos lados, incluso en el cuello, las piernas y los codos, ¡y no los encontré! Allí mismo comencé a llorar, sin poder parar. ¡Dios me había sanado! Al momento, le abrí la puerta de la patrulla, le quité las esposas y le dije que se fuera; pero ella no se fue, sino que me abrazó, y me dijo que Jesús me amaba, que Él me había salvado y me había sanado. Ella merecía pagar más de $300 de multa y pasar al menos tres noches en la cárcel, hasta que el juez le fijara una fianza, pero yo la dejé ir. Sinceramente, fue una noche que jamás olvidaré. ¡Dios transformó mi vida por completo! [¡Rosslynn renovó su licencia después de esto!]

Piense en el nivel de su celo por Dios. ¿Ha disminuido, al punto que usted ha vuelto a la lascivia? ¿Está obsesionado por su trabajo, por el sexo, las cosas materiales o algún o pasatiempo? Entonces, ¡recobre su verdadera pasión por Él! ¿O acaso se ha convertido en una persona pasiva, sin motivación, a quien nada le impresiona? ¡Despierte y salga de su letargo espiritual! Vuelva a su primer amor (vea Apocalipsis 2:1–5). ¡Un mundo en necesidad tiene sed del verdadero Dios!

Amado lector, deseo en este día pedirle a Dios que desate su presencia y provoque en usted hambre y sed por Él, como nunca antes lo había sentido:

En el nombre de Jesús, oro para que el velo y las ataduras de religiosidad caigan ahora mismo. Declaro que sus ojos se abren para entender y recibir la verdad. Señor, desata hambre y sed en toda persona que lee este libro, para que su deseo de buscar a Jesús, en el poder de su resurrección, aumente cada día más. Amén.

EXPERIENCIAS CON DIOS

• Pase tiempo en la presencia de Dios, buscándolo, aun cuando nada sienta hacia Él. El sólo hecho de hacer el esfuerzo marcará la diferencia. *"Acercaos a Dios, y él se acercará a vosotros"* (Santiago 4:8).

• Acérquese siempre con sed a la fuente de vida —Jesús—. Durante su tiempo personal con Dios, lea varios salmos (por ejemplo, los salmos 42, 63 y 84). Note como David oraba con pasión por Dios, aun durante los tiempos de extrema tribulación. Use estos salmos como oraciones y después continúe hablando con Dios en sus propias palabras.

7

Condiciones, recompensas y beneficios de la gloria

Tener pasión por Dios es fundamental para experimentar su gloria. Una forma esencial de desarrollar esa pasión, es reconociendo y cumpliendo las cuatro condiciones espirituales para que la bendición de Dios venga, las cuales aparecen mencionadas en el pasaje bíblico de abajo. Al hacerlo, recibiremos las recompensas y beneficios vinculados a esas condiciones. Dice el Señor,

> *Si se humillare mi pueblo, sobre el cual mi nombre es invocado, y oraren, y buscaren mi rostro, y se convirtieren de sus malos caminos; entonces yo oiré desde los cielos, y perdonaré sus pecados, y sanaré su tierra. Ahora estarán abiertos mis ojos y atentos mis oídos a la oración en este lugar.* (2 Crónicas 7:14–15)

Cuatro condiciones para recibir las bendiciones de la gloria de Dios

Los versículos que acabamos de leer revelan las condiciones que Dios les impuso a los israelitas para recibir sus bendiciones. Son las mismas condiciones que Él nos impone para recibir su justicia y avivamiento, y para que su gloria descienda sobre nuestras ciudades y naciones. Estas condiciones establecerán y expandirán su reino en la tierra, y traerán salvación a millones de almas. Aprendamos y cumplamos estas cuatro condiciones.

1. Humillarnos ante el Señor

La decisión de humillarnos es personal. Significa doblegarnos delante de Dios, reconocer nuestra condición espiritual y darle la espalda al pecado. Es una decisión y no una experiencia emocional. Es una forma de recordar quiénes somos y de dónde venimos; es admitir que sólo Dios puede cambiar nuestros corazones porque no somos capaces de hacerlo en nuestras propias fuerzas. Muy a menudo me humillo delante de mi Padre, postrándome en el suelo delante de Él. Allí puedo reconocer que todo lo que tengo y todo lo que soy viene de Él. Sé que ése es mi lugar: postrado ante el Señor, con el rostro contra el piso, en posición de humildad.

Jesús ilustró nuestra necesidad de tener siempre una actitud humilde delante del Padre, llamando a un niño a que se le acercara y diciéndole a sus discípulos, *"Si no os... hacéis como niños, no entraréis en el reino de los cielos"* (Mateo 18:3). Sus palabras describen a un niño que cree lo que se le enseña, sin cuestionar ni argumentar.

2. Orar

Sin embargo, no se trata sólo de humillarnos, sino que también tenemos que orar —pasar tiempo hablando con nuestro Padre celestial—. Los discípulos reconocieron que todo lo que Jesús era y hacía era el resultado de su vida de oración. Por eso le pidieron que les enseñara a orar (vea, por ejemplo, Lucas 11:1–13). Más adelante en este libro, aprenderemos con mayor detalle cómo orar para experimentar su presencia.

3. Buscar el rostro de Dios

Buscar su rostro significa desear verlo cara a cara, como Moisés, David y Pablo lo desearon. Esta práctica es similar a la que hacemos cuando queremos conocer y entender a otra persona, y entonces nos posicionamos de tal manera que podemos verle a los ojos. Cuando buscamos a Dios de esa manera, nos hacemos uno con Él, en el espíritu, y permitimos que sea Él quien brille a través de nosotros.

La motivación correcta para buscar a Dios debería ser conocer al Señor íntimamente, porque le amamos, y por ser Él quien es. No es suficiente saber de Él; debemos conocerlo íntimamente. Jesús dijo,

Y esta es la vida eterna: que te conozcan a ti, el único Dios verdadero, y a Jesucristo, a quien has enviado.
(Juan 17:3)

Dios desea revelársenos a medida que le conocemos como persona y tenemos encuentros y experiencias con Él. Si un individuo recibe salvación, pero no busca tener una relación íntima y continua con Dios, a través de Jesucristo, entonces Dios todavía es como un extraño para esa persona. Para esa persona, Dios es simplemente una doctrina o religión —en otras palabras, es sólo ¡información!—. Pero Él es mucho más que eso. ¡Dios es una persona! Debemos crecer en nuestra relación con Él, día a día, y de *"gloria en gloria"* —o en este caso, de intimidad en intimidad—. Abraham caminó con Dios y, al final, se convirtió en su amigo (vea, por ejemplo, Isaías 41:8). El Señor lo llamó su amigo porque ellos tenían una íntima y continua comunión.

Cada vez que me propongo buscar el rostro de Dios, lo hago con reverencia, perseverancia y dedicación. Algunos tienen una actitud muy casual en sus relaciones con Dios, buscándolo sólo cuando les sobra tiempo —o entablan una relación con Él, pero luego no perseveran—. El Espíritu Santo me ha enseñado a tener una actitud de adoración, respeto y compromiso cuando estoy en su presencia. Esto significa que busco su presencia sin que me importen las consecuencias o el precio que tenga que pagar, y la busco en todo tiempo.

Y me buscaréis y me hallaréis, porque me buscaréis de todo vuestro corazón. (Jeremías 29:13)

La frase de arriba *"de todo vuestro corazón"* indica fervor y pasión y eleva la búsqueda a un nuevo nivel, la intensifica hasta que va más allá de la oración habitual. Buscar a Dios con todo el corazón implica buscarlo con todo nuestro ser, en espíritu, alma y cuerpo, estando disponibles para Él en todo momento, sin importar el lugar o las circunstancias. También sugiere estar rendidos ante su presencia, estando necesitados y desesperados por Él. Por tanto, podemos concluir que la búsqueda de su presencia es algo que no se puede hacer a medias. Buscar a Dios diligentemente significa, hacerlo con entusiasmo, fervor, pasión, esfuerzo y disponibilidad. Debemos estar preparados para superar cualquier barrera, para que la búsqueda de Él sea una prioridad en nuestras vidas.

Es triste, pero creo que la iglesia en general ha perdido estas actitudes y cualidades. Sin embargo, Dios nos llama a reiniciar nuestra búsqueda de Él. La Palabra nos exhorta a buscarlo por medio del ayuno, la oración y la adoración. En mi iglesia, participamos de ayunos de siete y veintiún días, en diferentes épocas del año. El énfasis principal de esos ayunos es buscar el rostro de Dios. Los resultados que hemos experimentado al terminar los tiempos de ayuno incluyen salvación, señales, deudas canceladas sobrenaturalmente, liberación, sanidades, y toda clase de milagros creativos.

4. Apartarnos del mal camino

La idea de "apartarse" incluye arrepentirse, y arrepentimiento significa cambiar nuestra vieja mentalidad y acciones. Con frecuencia esto implica hacer un cambio de 180 grados para dejar de hacer nuestra voluntad y hacer la voluntad de Dios. Cambiar nuestra forma de pensar hace posible que cambiemos nuestra manera de vivir. Entonces reconocemos que antes estábamos yendo por un camino equivocado; éramos amigos de la maldad, los malos hábitos y las cosas que ofenden a Dios. Le pedimos perdón a Dios por querernos gobernar a nosotros mismos. Damos media vuelta y le permitimos a Jesús que tome el control total. Nos arrepentimos de nuestros pecados de comisión y omisión, cambiamos toda conducta que no refleje el carácter y las maneras de Dios, y lo miramos a Él para ser establecidos en sus caminos.

Tres recompensas por buscar el rostro de Dios

Si cumplimos con las condiciones mencionadas, la Palabra nos enseña que podemos esperar las siguientes tres recompensas:

1. Dios nos escucha

Dios se ha comprometido a escuchar nuestras oraciones. Sin embargo, una de las razones por las cuales muchas veces nuestras oraciones no son contestadas es porque no cumplimos las cuatro condiciones arriba mencionadas. Humillarnos ante Dios, oramos, buscamos su rostro y caminamos por el camino correcto, desatan muchas de las promesas de Dios. Por fe entendemos que Él escucha nuestro clamor y podemos comenzar a declarar que recibimos lo que hemos pedido. Entonces quiere decir que todo lo que atamos en la tierra es atado en el cielo y todo lo que desatamos en la tierra es desatado en el cielo (vea Mateo 16:19; 18:18).

2. Dios perdonará nuestros pecados

El perdón de Dios viene cuando nos alejamos de la maldad. El primero que nos perdona cuando nos entregamos a Él, y nos arrepentimos de todos nuestros pecados es Dios. Cuando esto sucede, luego se puede iniciar un proceso completo de perdón mutuo con otras personas. Sólo somos capaces de perdonarnos a nosotros mismos, y de perdonar a otros, cuando Dios nos perdona y nos llena con su amor. Perdonar produce un increíble efecto de sanidad en nuestras vidas.

> *Pero sin fe es imposible agradar a Dios; porque es necesario que el que se acerca a Dios crea que le hay, y que es galardonador de los que le buscan.*
>
> (Hebreos 11:6)

El reino de Dios trae recompensas. Existen cualidades y actitudes en nuestras vidas que serán grandemente recompensadas, tales como la fe, la fidelidad, la buena mayordomía y buscar a Dios, entre otras. Sólo el Señor nos puede recompensar por buscarlo. Nuestras recompensas vendrán en forma de sanidad para nuestros cuerpos, liberación para nuestras almas, perdón, restauración, bendiciones financieras, dirección para cumplir con nuestros propósitos en Dios, y más.

En un retiro de sanidad interior y liberación para nuevos creyentes, un joven testificó que había crecido con mucha ira hacia su padre, debido a que abusaba física, verbal y sicológicamente de su madre. Desde que tenía uso de razón el fue testigo del abuso de su padre hacia su madre. Esto causó que se sintiera muy decepcionado y que sintiera un gran resentimiento y odio hacia él, hasta el punto que un día decidió matarlo. Encontró un cuchillo, lo afiló y esperó a que su padre lo provocara. Pero otra persona se le adelantó y lo mató antes que él pudiera hacerlo. Perder a su papá de tal forma lo decepcionó aún más y aumentó su sentimiento de culpabilidad y dolor. Su ira se acrecentó debido a que no fue él quien acabó con la vida de su padre. Su corazón estaba corrompido por el odio y la venganza.

Todo lo que vivió este joven lo llevó a incursionar en el mundo de las pandillas. Como "pandillero", usó drogas y su vida fue de mal a peor. Hasta que un día visitó nuestra iglesia. Allí, el quebrantado joven caminó hacia el altar y recibió a Jesús; tuvo un encuentro personal con la presencia de Dios y fue totalmente transformado. Luego, durante un retiro, la presencia de Dios lo tocó y comenzó a llorar como niño. Un líder le ministró liberación, y fue liberado de condenación, culpabilidad, resentimiento y dolor. ¡Él pudo perdonar a su padre y hoy está completamente libre! La raíz de amargura fue removida de su corazón, y ahora puede disfrutar la vida a plenitud.

3. Dios sanará nuestra "tierra" —todo nuestro ser

En 2 Crónicas 7:14, la palabra *"tierra"* representa nuestra vida personal, nuestra familia, ministerio, profesión, negocio o nación. En cada una de esas áreas existe la gran necesidad humana de tener un encuentro personal con Dios. La gente anhela sanidad para sus cuerpos y almas, pero también desea prosperidad financiera y espiritual. Dios quiere sanar nuestra "tierra" y terminar con las consecuencias del pecado y la separación de Él: confusión y falta de dirección, frustración y depresión, discordia, injusticia, drogadicción, derramamiento de sangre inocente, y mucho más. Sin embargo, la sanidad no será una realidad hasta que nos humillemos, oremos, nos alejemos de la maldad y de la falta de santidad, y busquemos su presencia. La gente que vive en tinieblas (aquellos que no conocen a Dios ni su Palabra) son incapaces de hacer estas cosas, pero quienes conocemos la verdad estamos obligados a hacerlo. He visto a miles de hombres y mujeres que han obedecido estos principios —incluyéndome a mí y mi familia—, disfrutar la lluvia de bendiciones enviadas por el Señor. Estamos saludables, somos prósperos y felices. ¿Desea experimentar lo mismo? ¡Decídase ahora!

> *Los leoncillos necesitan, y tienen hambre; pero los que buscan a Jehová no tendrán falta de ningún bien.*
> (Salmos 34:10)

De acuerdo con mi experiencia, a quienes en verdad buscan a Dios no les falta nada. Dios es fiel para cumplir su Palabra. Por lo tanto, continuemos estudiando, trabajando y cuidando de nuestras familias, pero también busquemos a Dios, porque Él es nuestro verdadero proveedor. Podemos vivir momentos en los cuales no todo nos sale como queremos —en las finanzas, salud u otras circunstancias de la vida—, pero estas situaciones son sólo temporales. Al final, Dios hace que todas estas cosas obren a nuestro favor (vea Romanos 8:28).

> *Busqué a Jehová, y él me oyó, y me libró de todos mis temores.*
> (Salmos 34:4)

Cuando vivimos en la presencia de Dios, el temor no nos puede controlar, y los peligros de este mundo no nos lastiman.

Su perfecto amor echa fuera todo temor (vea 1 Juan 4:18). Un joven que visitó nuestra iglesia testificó que vivía con un temor terrible a fracasar, sin tener una visión ni dirección para su vida. Creció sin padre, y aunque su madre trató de llenar el vacío en su corazón, no lo pudo lograr, porque ella también vivía en gran dolor. Por años, su divorcio la había arrastrado a vivir en depresión —condición que su hijo heredó—. Él me dijo, "He estado en depresión más de veintinueve años. No tenía fe en mí mismo, y me sentía abandonado y rechazado. Sentía que no tenía futuro ni planes. Mi vida era sedentaria. Mi pensamiento era limitado, y no tenía intereses ni aspiraciones personales".

Este joven vino a nuestra iglesia un domingo; precisamente ese día yo predicaba acerca del espíritu de temor y el denuedo que necesitamos para tomar acción. El mensaje le impactó. Al terminar, ministré liberación del espíritu de temor e impartí el denuedo en el Espíritu. Hoy, él testifica que, desde ese día, su vida fue completamente transformada. Antes pensaba que tendría que lidiar con la depresión por el resto de sus días; ahora se atreve a hacer cosas que nunca se imaginó hacer. El perfecto amor de Dios echó fuera todo temor de su corazón.

Debemos buscar su gloria *"hasta..."*

¡Siembren para ustedes justicia! ¡Cosechen el fruto del amor, y pónganse a labrar el barbecho! ¡Ya es tiempo de buscar al Señor!, hasta que él venga y les envíe lluvias de justicia. (Oseas 10:12, NVI)

La Palabra es sumamente clara: es tiempo de buscar su rostro, su poder y su presencia —su gloria— *hasta* que descienda y *hasta* que su justicia rebose en nuestras vidas. No podemos detenernos *hasta* que esto suceda. Este verso implica que debemos orar *hasta* que venga el rompimiento. Los avivamientos no sucederán en ministerios ni iglesias, *hasta* que busquemos su gloria con pasión y celo santo. No veremos su justicia prevalecer *hasta* que su reino sea establecido. Nuestras ciudades y naciones están llenas de pecado e iniquidad. Por lo tanto, es imperativo que clamemos de corazón, en oración e intercesión, por un avivamiento y una visitación de Dios. Su justicia no vendrá *hasta* que venga la manifestación de la gloria —la presencia de Dios y su reino.

Algunos se dan por vencidos muy pronto, cuando el milagro sólo está a la vuelta de la esquina. Se desaniman y no buscan su rostro ni interceden "hasta…". Si usted ha orado y buscado su rostro, pero todavía no ha recibido la respuesta, le animo a que persevere. ¡Dios le escuchará! Continúe buscando y hallará; siga tocando y se le abrirá (vea, por ejemplo, Mateo 7:7–8).

Si no sabemos escuchar a Dios, no tendremos nada relevante que decir.

Un matrimonio de nuestra iglesia pasaba grandes dificultades financieras, y estaban a punto de perder su casa. Un día fueron citados a la corte y ya era inminente una ejecución hipotecaria. En esas circunstancias tan difíciles, decidieron buscar el favor de Dios por medio del ayuno y la oración, y se unieron a nuestro ayuno congregacional de comienzo de año, confiando en Dios plenamente. Una noche, mientras presentaban su petición en la Casa de Paz, su mentor les dio una palabra profética diciendo, "Nadie los sacará de su hogar". Ellos tomaron la promesa de Dios y, unos días después, recibieron una carta notariada del banco declarando que su deuda había sido pagada por completo y su caso estaba cerrado —nadie entiende lo que sucedió—. Ninguna de las personas que ellos conocen pagó su deuda y el banco tampoco la había perdonado. La deuda simplemente apareció saldada. Ésta fue una provisión sobrenatural que les permitió quedarse en su casa. ¡Dios hizo el milagro! Hasta hoy no entienden que pasó, pero como sabemos, los milagros no tienen explicación natural.

En todo cuanto [el rey Ezequías] *emprendió en el servicio de la casa de Dios, de acuerdo con la ley y los*

mandamientos, buscó a su Dios, lo hizo de todo cora-
zón, y fue prosperado.   (2 Crónicas 31:21)

El vocablo hebreo para la palabra *"prosperado"* es *tsalá-*
kj, y entre sus significados está: "avanzar", "progresar", "tener
éxito", "ser rentable". La prosperidad siempre está conectada a
la búsqueda de la presencia de Dios, porque excede la simple
estabilidad financiera —ésta es sólo una mínima parte de la
misma—. La prosperidad siempre va de la mano con la habilidad para cumplir la voluntad de Dios, con tener vida en nuestro espíritu, y con disfrutar salud en cuerpo y alma. Cuando
buscamos con pasión la gloria de Dios o su presencia manifestada, Él desata su favor y gracia sobre nuestras vidas, lo cual
nos lleva a la provisión de todas nuestras necesidades. Somos
transformados en su presencia, tanto así que nunca más seremos iguales. Es más, somos equipados para llevar las mismas
bendiciones a nuestro círculo de influencia.

Buscar la presencia de Dios desata sus bendiciones

Lo más importante que debemos entender es que tenemos
que buscar apasionadamente a Dios. Si algo deseo dejar graba-
do en su corazón es que la búsqueda genuina de la presencia
de Dios hace que todas sus bendiciones se desaten.

¿Quién puede ser usado por su gloria? ¡Todo creyente!
El único requisito es estar —constantemente— consciente de
nuestra necesidad de Dios. Nuestra hambre y sed de Él producirá un fuego que continuamente nos consumirá y llenará con
la pasión por ver milagros, señales y maravillas manifestarse
a través de nosotros, en cada momento del día o de la noche.

¿Se siente satisfecho con sólo leer acerca de las obras poderosas de Dios, relatadas en la Biblia o en los libros que narran
los avivamientos pasados? ¿Está satisfecho en el ministerio en
que se encuentra ahora mismo? ¿Verdaderamente siente pasión
por su presencia? ¿Está suficientemente desesperado por ver la
salvación de los perdidos, al punto que le quita el sueño? ¿Tiene

hambre y sed por ver a Dios traer un avivamiento a su iglesia y ciudad? Si sus respuestas son afirmativas, entonces debe estar sintiendo que de muy dentro sale un clamor que dice, "¡Tengo que tenerlo!", "¡No puedo vivir sin experimentarlo!", "¡Necesito tenerlo ahora porque es un fuego que me consume!".

El que tiene misericordia se apiadará de ti; al oír la voz de tu clamor te responderá.   (Isaías 30:19)

Dios no va a intervenir en nuestras vidas personales o en nuestras familias, ministerios, ciudades o naciones, hasta que su pueblo llegue a un punto de desesperación y entienda que apartados de Él no tenemos esperanza. Sabemos que la salvación viene por medio de Jesús, porque Él es el único camino que podemos tomar para escapar del infierno eterno. Nadie sabe cuánto tiempo le queda de vida. Por lo tanto, necesitamos estar seguros de nuestra salvación. Hoy, muchas iglesias hablan poco del infierno, pero la salvación es un tema de suma importancia. ¡El infierno es real!

Debemos orar con desesperación *hasta* que Dios tenga misericordia. ¿Qué espera Dios de nosotros? Espera que clamemos a Él —reconociendo nuestra total dependencia de Él—, como lo haría un hombre que se está ahogando, "¡Ayúdame!". Dios espera que su pueblo llegue a este punto. Debemos orar con desesperación, con la ayuda del *"espíritu de gracia y de oración"* (Zacarías 12:10). Esta frase hace referencia a la intervención sobrenatural de Dios, que va más allá de nuestras habilidades. Dios dice que cuando viene el Espíritu de gracia, recibimos la habilidad para clamar como nunca antes (vea Romanos 8:26–27).

Si aún no hemos experimentado rompimiento en un área de necesidad, puede que nos falte hambre y sed de Dios.

Es tiempo de orar por un derramamiento del Espíritu Santo, por avivamiento y por la manifestación de la gloria de

Dios, de manera que nuestras vidas, familias, ministerios, ciudades y naciones puedan ser transformados. Dios está buscando gente comprometida y dispuesta a ser usada como vasos para que Él pueda sanar y liberar. ¡Busque su rostro *hasta* que su gloria —su presencia— se manifieste!

EXPERIENCIAS CON DIOS

- Ore con desesperación la siguiente oración, y Dios escuchará su clamor, perdonará sus pecados y sanará su tierra: "Padre celestial, en el nombre de Jesús, me humillo ante tu presencia. Me arrepiento de mis pecados de omisión y comisión, y me aparto de todo aquello que no te da honra. Me declaro libre, y desde hoy apasionadamente te buscaré y experimentaré tu presencia".

- Cerca de usted viven muchas almas que desesperadamente están clamando a Dios. Vaya donde están y compártales la Palabra. Ore por ellos, y enséñeles a buscar el rostro de Dios, apasionadamente. Guíelos a la fuente donde pueden beber y saciar su sed de Él.

8

Cambiados y transformados por su gloria

En el pasado hubo hombres y mujeres de Dios que tuvieron épocas memorables en sus vidas; ellos caminaron en la gloria mientras sus ministerios impactaron ciudades y naciones, e influenciaron fuertemente varias áreas de la sociedad —política, educación, economía, salud y más—. ¿Qué les pasó? ¿Dónde están ahora? Algunos continuaron su camino; otros simplemente desaparecieron de la luz pública, y nunca más se supo de ellos. Unos perdieron sus ministerios debido al pecado en sus vidas, mientras otros simplemente decidieron no continuar.

Muchos comenzaron de la forma correcta, y algunos hasta tenían apariencia de ser gigantes en la fe, pero no permitieron que Dios siguiera transformando sus vidas. Quizá sintieron que habían llegado a la cima de su ministerio, y se conformaron con tener grandes congregaciones, mientras se adaptaban a la cultura de su entorno, a las normas de su denominación o a sus reglas religiosas. Básicamente, se conformaron con el nivel al cual llegaron, y continuaron predicando tibios mensajes motivacionales, que suenan bien, pero no tienen poder para cambiar vidas.

Todo aquello a lo que nos conformamos se convierte en nuestra realidad

Como hemos visto, el estancamiento espiritual comienza cuando la presencia y el poder de Dios dejan de operar en nuestra vida. Desde ese instante, todo se vuelve repetitivo —una simple rutina—. La primera señal que nos advierte que estamos estancados es que permanecemos en un mismo nivel de fe o manifestación del poder de Dios. Esos hombres y mujeres indicados arriba fluyeron en el Espíritu en un determinado momento; ministraron en el tiempo que Dios les asignó, pero luego lo dejaron pasar.

La mayor tragedia en la vida es perder la presencia de Dios, y ni siquiera saberlo.

Estancarse en un lugar o conformarse a una circunstancia es señal inequívoca de que la gloria de Dios está ausente. Lo tremendo de esto es que una gran mayoría no lo percibe cuando le está sucediendo. Es fácil notar cuando la presencia viene sobre nosotros, pero a menudo no nos damos cuenta cuando se va.

Cuando dejamos de ser transformados perdemos relevancia

El estancamiento es evidente, no sólo cuando nos quedamos parados en un mismo lugar, sin poder avanzar, sino también cuando comenzamos a retroceder y caemos en un nivel de fe anterior. Lamentablemente, en el presente esa fe ya no funciona, porque los desafíos, obstáculos y circunstancias adversas son mayores cada día. Necesitamos una fe presente, la cual viene por el fluir continuo de la revelación de Dios.

Cuando dejamos de ser transformados perdemos relevancia y dejamos de ser miembros activos en el cuerpo de Cristo. Esto es lo que le sucedió a los líderes cuyos ministerios cayeron o dejaron de florecer. Se convirtieron en "odres viejos", obsoletos; de manera que perdieron su influencia espiritual y no fueron capaces de entrar en la siguiente ola —en el próximo movimiento— del Espíritu Santo. Se tornaron religiosos como los fariseos que describimos anteriormente.

Cuando los cristianos dejan de ser cambiados, pierden su poder y regresan a la religión y al formalismo.

En muchas de las iglesias hoy, el evangelio del reino —el evangelio que produce transformación en lugar de conformismo— no se predica a plenitud. Por eso muchos creyentes ya no experimentan transformación. Hace más de dos mil años, Jesús vino como hombre para enseñarnos el camino a la transformación. Dios tomo forma humana (vea Filipenses 2:5–8) para que la humanidad nuevamente fuese hecha conforme a su imagen.

Al que no conoció pecado, por nosotros lo hizo pecado, para que nosotros fuésemos hechos justicia de Dios en Él. (2 Corintios 5:21)

En la cruz, Jesús se convirtió en el recipiente de todos los pecados de la humanidad. Se hizo como cada ser humano —cargando nuestras iniquidades y rebeliones—. A pesar de que Jesús nació sin mancha y nunca pecó, voluntariamente se hizo pecado por amor a nosotros, para conformarse a nuestra naturaleza, para que *"fuésemos hechos justicia de Dios en Él"*. Jesús dejó su gloria celestial atrás para alcanzarnos en nuestra naturaleza caída. Sin embargo, cuando Él fue resucitado, recupero su gloria y la entregó a su pueblo —la iglesia—, para que pudieran ser transformados y moldeados de acuerdo a la gloria del Padre.

Jesús se conformó a nuestra imagen para que fuésemos transformados a su semejanza.

Debido a que necesitamos ser transformados continuamente, de gloria en gloria, existe un problema cuando no estamos en el proceso de ser cambiados —significa que en ese momento no estamos caminando en la gloria de Dios—. Esta es la razón de la falta de transformación que observamos en la vida de muchos creyentes: ellos no están siendo expuestos con regularidad a la gloria del Padre.

El diseño de Dios para la vida cristiana

Más la senda de los justos es como la luz de la aurora,
que va en aumento hasta que el día es perfecto.
(Proverbios 4:18)

Cuando nacemos de nuevo, Dios pone su presencia en nuestro espíritu para que recibamos el soplo divino de vida y su ADN espiritual. El ADN de Dios contiene su gloria, permitiendo que lleguemos a ser conforme a la imagen de gloria de su Hijo Jesús. Antes de nacer de nuevo teníamos el ADN pecaminoso de Adán, pero ahora tenemos el ADN santificado de Dios. La Palabra nos exhorta a dejar atrás el pasado y seguir hacia la perfección (vea, por ejemplo, Filipenses 3:13–14). La vida cristiana nunca fue diseñada para estancarse en un lugar, o para acomodarse en ninguna etapa del camino y quedarse ahí, sino para ir de fe en fe, de gloria en gloria, y de victoria en victoria, hasta llegar a ser transformados conforme a la imagen completa de Jesús.

La madurez espiritual se mide por el cambio producido por la presencia de Dios y su Palabra en nuestras vidas.

Si escogemos no cambiar, nos herimos no solo a nosotros mismos y a personas a nuestro alrededor, sino además a las generaciones por venir; podemos incluso perder nuestro ministerio, matrimonio, trabajo y amistades. Sin embargo, cuando optamos por cambiar, podemos bendecir a multitudes, aunque también debemos prepararnos para la persecución y la pérdida. El cambio afecta la forma en que oímos la Palabra, e influye en nuestra forma de buscar a Dios. Cuando queremos ser transformados, escuchamos la Palabra con atención a fin de recibir su sabiduría, y la aplicamos a nuestra vida con actitud de obediencia.

Obstáculos al cambio y la transformación

Incluso cuando anhelamos ser cambiados y transformados, a menudo descubrimos ciertos rasgos del carácter y comportamientos que bloquean el proceso. Veamos algunos de esos obstáculos para poder evitarlos por completo.

1. La rebelión, la testarudez y la idolatría

Porque como pecado de adivinación es la rebelión, y como ídolos e idolatría la obstinación....

(1 Samuel 15:23)

Rebelión es la resistencia a la autoridad divina. Ser rebelde significa rechazar la instrucción, disciplina, enseñanza y corrección, y resistirse a obedecer a Dios y a las autoridades por Él delegadas. Ante los ojos de Dios, la rebelión es lo mismo que la adivinación y la brujería.

La rebelión dice, "No lo hago", mientras la testarudez dice, "Lo hago, pero a mi manera".

Muchos creyentes y líderes de ciertas iglesias, influenciados por el espíritu de rebeldía, rechazan los movimientos frescos del Espíritu Santo —tales como avivamientos y manifestaciones sobrenaturales de Dios—, debido a que no los entienden, o simplemente, porque no se preocupan por entenderlos. La gente testaruda insiste en hacer algo, aun cuando es obvio que está equivocada (vea, por ejemplo, Hechos 9:1–5). La gente idólatra adora sus propias ideas y cierra su mente herméticamente a ideas nuevas.

2. El orgullo

Cuando el espíritu de orgullo influencia la vida de una persona, ésta no percibe la necesidad de cambio (vea, por ejemplo, 2 Corintios 4:3–4) y pierde el temor de Dios. El orgullo puede ser el único pecado del cual Satanás no te hace sentir culpable. No creo que exista una persona en este mundo que no haya tenido que lidiar con el orgullo. La única solución al orgullo es desarrollar un espíritu de humildad.

La humildad es una decisión de la voluntad expresada a través de una acción.

No podemos pedirle a Dios que nos haga humildes. La Palabra nos manda a que nos humillemos nosotros mismos (vea 1 Pedro 5:6). Aunque Dios tiene el poder para humillarnos o para crear circunstancias que lo hagan, finalmente somos los únicos que podemos tomar la decisión. Sin embargo, sólo podremos hacerlo por medio de la gracia que nos da el Espíritu Santo. Si permitimos el orgullo en nuestra vida y nunca lidiamos con él, terminaremos autodestruyéndonos.

3. Negar la necesidad de cambio

Mucha gente rechaza la transformación que Dios quiere hacer en su vida porque resulta doloroso para su ego. El ego es el primero en negar que necesite un cambio. Esto nos confirma que toda transformación genuina comienza con un ajuste en la mentalidad y la actitud de uno, y ese tipo de ajuste resulta difícil de lograr sin humildad, tal como ya establecimos —humildad como la de un niño— (vea, por ejemplo, Marcos 10:13–16).

Al comienzo de mi ministerio como pastor, yo no creía en la liberación o la expulsión de demonios, ni en las maldiciones generacionales; lo sabía en teoría, pero no lo practicaba. Yo venía de la escuela que enseña que una vez que la persona es salva ya no necesita liberación. Pero después de dos años noté un estancamiento en el crecimiento de la congregación. No pasábamos de los doscientos miembros, y no entendía por qué esto sucedía. Entonces, el Señor usó a uno de sus profetas para hacerme saber la razón; la gente necesitaba ser liberada de maldiciones generacionales y ataduras del pasado, así como de la falta de perdón en su corazón, la depresión, las adicciones, la inmoralidad, etcétera.

Una vez que reconocí la verdad, decidí cambiar mis actitudes y acciones. Comencé a ministrar liberación, y el crecimiento de la congregación se desató. Lo que me llevó al cambio fue saber que muchas personas eran llenas del Espíritu Santo, hablaban lenguas, servían y adoraban a Dios, y todavía caían en depresión, ataduras sexuales y otros pecados una y otra vez, y esto tocó tanto mi corazón. A pesar de que no había sido enseñado a ministrar liberación, recibí la revelación y creí que sería de beneficio para el pueblo.

Esto resultó en una bendición tan grande que rápidamente llegamos a ser una "mega iglesia". Mi énfasis aquí no es en el número de personas que asisten a la iglesia, sino en la calidad de cristianos que ahora son. Quiero hacer notar que al mismo tiempo que la liberación acelera la transformación espiritual, atrae a los incrédulos y desata la multiplicación. Hoy en día, miles de hombres y mujeres han sido liberados de ataduras de inmoralidad, maldiciones generacionales, falta de perdón, amargura, odio, brujería y más, todo porque un día tomé la decisión de matar mi ego y obedecer la revelación, antes de persistir en lo que ya "conocía".

4. La religión y el legalismo

Pues si habéis muerto con Cristo en cuanto a los rudimentos del mundo, ¿por qué, como si vivieseis en el mundo, os sometéis a preceptos tales como: No manejes, ni gustes, ni aun toques (en conformidad a mandamientos y doctrinas de hombres), cosas que todas se destruyen con el uso? Tales cosas tienen a la verdad cierta reputación de sabiduría en culto voluntario, en humildad y en duro trato del cuerpo; pero no tienen valor alguno contra los apetitos de la carne.

(Colosenses 2:20–23)

Antes vimos que la "religión" viene de un concepto erróneo que nos lleva a observar y obedecer un conjunto de leyes, normas y doctrinas, creadas por el hombre con el fin de ganar el favor de Dios; en resumen, es un esfuerzo humano por agradar a Dios. En el mundo existen muchas religiones, por ejemplo, budismo, cinesiología, cábala, hinduismo, testigos de Jehová, ciencia cristiana, islamismo, confusionismo y mormonismo. Desafortunadamente, muchos cristianos han reducido el cristianismo a una religión más, siguiendo un sinnúmero de reglas e imposiciones. Por ejemplo, algunos creen que la mujer no debe maquillarse o usar joyas. Otros observan algunos ritos como, tomar la Santa Cena sólo una vez al mes o guardar el Sabbat estrictamente (definitivamente creo que debemos tomar tiempo para descansar —Dios nos manda a descansar—, pero bajo el nuevo pacto, no creo que sea necesario olvidar todas las actividades del domingo para ser salvos). Ellos han convertido la fe en legalismo. Es una vergüenza que alguien predique sobre cristianismo sin demonstrar el poder de Dios o los milagros, porque entonces lo que está enseñando es otra religión muerta. Los religiosos han convertido la doctrina en reglas opresivas, imponiéndolas a la gente como las normas que deben regir sus vidas.

Sin la manifestación del poder sobrenatural de Dios el cristianismo es como cualquier otra religión.

Las siguientes características son evidentes en las personas que son religiosas o legalistas: (1) Observan todas las reglas, pero son rebeldes a los principios fundamentales de la Palabra de Dios, así como al fresco mover del Espíritu Santo.

(2) Ellos quieren vivir *para* Dios en lugar de vivir *de* Dios. El énfasis aquí es que nuestra fuerza viene *de* Dios, no de hacer cosas *para* Dios. No sólo se trata de vivir *para* Dios, sino de permitir que Él viva *a través* de nosotros (vea, por ejemplo, Gálatas 2:20). La gente religiosa obedece la Palabra de Dios por miedo, inseguridad y orgullo, con el fin de lograr aceptación, para ser percibidos con un nivel de santidad mayor que otros o para sentirse superiores, en lugar de hacerlo por amor y obediencia a Dios. (3) Tienen un "lenguaje" cristiano bien desarrollado, el cual rara vez —o nunca— practican. Con sus labios confiesan a Jesús, pero sus corazones están lejos de Él. Hablan de servir a Dios, pero sus acciones difieren de sus obras (vea Isaías 29:13). (4) Tienen apariencia de espiritualidad, pero carecen de poder (vea 2 Timoteo 3:5). Están enfermos pero no tienen poder para sanarse; están deprimidos pero no tienen poder para liberarse; sufren de ira y enojo porque no tienen la vida del Espíritu Santo, la cual debe llevarlos a producir fruto espiritual (vea Gálatas 5:22–23). (5) Están llenos de orgullo, contienda, amargura, envidia, y competencia. (6) No han recibido revelación de que la santidad viene en la presencia de Dios, y no por esfuerzo humano o buenas obras; por eso luchan en sus propias fuerzas para convertirse en aquello que Dios ya ha realizado a través de Jesús. Tratan de ser dignos de acercarse a Dios por méritos propios, cuando ya han sido hechos dignos por medio de la sangre de Cristo.

¿Está produciendo fruto o religión?

Por la mañana, [Jesús] volviendo a la ciudad, tuvo hambre. Y viendo una higuera cerca del camino, vino a ella, y no halló nada en ella, sino hojas solamente; y le dijo: Nunca jamás nazca de ti fruto. Y luego se secó la higuera. (Mateo 21:18–19)

Una higuera con muchas hojas pero sin higos representa el espíritu religioso o la actividad religiosa —tiene una apariencia externa de santidad, pero no tiene poder para dar vida—. Por eso no produce fruto para el reino. Aquí ocurre algo muy significativo, y para entender por completo lo que representa, debemos volver al tiempo de Adán y Eva, en Génesis. Cuando los primeros seres humanos pecaron, se dieron cuenta de su desnudez, y corrieron a cubrirse con hojas de higuera, pensando que eso los haría aceptables ante los ojos de Dios. Fueron ante el Señor con almas contaminadas, creyendo que las hojas taparían su error.

Cuando la gente se siente culpable delante de Dios, trata de cubrirse con actividades religiosas. Pero la Escritura es clara; sólo la sangre de Jesús nos hace aceptables ante el Padre (vea, por ejemplo, Mateo 26:28). En Génesis, Dios fabricó túnicas de piel de animales para reemplazar las hojas de higuera y cubrir a Adán y Eva. Los animales sacrificados, son el primer símbolo del sacrificio de Cristo y su sangre derramada en la cruz para redimirnos del pecado.

En la iglesia de hoy existe gran variedad de "hojas de higuera"; algunas "hojas" se pueden ver en las iglesias pentecostales y otras en las iglesias carismáticas o evangélicas; unas están en las congregaciones bautistas y otras en las metodistas; algunas en las iglesias católicas y otras en las adventistas, y así por el estilo. Sin embargo, vale la pena hacer notar que en muchas denominaciones u organizaciones cristianas hay creyentes genuinos que producen fruto, y no son religiosos. Independientemente de cómo nos llamemos o a que denominación pertenezcamos, si no producimos fruto para Dios, todo lo que tenemos es religión.

El fruto representa una vida interior que le agrada a Dios. Las hojas representan una apariencia externa que desagrada a Dios.

Jesús fue a la higuera porque deseaba comer higos. Quería probar su fruto. Si Jesús viniera hoy a comer de tu fruto, ¿qué le ofrecerías de comer al Señor? ¿Tienes fruto de amor, paz y paciencia en tu vida? ¿Puedes presentarle el fruto de almas ganadas para su reino, matrimonios restaurados y enfermos sanados? ¿O acaso tu vida y tu ministerio son una higuera con muchas hojas de apariencia religiosa? Si no tienes fruto que ofrecer a Jesús, entonces lo único que tienes es una religión. No hagamos que Dios nos maldiga, como Jesús maldijo la higuera, antes bien, dispongámonos a ser transformados por su gloria, para que llevemos mucho fruto (vea Juan 15:5–8).

La Palabra de Dios claramente nos enseña que somos salvos por gracia, no por obras, leyes ni prácticas (vea Efesios 2:8). El Espíritu Santo no impone a la gente una religión; nuestra obediencia y amor a Dios se expresan voluntariamente, de adentro hacia afuera.

Conformados versus transformados

No os conforméis a este siglo, sino transformaos....
(Romanos 12:2)

El vocablo griego para *"conforméis"* es *susjematízo*. Este término viene de dos raíces: *sus* que significa "con" y *jréma* que es "apariencia", "forma" o "condición externa". Entonces la palabra *"conforméis"* se refiere a adaptarse y acomodarse; a tomar la forma, figura o apariencia de los patrones de este mundo.

Cuando nos conformamos a algo o alguien, dejamos de ser transformados.

Susjematízo hace énfasis en el cambio de apariencia externa, no interna. A veces este término también se traduce como "disfrazar". La idea aquí es que el mundo presiona para darnos una forma según su molde —como cuando metemos el pie en un zapato nuevo, y éste busca acomodarse—; nos da una apariencia externa y transitoria que no nos transforma por dentro. La apariencia externa no quita el pecado, la depresión, la amargura, ni nos da una vida plena. Trabaja a través de *"los deseos de la carne, los deseos de los ojos, y la vanagloria de la vida"* (1 Juan 2:16). En esencia, lo que el mundo ofrece es sólo un disfraz; no es lo que estamos destinados a ser, ni lo que podemos ser en Cristo.

Cuando nos miramos a nosotros mismos, a la luz de estas revelaciones, surgen ciertas preguntas: ¿He sido verdaderamente transformado? ¿Sigo siendo igual o he cambiado? ¿He parado de transformarme? ¿Todavía el poder y la presencia de Dios están en mi vida? Si no es así, ¿cuándo perdí lo sobrenatural? ¿Me he vuelto irrelevante para el avance del reino de Dios? ¿Cuándo se hicieron rutinarios los servicios en mi iglesia?

Dios está llamando a cada creyente a cambiar porque desea llevarnos a otro nivel. Él quiere hacer *"cosa nueva"* (Isaías 43:19).

¿Qué es la transformación?

...sino transformaos por medio de la renovación de vuestro entendimiento.... (Romanos 12:2)

Anteriormente vimos que la palabra griega para *"transformaos"* es *metamorfóo. Meta* significa "entre", "con", "después" o "detrás" y *morfe* significa "formar". *Metamorfóo* entonces significa "cambiar de forma", "transformar" o "transfigurar". Éste es el mismo término que se usa en Mateo 17:2 cuando se habla de la transfiguración de Jesús. La idea principal que transmite este verbo es, morir a una forma de vida con el fin de nacer a otra.

Por ejemplo, el gusano de seda "muere" a su vieja y primitiva forma, para transformarse en hermosa mariposa. Este proceso natural lleva al gusano a experimentar una vida mejor. De la misma manera, es natural que un bebé después de nueve meses en el vientre de su madre, nazca. El bebé entra a un nuevo ámbito por medio del proceso de nacimiento; de lo contrario morirá y pondrá en riesgo la vida de su madre. Igualmente, si no transformamos nuestro entendimiento, no seremos transformados y hasta podemos perder la vida, porque el estancamiento trae muerte espiritual.

Ninguna transformación es permanente hasta que renovemos nuestra mente.

Dios quiere que muramos a nuestro viejo hombre (nuestra vieja manera de pensar y al viejo estilo de vida) y que abramos nuestras mentes a las grandes cosas que Él tiene para nosotros. La renovación de nuestra mente es la puerta que nos da acceso a lo sobrenatural, porque bajo la inspiración del Espíritu Santo comenzará a manifestarse una transformación total en nuestro carácter y comportamiento.

Morfe indica una transformación estructural interna, que como resultado provoca un cambio externo de nuestras acciones. Por su parte *jréma*, la cual como vimos es una de las raíces de la palabra *"conforméis"* —que aparece en Romanos 12:2—, hace referencia a un simple cambio externo y superficial; un disfraz. Dios desea darnos una transformación y transfiguración total para que nos convirtamos a la imagen de su hijo Jesús. ¿Se ha conformado usted a su ambiente? ¿Se ha conformado a su denominación? ¿Se ha conformado a su enfermedad, pobreza o pecado? ¿Se ha conformado a sus circunstancias?

A lo que usted se conforma define su manera de pensar y de vivir.

Ahora mismo, decidamos cambiar. Pidámosle a Dios que nos libere de todo aquello a lo cual nos hemos conformado, para que el Espíritu Santo pueda comenzar a transformar nuestras vidas, familias y ministerios, desde adentro.

> *Pues, ¿busco ahora el favor de los hombres, o el de Dios? ¿O trato de agradar a los hombres? Pues si todavía agradara a los hombres, no sería siervo de Cristo.*
> (Gálatas 1:10)

Conformarse al mundo es mostrar que no tiene esperanzas de un futuro mejor. Estar contento es regocijarse por su situación presente, con la esperanza que ésta cambiará y que vendrá algo mejor. Mucha gente resiste la transformación porque se ha conformado. Están atados a tradiciones humanas y temen los cambios porque creen que podrían afectar su posición, estatus, respetabilidad, estilo de vida y aun sus finanzas. Por otro lado, sienten insatisfacción porque saben que hay algo más de Dios para ellos, aunque no saben cómo explicarlo o describirlo y mucho menos alcanzarlo. Se sienten atrapados por su entrono y sus paradigmas socio-religiosos. Se dan cuenta que la presencia de Dios hace tiempo no está allí; sin embargo, sienten que le deben lealtad a los hombres. Emocionalmente están atados a sus líderes, pastores, ministerios, sistemas y organizaciones.

Permítame recordarle que su lealtad es primero y principal, con Dios, su reino y su Palabra. Ahora, déjeme preguntarle: ¿Busca agradar a los hombres o a Dios? ¿Quiere ser conformado a una religión y a sus formalidades, o quiere usted ser transformado de gloria en gloria para manifestar el poder sobrenatural de Dios en su familia, su iglesia, su ciudad o su nación?

Una generación que no abraza el cambio no impactará al mundo.

El estancamiento lleva a la frustración, porque lo que antes funcionaba ya no funciona más. Necesitamos romper la rutina. El cambio comienza en nosotros mismos, con una decisión. Tenemos que pedirle al Espíritu Santo que nos dé su gracia para cambiar. Será doloroso, pero recuerde que un cambio no será cambio hasta que sea genuino y duradero. ¡Es tiempo de decidir! ¿Nos conformamos para agradar a los hombres, o somos transformados para agradar a Dios?

El mayor "peso" de gloria es la transformación

He sido testigo de primera mano de lo que la gloria de Dios ha hecho en la vida de miles de personas. Sin embargo, la manifestación más extraordinaria de su presencia —el mayor peso de su gloria y la absoluta demostración de su poder— ocurre cuando el corazón de un individuo es transformado. Esto comienza cuando una persona nace de nuevo, y continúa con la permanente transformación de su alma (mente y carácter). Es en el corazón donde podemos trazar la línea que divide lo que la religión, con todas sus regulaciones, no puede hacer, y lo que sólo puede hacer el único Dios verdadero. Sólo Dios puede cambiar un corazón. Esta capacidad jamás podrá ser ejercida por la religión, porque la religión carece del poder y autoridad para hacerlo. La religión no cambia a nadie; sólo la gloria manifestada de Dios puede cambiar una vida.

El único movimiento capaz de generar transformación en la sociedad es el derramar de la gloria de Dios.

Hace unos años atrás, comenzó a asistir a nuestras reuniones un hombre cuyo testimonio nos muestra el poder de transformación que tiene la gloria de Dios. Eugenio estaba involucrado en el satanismo, y no visitó nuestra iglesia para buscar a Jesús. Él venía a matarme. Durante varios años, había sido entrenado por cinco organizaciones diabólicas con el fin de acabar con mi vida. Los satanistas lo prepararon, le dieron estrategias para llegar hasta mí y hasta le dijeron cómo matarme. Su meta era terminar con la prosperidad del Ministerio Internacional El Rey Jesús.

El día que decidió cumplir su misión, vino a uno de nuestros servicios con una pistola oculta entre su ropa. Ese día en particular yo estaba ministrando liberación, y no tenía idea de los planes de ese hombre. Sólo sé que lo vi correr al altar, llorando, a recibir a Cristo. ¡No pudo hacerme daño, porque

Dios lo desarmó! Treinta y cinco años de satanismo acabaron cuando él se entregó al Señor. El plan del diablo contra mí fue destruido al ser confrontado por el peso de la gloria de Dios que cambia los corazones. Eugenio contó después que, en varias oportunidades, había querido alejarse del satanismo y su maldad, pero no sabía cómo hacerlo. Antes odiaba a Cristo; ahora se siente libre y vivo. Una vez más vuelve a sentirse un ser humano. Hoy entiende cuánto Dios lo ama, y ese amor lo ha convertido en un apasionado por Jesús. Ahora sabe que *sí* se puede salir del satanismo, porque el poder de Jesús es mucho mayor que el poder de Satanás.

La gloria de Dios, o su presencia, expone la condición espiritual de un individuo.

La liberación de Eugenio fue difícil y llevó tiempo, pero su vida fue transformada por completo. Hoy él ve en mí y en mi esposa un padre y una madre espiritual, y es un instrumento que Dios usa para salvar almas; ora por los enfermos y echa fuera demonios. Dios lo sanó, y ahora Eugenio usa su vida para sanar a otros. Dios lo liberó y ahora él libera a otros. Usted también puede ser un instrumento de Dios, si lo anhela como Eugenio (vea 2 Corintios 4:17).

Cuando hablamos de la gloria o la presencia de Dios, hablamos de transformación. Siempre que he visto la gloria de Dios manifestada, he visto también cambios en la vida de las personas. Muchos anhelan la gloria porque quieren la transformación; otros la rechazan, porque en realidad no desean ser cambiados. Es interesante notar cómo muchas cosas en el mundo cambian, mientras la iglesia prefiere estancarse o retroceder. Nos alejamos de las cosas nuevas que Dios está haciendo, para después darnos cuenta que donde antes había vida, bendición y virtud, nada queda, porque Dios ya no está allí. La nube de su gloria se movió a otro lugar. No nos engañemos. ¡Es muy peligroso quedarse atrás, donde la gloria o la presencia de Dios ya no se manifiesta!

Ahora veamos cómo ocurre la transformación bajo la manifestación de su gloria.

El propósito de la transfiguración de Jesús

Y [Jesús] se transfiguró delante de ellos [Pedro, Santiago y Juan], y resplandeció su rostro como el sol, y sus vestidos se hicieron blancos como la luz. Y he aquí les aparecieron Moisés y Elías, hablando con él... una nube de luz los cubrió; y he aquí una voz desde la nube, que decía: Este es mi Hijo amado, en quien tengo complacencia; a él oíd. (Mateo 17:2–3, 5)

¿Por qué Jesús fue transfigurado? ¿Con qué propósito fue cambiado, si Él era perfecto? Recordemos que Jesús se había despojado de su gloria antes de venir al mundo como ser humano. Por tanto, Él experimentó las mismas tentaciones que cualquiera de nosotros. Tenía un cuerpo mortal y su naturaleza humana era capaz de pecar —de lo contrario, la tentación no hubiera tenido sentido—. Jesús, hasta el momento de su transfiguración, había operado bajo la unción del Espíritu Santo, pero su transfiguración les mostró a sus tres discípulos la gloria que estaría disponible para ellos. Cuando Jesús se transfiguró, ellos pudieron ver a Moisés y Elías junto a Él. Moisés representa la Torá (la ley) o el *logos* (la Palabra escrita); Elías representa el poder, la iglesia y la palabra *jréma*; la nube representa la gloria; y Jesús representa el reino, la gloria primera, y por su resurrección, la gloria postrera. (Discutiremos la gloria primera y postrera en el capítulo 12).

En esencia, Jesús les reveló a sus tres discípulos que Él traería su reino, su poder y su gloria. ¿Cómo supieron los discípulos que las dos figuras junto a Jesús eran Moisés y Elías? Porque en la presencia de Dios, la gente es conocida como realmente es, sin importar el tiempo que pudieron estar lejos de ellos.

Cuando Jesús se transfiguró, los discípulos lo vieron tal como era por dentro, de forma física, visible y tangible. Por eso mismo, la expresión *transfiguración* revela el hecho que, la gloria de Dios contenida en nosotros no se puede ocultar ni retener. Debe explotar, estallar y vencer la carne.

Somos transformados o transfigurados por la renovación de nuestra mente, y la transformación nunca se detiene. Esto es lo que ocurre cuando pasamos tiempo en la presencia de Dios. Constantemente somos hechos a su imagen. No podemos seguir siendo los mismos que éramos en el pasado.

Si la gloria siempre produce cambios, entonces ahora entendemos por qué muchos creyentes y líderes, al igual que muchos ministerios e iglesias, continúan llenos de religión y se rehúsan a buscar las manifestaciones de la presencia de Dios. La gloria revela verdaderamente quiénes son y la condición de sus corazones, y ellos saben que desde el momento que entren en ella, tendrán que someterse a muchos cambios —incluyendo renovar su mente y carácter, renovar su forma de adorar, su estilo de predicar, y la forma y duración de los servicios en su iglesia; también tendrán que remover todas esas rígidas estructuras que impiden el libre fluir del Espíritu Santo.

---

*Para no tener que lidiar con la gloria,
muchos eligen predicar un evangelio de conformismo,
en lugar de uno de transformación.*

En el Espíritu no se aprende, ¡se sabe! El conocimiento viene al instante, rápido y sin estudio. Con esto en mente, podemos decir que la transfiguración o transformación de Jesús demuestra lo que nosotros podemos experimentar. Muestra que vamos en camino a ser creyentes *transfigurados* por la gloria de Dios. Él trazó el camino para que caminemos en la gloria. Esto no es teoría ni teología abstracta. Es real y puede ser practicada hoy. Está disponible para nosotros, ¡ahora!

En uno de nuestros servicios, mientras cantábamos, descendió el espíritu de adoración. Se lo comuniqué al pueblo y dejamos que éste fluyera con libertad. Ese día adoramos a Dios como por hora y media, sin parar. De pronto, empezaron a ocurrir tres olas de la manifestación de la gloria de Dios: la primera fue de transformación —la gente lloraba y clamaba a Dios arrepentida—; la segunda fue de liberación —la gente empezó a ser liberada sin que nadie la tocara—; y la tercera fue de fuego —la gente comenzó a gritar, "¡Me estoy quemando!"—. Cuando hice el llamado para salvación, muchos pasaron al altar. Yo había preparado para ese servicio un mensaje sólido, pero cuando la presencia de Dios se manifestó, hice a un lado los papeles y me uní a la adoración del pueblo; y su gloria descendió. Al final del servicio, la gente se acercó a comentarme los cambios que habían experimentado. Fue glorioso y fuera de todo protocolo, formato o programa que hubiéramos podido planear.

¿Cómo ocurre la transformación de un creyente?

Porque el Señor es el Espíritu; y donde está el Espíritu del Señor, allí hay libertad. (2 Corintios 3:17)

En los versículos que anteceden a este, Pablo compara la gloria que tuvo Moisés bajo la ley con la gloria de Jesús en el Nuevo Testamento. La gloria de la ley fue vista en el rostro de Moisés, como un resplandor temporal. Pero la gloria del Padre es el rostro de Jesús, cuyo resplandor es permanente. La Palabra nos enseña que *"donde está el Espíritu del Señor, allí hay libertad"*. La palabra *"libertad"* viene del griego *eleudsería*, que significa "libertad sin restricciones, sin regulaciones, normas, leyes ni tradiciones". Jesucristo es el Señor sobre la iglesia, y el Espíritu Santo es el Señor dentro de la iglesia. La libertad dada por el Espíritu Santo nos da poder para hacer lo correcto en la presencia de Dios. No es una libertad para hacer como queramos.

Y todos nosotros, como con cara descubierta, [por-
que] seguimos contemplando [en la Palabra de Dios]
como en un espejo, la gloria del Señor, somos constantemente transfigurados a su propia imagen, en
esplendor creciente, y de un grado de gloria a otro....
(2 Corintios 3:18)[3]

Cuando la gloria de Dios estaba en el rostro de Moisés, él
se cubría con un velo de manera que el pueblo no la viera (vea
los versículos 13–16; Éxodos 34:29–35). Esa gloria era temporal. Sin embargo, ahora tenemos libertad sin restricciones. El
velo ha sido removido, y hoy podemos contemplar continuamente la gloria de Dios en el rostro de Jesús, como si la estu-
viéramos mirando a través de un espejo. Cada vez que miramos
al "espejo", que es su Palabra, se produce un efecto directo y
positivo en nuestros corazones y mentes.

Imagínese de pie frente a un espejo en el cual la imagen
que se refleja es la versión perfeccionada de usted mismo. A
medida que contempla esa imagen, comienza usted a verse
en el Espíritu, tal como Dios lo ve: Su obra terminada, creado
conforme a su imagen y semejanza. Esa experiencia hace que
sucedan dos cosas: (1) Usted comienza a cambiar y a hacerse
conforme a la imagen que ve en el espejo, que es la imagen de
Jesús. (2) Usted comienza a reflejar y manifestar delante de
otra gente la gloria que está en su interior.

Viendo a Jesús cara a cara

¿Podemos ver a Jesús cara a cara hoy? La gente siempre
quiere verlo de forma física, pero ver a Jesús es mucho más que
una simple experiencia visual. Hay cuatro maneras de ver a Jesús:

1. En visiones espirituales

Alguna gente ha visto a Jesús en visiones espirituales, tal
como Él es descrito en los evangelios, pero es la minoría. Por

---

[3] Traducido de la Biblia en inglés *Amplified® Bible* [La Biblia Amplificada].

ejemplo, muchos me han contado que, durante nuestros servicios, han visto a Jesús caminando conmigo en la plataforma o imponiendo manos sobre los enfermos. Algunos lo han visto durante otros aspectos de la manifestación de su gloria. En la Biblia, unos tuvieron visiones espirituales de Jesús, como por ejemplo Juan, en Apocalipsis (vea Apocalipsis 1:9–31).

2. En los registros bíblicos

Si usted no ha visto a Jesús en una visión espiritual, lo puede ver en la Biblia, la cual registra cómo Él caminó entre los hombres por las calles de Jerusalén y los montes de Judá. Allí podemos ver a Jesús predicando el evangelio del reino, sanando a los enfermos, liberando a los oprimidos por el diablo, restaurando la vista a los ciegos y el oído a los sordos, sanando leprosos y resucitando muertos. Saber lo que Jesús hizo debe producir un cambio en nuestros corazones que nos mueva a hacer lo mismo.

De la misma manera, "ver" a Jesús levantarse entre los muertos, con poder y autoridad, y sentarse junto al Padre en su trono celestial, debe originar en nosotros una transformación interna que nos lleve a sentirnos tan hijos de Dios como Él, y a tomar la autoridad que Él ejerce desde el trono. Cuando veo a Jesús operando en lo sobrenatural, me veo haciendo lo mismo. Si yo lo puedo ver y hacer, entonces, ¡usted también puede!

3. Manifestando su poder a través de otras personas

Igualmente, cuando veo a Jesús usar a otros —especialmente a los débiles, desconocidos y con muchos defectos, pero siempre dispuestos y llenos de fe— para hacer milagros, señales y maravillas, siento una transformación tan grande en mi corazón que me inspira a hacer lo mismo. Ver a Jesús sanar o liberar al pueblo a través de otros me anima a creer en el poder de su resurrección, el cual es real y para hoy.

4. ¡Manifestando su gloria por medio de nosotros!

Por gracia, Dios me ha usado para hacer algunas de las cosas que Jesús hizo cuando caminó en la tierra; cosas que otros hombres y mujeres también han sido capaces de hacer. Cada vez que Dios me usa, veo a Jesús resucitado de entre los muertos, y vivo a través de mí, lo cual además me lleva a tener una transformación más fresca y profunda.

Lo que cambia a una persona no es el tiempo que pasa en la iglesia, sino el tiempo que pasa en la presencia de Dios.

No cambiamos a la semejanza de Jesús por ser personas disciplinadas, porque oramos mucho, porque damos nuestros diezmos o porque asistimos a una iglesia todos los domingos. Todas estas cosas son buenas y debemos practicarlas de continuo. Lo que nos cambia es ver a Dios cara a cara en su gloria manifestada. ¡Es en su presencia que somos transformados!

Si tomamos un nuevo creyente y lo exponemos a la presencia de Dios por una hora, y luego lo comparamos a otro cristiano "maduro", que ha conocido a Jesús por diez años, pero nunca ha experimentado la presencia de Dios más allá de la salvación, ¿quién cree usted que se parecería más a Jesús: el nuevo creyente o el creyente "maduro"? Por supuesto, la respuesta es el nuevo creyente, porque estuvo expuesto a la presencia de Dios por mucho más tiempo.

Entrando en la gloria

La gloria nos permite alcanzar naciones, continentes y aun el mundo entero porque, como hemos visto, en el ámbito de la gloria, ya no operan más la fe, los dones ni la medida de unción de hombres o mujeres; es Dios mismo quien hace el trabajo. Además, esto se debe a que la gloria opera en dimensiones. Una dimensión espiritual tiene gran "cobertura" que consta de anchura, longitud, profundidad y altura.

> *...seáis plenamente capaces de comprender con todos los santos cuál sea la anchura, la longitud, la profundidad y la altura....* (Efesios 3:18)

Para ilustrar esto de manera comprensible para todos, veamos lo que ocurre con la industria del cine, la cual constantemente busca aumentar el nivel de realismo en sus películas a fin de darle a su audiencia una experiencia única cada vez que va al teatro. Hace unos años, las películas en tercera dimensión (3-D) comenzaron a hacerse populares. Usando gafas especiales, un simple espectador puede llegar a sentir que está participando activamente en cada escena, y tiene la impresión que puede "tocar" a la gente y los objetos que están en pantalla. En otras palabras, el cine nos ofrece una experiencia con mayor anchura, longitud, profundidad y altura.

Espiritualmente hablando, la gloria de Dios es como una película en tres dimensiones, en el sentido que abre un lugar espiritual para que entremos nosotros. Conocer el amor de Dios significa saber y tener una experiencia con Él; es entrar en su presencia y hacerse parte de Él. Es más que estudiarlo o verlo de lejos; significa participar activamente en su vida. Dios no puede ser entendido con nuestro intelecto; sólo lo entenderemos verdaderamente cuando tengamos una experiencia con Él. Incluso si nuestra mente no logra entenderlo, sentiremos que estamos dentro de Él —que estamos en Él— y que formamos parte de Él. ¡Entonces ya no sólo correremos sino también saltaremos de una dimensión a otra!

La unción opera en niveles o medidas, pero la gloria opera en dimensiones.

Anchura y longitud: expanda su vista espiritual y vea estadios llenos de gente buscando a Dios. Vea a miles de jóvenes corriendo hacia Jesús. *Profundidad y anchura:* extienda sus brazos y alcáncelos... y entonces ¡tóquelo a Él!

Cuando la iglesia opera bajo la gloria, hay un aceleramiento espiritual en calidad y cantidad —el carácter de la gente es transformado, el ministerio crece, las finanzas aumentan y el tiempo es redimido—. Todo se acelera y el tiempo de espera disminuye. Esto sucede porque Dios está operando desde una dimensión donde no existen las variables del tiempo, espacio ni materia. En otras palabras, lo que bajo la unción nos tomaba diez años para terminar, sólo nos tomará un año, un mes, o quizá un día bajo la gloria. De un día al otro, Él puede enriquecer al justo; y éste a su vez puede invertir sus riquezas en el reino. Recuerde la multitud de esclavos judíos que vivieron en Egipto durante cuatrocientos años —la mayor parte del tiempo pobres y sin tierra—, al ser liberados fueron hecho ricos en un día. Dios les dio gracia y favor con los egipcios, de manera que quienes antes los oprimían les entregaron sus riquezas en oro, plata y vestimenta (vea Éxodo 12:35–36). De la misma manera, si bajo la unción a un pastor le toma cinco años para tener una congregación de doscientos miembros, bajo la gloria le podría tomar un día añadir mil, como sucedió el día de Pentecostés, cuando en un día tres mil fueron añadidos a la iglesia (vea Hechos 2).

Dios hará lo mismo por su pueblo hoy. El tiempo es ahora; ¡usted también puede entrar en una nueva dimensión de gloria! Al hacerlo, notará que la gloria no es sólo una "experiencia" para disfrutar sino una transformación que nos permitirá ministrarle a otros de manera increíble. Jesús nos enseñó a orar diciendo, "Padre nuestro", no "Padre mío". Él vino a la tierra a mostrarnos cómo llevarles a otros la salvación, sanidad y liberación, tal como Él lo hizo. Seamos transformados a su imagen "en esplendor creciente" (2 Corintios 3:18).[4]

EXPERIENCIAS CON DIOS

- Haga una lista de las áreas de su vida donde sienta que se ha estancado espiritualmente, donde se ha conformado al mundo, y donde sienta que hay obstáculos que impiden su transformación. Entrégueselas al Señor en oración, pida que su gloria se manifieste y esté a la expectativa de ser transformado.

---

[4] Traducido de la Biblia en inglés *Amplified® Bible* [La Biblia Amplificada].

- ¿De qué formas ha "visto" a Jesús: (1) en visión espiritual, (2) en la Biblia, (3) obrando a través de otras personas y/o (4) obrando a través de su vida? Escriba esas formas, y pídale a Dios que le inspire, por medio de ellas, a hacer lo que Jesús hizo y a buscar su gloria y poder para cumplirlas.

9

El proceso de nuestra transformación

Cuando entramos en la presencia de Dios, somos cambiados y transformados; encendidos con pasión espiritual para hacer su obra y expandir su reino por todo el mundo. Sigamos observando el proceso de nuestra transformación, regresando al versículo que vimos en el capítulo anterior.

> ...[porque] estamos siendo continuamente transfigurados [*"transformados"*, RVR] a su propia imagen, con esplendor cada vez mayor, y de un grado de gloria a otro; [pues esto proviene] del Señor [quién es] el Espíritu.   (2 Corintios 3:18)[5]

El verbo "transfigurados" o *"transformados"* aparece en una acción de presente continuo, lo cual nos indica que continuamente estamos siendo transformados y nos estamos moviendo de gloria en gloria. Entonces podemos preguntar, "¿Qué dimensiones o ámbitos de la gloria existen, que todavía no entendemos, y a los cuales no hemos podido entrar?". ¡Es una idea emocionante! Percibo en mi espíritu que existen varias dimensiones de conocimiento revelado, tales como milagros creativos, señales y maravillas, que la iglesia todavía no ha conocido. Sin embargo, también percibo que ha de llegar el día cuando, por ejemplo, el creyente "promedio" entrará a un hospital y todos los enfermos serán sanados.

¿Cómo puedo decir esto? He experimentado una dimensión espiritual en la cual todos los enfermos se han sanado. Sólo una vez he entrado en esa dimensión, cuando visité Cuba.

---

[5] Traducido de la Biblia en inglés *Amplified® Bible* [La Biblia Amplificada].

Más de ochocientas personas llegaron a esa reunión, y todos los enfermos regresaron a sus hogares sanos. Dios me permitió experimentar una prueba de esa dimensión y yo continuaré buscándola hasta que suceda nuevamente.

Dimensiones de la gloria

¿Cómo entramos en una dimensión que nunca antes hemos conocido? ¡Por revelación! Los profetas de Dios son portadores de su revelación y ellos nos traen el conocimiento de estos ámbitos de la gloria de Dios. Por ejemplo, existen dimensiones de intercesión y guerra espiritual que todavía no entendemos, pero creo que llegará el día cuando sólo una palabra bastará para ganar una ciudad para Cristo. Creo que hay dimensiones que nos permitirán tener dominio sobre las fuerzas de la naturaleza, tales como el clima y el fuego. Yo anhelo esas dimensiones.

Me atrevo a creer que hay dimensiones de milagros creativos en el área de la mente, en las cuales niños y adultos serán sanados instantáneamente de condiciones mentales. A su debido tiempo veremos que crecen partes del cuerpo que antes faltaban —brazos y piernas que fueron amputados o que nunca existieron por algún problema de nacimiento—. Otra dimensión incluye el área de la resurrección de los muertos. Aunque las resurrecciones han ocurrido en casos aislados, creo que pronto llegará el día en que esa dimensión de gloria le parecerá normal a para cualquier creyente. ¡Digo estas cosas porque quiero despertar en ustedes el deseo de buscar la gloria!

El Pastor Félix Orquera, de Iquique, Chile, está bajo la cobertura de nuestro ministerio y ha visto cómo la membrecía de su iglesia se ha triplicado en los últimos tres años. También está experimentando un rompimiento significativo en su congregación en las áreas de sanidad, milagros y maravillas. Hace poco tiempo, compartió lo siguiente conmigo:

> Una hermana en Cristo de nuestra congregación, recibió una llamada de un familiar informándole que su hermano había sufrido un ataque al corazón y había

muerto. De inmediato recordó las palabras de osadía que yo le había impartido, después de recibirlas del Apóstol Maldonado. Ya tenía dos horas de haber muerto su hermano. Sin embargo, ella le pidió al familiar que la llamó que pusiera el teléfono al oído del cuerpo de su hermano. La mujer comenzó a orar con osadía y valentía y entonces declaro, "Te ordeno que te levantes y vivas, ahora, ¡en el nombre de Jesús!". De repente, comenzó a escuchar gritos que venían de la gente que estaba con su hermano. ¡El hombre comenzó a moverse y se sentó en la cama como si nada hubiera sucedido! Los médicos todavía no entienden lo que pasó. Después de algunos exámenes médicos para chequear el estado de su corazón, su sorpresa fue mayor, pues no pudieron comprobar que hubiera sufrido un ataque al corazón. Desde el punto de vista médico, no entienden cómo ese hombre ahora está vivo y, además, saludable.

Ese hombre está vivo —gloria a Dios—, porque hay personas que han experimentado la intimidad con Dios y han aprendido a hacer uso del denuedo para hacer obras impresionantes, como ésta.

Otro ámbito de la gloria es lo que yo llamo "cielos abiertos". Cuando estamos bajo cielos abiertos, podemos ir a lugares públicos y conocer las condiciones específicas de ciertas personas, ciudades o naciones. También está la dimensión de la provisión sobrenatural, en la cual Dios desata riquezas de un día para otro, como mencioné anteriormente. En esta dimensión, se ven las transferencias de riquezas, de los gentiles a los hijos de Dios (vea Proverbios 13:22). También hay una dimensión que tiene que ver con la salvación de las almas, en la cual los perdidos correrán hacia los creyentes, a las iglesias y a los ministerios. Miles vendrán a entregar sus vidas al Señor. En sólo un día, veremos aun millones entregar sus vidas a Jesús.

Muchos años atrás, el apóstol Ronald Short —un hombre a quien admiro mucho y quien fue mi padre espiritual cuando comenzaba mi ministerio—, tuvo una experiencia impresionante con la gloria de Dios. Aquí está lo que dijo acerca de su experiencia:

> Cuando recibí a Jesús como mi Salvador, me apasioné por la Palabra, y Hebreos 6:5 cautivó mi atención: "...*asimismo gustaron de la buena palabra de Dios y los poderes del siglo venidero*". El Señor me dijo, "Te mostraré cómo esto podría ser posible". En las dos semanas que siguieron, caminé en un ámbito increíble de lo sobrenatural. Los dones del Espíritu Santo (1 Corintios 12) empezaron a fluir a un nivel más alto. Mis oraciones eran contestadas, aun antes de terminar mi petición. Con sólo entrar a un edificio podía percibir si cierta persona estaba allí. Cuando alguien se paraba ante mí, me era fácil percibir todo lo que le había sucedido a esa persona, lo cual me daba la oportunidad de ministrarle. Pude leer todo el Nuevo Testamento en una sola tarde y entenderlo por completo. Cuando visité una librería cristiana, con sólo tocar los libros sabía cuáles fueron escritos por personas que *sabían de* Jesús y cuáles por aquellos que *conocían a* Jesús, porque de los últimos fluía una unción continua. Entendía los pensamientos espirituales de la gente. Cualquier pensamiento relacionado con Jesús y su Palabra me era claro y reconocible; el resto era como un ruido causado por la estática. Después de dos semanas, la cortina comenzó a cerrarse, y hasta hoy, excepto por algunos momentos esporádicos, nunca he podido experimentar nuevamente ese ámbito, a ese nivel.

Creo que ahora estamos entrando en una dimensión de gloria, la cual llegará a ser algo normal para los hijos de Dios: caminar en lo sobrenatural, de forma diaria y continua.

La voluntad de Dios debe ser revelada; de lo contrario, no puede ser hecha en la tierra.

"Transformados... de gloria en gloria" (2 Corintios 3:18). La Palabra nos ayuda a entender que somos transformados de "un lugar a otro", o que avanzamos de una dimensión a otra. El inicio no está enfatizado; es algo que ya fue —una actividad constante que va de un punto a otro y de una dimensión a otra—. Por eso es que la gloria de Dios es un movimiento. La Biblia lo confirma cuando dice que la nube *shekina* del Señor continuamente se movía en el desierto. Esta actividad la produce el Espíritu Santo. De hecho, cada manifestación de la gloria se le atribuye a Él.

Cuando caminamos bajo la nube de gloria, estamos en continuo movimiento, y no nos cansamos. El pueblo de Israel caminó continuamente a través del desierto, pero nadie se quejó de cansancio. La sombra de la nube los protegía del sol durante el día, y el pilar de fuego les proveía luz y calor por la noche (vea Éxodo 13:21). Dios le dijo a Moisés que levantara un tabernáculo móvil en el desierto. Esto nos indica que si deseamos movernos con la gloria de Dios, no podemos hacerlo con una mentalidad de afincarnos en una experiencia en particular, de echar raíces o sentir que "ya lo logramos". Más bien, nuestra mentalidad tiene que ser de constante movimiento para poder ir de una dimensión de gloria a otra.

Pasando de una dimensión de gloria a una dimensión mayor

Dios tiene diferentes formas de llevarnos de una dimensión a otra. Veamos dos de esas formas:

1. Dios permite tribulación, pruebas y persecución

*Porque esta leve tribulación momentánea **produce en nosotros un cada vez más excelente y eterno peso de gloria**.* (2 Corintios 4:17)

Dios obra en medio de las tribulaciones, las pruebas y persecuciones, para llevarnos a nuevas dimensiones de gloria. No digo que Dios nos envía tribulación, pero cuando éstas llegan,

Él las usa para manifestar su gloria. Recuerde que uno de los significados de la palabra *kabód* (gloria) es "peso". He ministrado en servicios donde la presencia o el *kabód* de Dios se manifiesta, y aun la persona más delgada en el lugar parece aumentar tres veces su peso en menos de un segundo. Esto explica por qué los ujieres a veces no son capaces de sostener a una persona que cae bajo el poder del Espíritu Santo —por su *kabód*—. Algunos han reportado que sus manos, cabeza o piernas se sienten muy pesadas. El peso de la presencia de Dios se siente o se experimenta de diferentes formas.

Cada dimensión de gloria contiene una medida de peso de la esencia de Dios.

La tribulación temporal, por tanto, produce un mayor peso de gloria en nosotros. Medite en la siguiente ilustración: si entramos a una tribulación con "diez kilos" de peso de gloria (tenga en mente que esto es sólo un ejemplo, porque la gloria no puede medirse en kilos), y aprendemos a regocijarnos en medio de esa tribulación, llegaremos al otro lado de la dificultad pesando "veinte kilos" de gloria. En medio de la crisis, es necesario morir al yo —al ego—, y humillarnos; sin embargo, éste es el momento donde tenemos que aprender a depender más de Dios. Este proceso nos libera del yo, de la rebelión y de esfuerzos religiosos, permitiéndole a Dios ser Señor en medio de toda circunstancia. Debemos regocijarnos en nuestras tribulaciones, porque ellas producen *"en nosotros un cada vez más excelente y eterno peso de gloria"*. Así es como Dios manifiesta su gloria que está en nosotros. Por el contrario, si nos quejamos o caemos en autocompasión, retrocederemos y nunca alcanzaremos esa nueva dimensión de su gloria.

2. Dios usa la revelación o el conocimiento revelado

Porque en él [el evangelio] *la justicia de Dios se descubre* ["*se revela*", RVR] *de fe en fe....* (Romanos 1:17, RVA)

Observe cómo se describe el movimiento en el versículo anterior. Es la revelación o el conocimiento revelado, lo que nos lleva *"de fe en fe"* y de gloria en gloria. La característica inherente a todos los movimientos es que nos transportan de un lugar a otro. De esa manera, ni nuestra fe ni la gloria pueden estancarse. Si eso sucede, es porque no hay revelación para movernos hacia adelante.

Como vimos antes, nuestra fe se mantiene en el mismo nivel donde termina el conocimiento revelado. Otras dimensiones de fe, gloria y milagros nos esperan. Sin embargo, cuando falta el conocimiento revelado, nos "estancamos" sin saber adónde ir ni adónde el camino nos llevará. Aun cuando sabemos que Dios tiene nuevos territorios, revelaciones y manifestaciones para nosotros, nos falta la habilidad para alcanzarlos.

¿En qué dimensión de gloria se encuentra en este momento? ¿Está "estancado" allí, deseando entrar en una nueva dimensión? ¿El crecimiento de su iglesia o ministerio se ha detenido? ¿Ha dejado de crecer en su negocio? Hoy, Dios le invita a entrar en su nube —en una nueva dimensión de su gloria. Él desea darle un mayor peso de su *kabód*, uno que jamás ha experimentado. Libérese de toda rigidez y comience a moverse. Eche fuera toda religión. Sacúdase de toda apatía y formalidad, y decida entrar bajo la nube de su presencia para que pueda experimentar una nueva dimensión de su gloria. Le reto a que con sinceridad busque otras dimensiones de la gloria de Dios, a medida que recibe la revelación de ellas.

Nuestra medida de fe siempre estará determinada por el grado de revelación que tenemos.

Hace unos años atrás, nuestro ministerio estaba ubicado en un centro comercial. Sin embargo, de repente nos vimos en la necesidad de buscar un lugar más amplio porque el que teníamos ya era demasiado pequeño para la cantidad de personas que asistían a nuestros servicios. Por una profecía, vino la revelación que compraríamos una sinagoga en la cual tendríamos nuestros servicios. Tuvimos que dar un salto hacia una dimensión mayor de fe para comprar la sinagoga, la cual tenía capacidad para mil personas.

Pero el crecimiento no se detuvo. Nos multiplicamos tan rápido que en poco tiempo enfrentamos un reto mayor —nuevamente tuvimos que dar otro salto de fe y comprar un terreno, y construir un edificio que costó más de veintisiete millones de dólares—. Una amiga profeta desató una palabra específica relacionada con la ubicación del terreno y los milagros que allí haría Dios. En base a su palabra, tomamos la acción correspondiente. Ella dijo que el terreno estaba cerca a un aeropuerto, y que en la parte de atrás había un lago hecho por manos de hombre. Junto a mi esposa y otros ministros de la iglesia, buscamos por toda la ciudad dicho lugar, con el fin de prepararnos para dar el salto de fe, hasta que finalmente lo encontramos. La revelación nos llevó a dar ese salto, que humanamente hubiera sido imposible, pero cuando el Espíritu Santo confirmó que ése era el lugar, comenzamos a caminar alrededor de él, tomando posesión de ese terreno en el Espíritu.

Saltar a otras dimensiones de fe no es una teoría. Yo lo he hecho —no por mi habilidad, fe ni poder míos, sino con la revelación, fe y poder de Dios—. Experiencias como las que tuvimos con los edificios de nuestra iglesia, son las que nos levantan y animan a dar el próximo salto sobrenatural. Saltamos de una dimensión de fe a otra mayor. La revelación es lo que nos lleva a creer, y a recibir.

La revelación induce, activa y acelera el movimiento espiritual.

Dios nunca guiará a su pueblo a entrar en otra dimensión, hasta que Él le dé dos cosas: revelación y provisión. Nosotros compramos el terreno y comenzamos a edificar de acuerdo a la palabra de Dios, la cual fue desatada progresivamente por medio de sus profetas. Hoy en día, el edificio donde nos reunimos a adorar a Dios tiene un valor actual de casi cincuenta millones de dólares. Como dije antes, la manifestación de la gloria de Dios acelera las cosas. Fuimos testigos de ese aceleramiento cuando edificamos la iglesia en sólo veintiocho meses —una hazaña poco común en lo secular, y aun más inusual en el ámbito cristiano—. Sabemos que la visión de Dios trae su provisión; tal como escribí antes, construimos el edificio libre de deudas. Todos los gastos se pagaron al contado, ¡sobrenaturalmente!

Ahora estamos listos para saltar una vez más a una nueva dimensión de fe y de gloria. Estamos en la etapa de planificación para construir un estadio con capacidad para veinte mil personas y éste también se hará sin deuda. Un dia, mientras estaba en la presencia del Señor, recibí una revelación divina en la cual el Señor me dijo, "Quiero que busques el terreo para la nueva arena". También especificó que el terreno me costaría menos que la mitad de su valor actual. Poco después, un profeta confirmó la misma palabra que Dios me había dado en la intimidad y en comunión con Él. Inmediatamente comencé a buscar el terreno, preparándome para dar un salto de fe, y encontré 102 hectáreas en un lugar excelente. El terreno estaba valorado en diecinueve millones de dólares, pero lo compramos por sólo 6.2 millones, ¡la *tercera parte* de su valor original! Como afirma la Escritura, el Señor *"es poderoso para hacer todas las cosas mucho más abundantemente de lo que pedimos o entendemos..."* (Efesios 3:20).

Un peso de gloria no apropiado para todos

Entonces Jehová dijo a Moisés: He aquí, yo vengo a ti en una nube espesa, para que el pueblo oiga mientras yo hablo contigo, y también para que te crean para siempre. (Éxodo 19:9)

Dios le habló a Moisés desde una nube. La gente podía escuchar, pero no entrar en la nube porque, de haberlo hecho, hubieran muerto inmediatamente. Sólo Moisés podía entrar; por eso, tuvo que edificar un tabernáculo para hablar con Dios (vea Éxodo 33:7–11). Me imagino a Moisés cayendo de rodillas por el peso del *kabód*. Es posible que tuviera dificultad para respirar ante tal peso. Sin embargo, al salir del tabernáculo, su rostro resplandecía por el fuego de la presencia de Dios. Su energía había sido renovada y su cuerpo revitalizado, porque el peso de la gloria de Dios siempre fortalece, nunca desgasta.

Pocas personas tienen acceso a esa atmósfera porque la mayoría no está capacitada para eso. Muchos de los israelitas en el tiempo de Moisés deseaban las obras de Dios, pero no los caminos de Dios. Querían sus beneficios —salud, liberación y otros— más no a Dios. No querían pagar el precio de vivir en el fuego, porque hacerlo requería vivir en santidad. ¿Es triste, verdad? En lugar de eso, le dijeron a Moisés, "Ve *tu* y habla con Dios por nosotros" (vea Éxodo 20:18–21). La atmósfera de gloria es sólo para los que tienen hambre y sed de Dios, para los que continuamente entran en su presencia, santificando y purificando sus corazones con la sangre de Jesús. Es interesante notar que la mano derecha de Moisés, Josué, se quedaba en el tabernáculo, en la presencia de Dios, aun después que Moisés salía. Sus experiencias en la presencia tuvieron que haber causado un impacto tan grande en él, que lo prepararon para ser el próximo líder de los israelitas, quien los entraría en la Tierra Prometida (vea Éxodo 33:11).

Hay dimensiones de la gloria de Dios que pocos humanos pueden soportar.

Smith Wigglesworth, un evangelista británico de principios del siglo veinte, fue conocido como el Apóstol de la Fe. Él invitó a varios pastores y amigos a orar con él. Cuando estaban reunidos, adoraron al Señor y su presencia descendió con tanto poder que la atmósfera se sintió pesada; uno por uno se iban porque no podían soportarla. Sólo un pastor decidió quedarse un rato más que los demás, pero cuando el peso resultó ser demasiado para él, también se fue, no sin antes pedirle a

Wigglesworth que lo invitara nuevamente. En la próxima reunión, ocurrió lo mismo. La gloria de Dios llenó aquel lugar y el pastor sentía que iba a explotar. En efecto, dijo, "Pocos hombres pueden soportar este tipo de atmósfera".[6]

Yo anhelo un *"más excelente y eterno peso de gloria"* (2 Corintios 4:17), porque solo eso puede cambiar familias, ciudades y naciones. Hace un tiempo atrás, fui invitado a ministrar en Cochabamba, Bolivia, donde aproximadamente 3.500 pastores y líderes se reunieron. El último día de la reunión, el Espíritu Santo me llevó a enseñar y guiar a la gente a tener un encuentro con su gloria. Después de la enseñanza, la presencia de Dios se manifestó, y todos comenzaron a clamar. Cada persona allí fue tocada por la presencia de Dios. Escuché a algunos clamar perdón por sus pecados y pedirle a Dios que les permitiera moverse en lo sobrenatural, mientras otros expresaban solo su deseo de servirlo. Todos clamaban de acuerdo al deseo de su corazón.

En medio de ese movimiento, Dios transformó los corazones de todos los líderes que estaban presentes en aquella reunión. La prueba es que tomaron todo lo que recibieron y lo compartieron con sus propias congregaciones. Además, ocurrieron milagros y sanidades impresionantes. Una mujer que fue diagnosticada con cáncer terminal llegó a la conferencia en camilla. Al ser expuesta a la gloria de Dios, ¡se levantó completamente sana! Una mujer indígena, que ni siquiera hablaba español, llegó al lugar con un tipo de sarpullido en la piel. Tenía forúnculos terribles que cubrían todo su rostro. En su desesperación por buscar una cura para su mal, había consultado con todos los brujos de la región, pero nadie la pudo ayudar. Cuando la presencia de Dios cayó sobre ella —sin que nadie la tocara ni le tradujera lo que decíamos— todos los forúnculos desaparecieron y ella recibió su sanidad. Desde la plataforma gritaba en Quechua —el dialecto propio de su región—, "¡Gracias, Papi! ¡Lo que los brujos no pudieron hacer en años, tú lo has hecho!".

---

[6] Vea George Stormont, *Smith Wigglesworth: A Man Who Walked with God* (Tulsa, OK: Harrison House, 2009), 70, y Peter J. Madden, *The Keys to Wigglesworth's Power* (New Kensington, PA: Whitaker House, 2000), 130–32.

El peso de gloria era tan fuerte que todo mi equipo comenzó a llorar. Los músicos cayeron bajo el peso de la presencia de Dios; nadie se pudo quedar de pie. Yo duré más tiempo de pié, pero también tuve que arrodillarme porque me fue imposible quedarme parado. Los 3.500 líderes reunidos en ese edificio fueron profundamente impactados por la gloria de Dios.

La gloria de Dios desata y produce algo en el corazón del pueblo, que no puede recibirse a través de enseñanzas, lectura de libros, oyendo mensajes en CD, o recibiendo la unción por imposición de manos —aunque todo eso es bueno hacerlo y nos encamina hacia la gloria—. Lo que desata la gloria de Dios sólo se puede recibir en su presencia. Allí, el ADN espiritual del pueblo es revivido. Su visión se expande y una pasión por el reino y por las almas se enciende dentro de ellos. La gloria desata empatía y amor por otros, a medida que genera celo santo por hacer su voluntad. Sobre todo, la sed por buscar el rostro de Dios y conocerlo íntimamente aumenta exponencialmente en el pueblo. Si verdaderamente queremos ser cambiados y transformados, tenemos que atrevernos a entrar en su presencia y quedarnos en su mover, de gloria en gloria, sin parar ni quedarnos estancados.

¿Cómo debemos responder a la gloria de Dios?

Para experimentar una transformación continua, también tenemos que saber cómo responder cuando la gloria de Dios se manifiesta. No existe una fórmula, método o manual sobre el tema. Sin embargo, puedo compartirles lo que he aprendido y testificar de lo que he vivido y experimentado cuando he entrado en su presencia.

La forma más efectiva de responder cuando la presencia de Dios se manifiesta es adorarle y rendirse totalmente a Él.

Si nos negamos a responder cuando Dios nos visita, seremos juzgados. A veces la presencia viene para sanar o liberar, y la gente lo reconoce, pero nada hace al respecto —no responden en fe—. Aunque Dios actúe de acuerdo a su soberana voluntad, nuestra respuesta debe ser adorarlo y decirle, "Señor, recibo mi sanidad. Recibo mi liberación". Tenemos que responder cuando viene su presencia. A veces, nuestras actitudes indebidas se reflejan en nuestro lenguaje corporal. Por ejemplo, cruzamos los brazos cuando sólo queremos observar y no participar de lo que sucede a nuestro alrededor. Nuestras expresiones pueden reflejar indiferencia o falta de reverencia. Podemos hablarles a otros, aun sin querer, y desenfocarlos de lo que Dios está haciendo. En ocasiones como estas, contristamos al Espíritu Santo, porque su presencia es un regalo que escogemos ignorar o rechazar. Dios no se manifiesta donde es "tolerado". Él viene donde es celebrado.

> *Y despertó Jacob de su sueño, y dijo: Ciertamente Jehová está en este lugar, y yo no lo sabía.*
>
> (Génesis 28:16)

Jacob no sabía que la presencia de Dios estaba con él. No la había percibido. Lo mismo sucede hoy en día con muchos creyentes. He estado en servicios donde la presencia de Dios era tan ponderosa que todos en la iglesia lloraban, se postraban y humillaban ante el peso de su gloria, mientras otros no tenían la más mínima idea de lo que sucedía a su alrededor. Ellos no sabían que la gloria de Dios estaba presente.

¿Es posible estar en un lugar donde la gloria de Dios está presente y no saberlo? Sí, es posible. Como ya vimos, le sucedió a Jacob. ¿Por qué? Existen muchas razones, pero casi siempre la razón es el pecado, la amargura, el resentimiento y la falta de perdón. O quizás es que estamos tan envueltos en nuestros propios problemas que nuestra percepción espiritual está completamente apagada. Tenemos que mantenernos sensibles al mover del Espíritu Santo. La próxima vez que reconozcamos su presencia, debemos responder en fe y adoración. Cuando Jacob entendió que Dios estaba con él, marcó el lugar, edificó un altar y lo ungió con aceite (vea Génesis 28:18).

Permítame compartirles lo que he experimentado en la presencia de Dios: a veces, lloro; otras veces, quiero correr entre la congregación e imponer manos para sanidad. En otros momentos, deseo predicar o profetizar, liberar al pueblo de opresiones demoníacas o ministrar milagros. Los predicadores casi siempre quieren cumplir una agenda, un programa predeterminado, para el servicio de la iglesia. Sin embargo, esa no debería ser nuestra actitud cuando estamos en la gloria de su presencia. Como sólo Dios es quien toma la iniciativa, nuestra respuesta debe ser adorar, adorar y continuar adorando, y obedecer todo lo que Él quiere que nosotros hagamos. Debemos aprender a descansar en su soberanía, seguir el fluir o dirección de su presencia, y permitir que Él obre. Nuestra prioridad siempre debe ser permitir que su gloria se manifieste. Si Dios, en su soberanía, escoge no tomar alguna acción en particular, entonces —y sólo entonces—, debemos armarnos de fe y unción y hacer lo que sabemos que Él quiere que hagamos siempre: predicar el reino, sanar a los enfermos y liberar al cautivo.

Dios lo ungirá para todo lo que Él quiere que haga, pero en la nube de su gloria Él hará sus propias obras.

Dios está levantando una nueva generación de hombres y mujeres, de todas las edades, que sepan como para responder a su presencia. Esta generación tendrá sed por ver su gloria manifestarse en la tierra. La oscuridad en el mundo incrementa cada día más y la maldad se multiplica, pero la manifestación de Dios en la tierra también se hará más poderosa y de mayor peso a medida que pasa el tiempo. Creo que veremos esto con nuestros propios ojos. Ésta es una generación gloriosa que impactará al mundo y recogerá la cosecha más grande de almas que jamás se haya visto. Ciudades y naciones enteras serán sacudidas por su gloria y reconocerán a Jesús como Señor y Salvador. Las manifestaciones más increíbles de su presencia —por medio de milagros, señales y maravillas— serán vistas por millones alrededor del mundo, en un instante.

¿Está usted dispuesto a ser transformado y ser parte de esta nueva generación? Si su respuesta es afirmativa, Dios se hará cargo de todo, porque Él no quiere que usted pierda su tiempo siguiendo normas religiosas. Él desea que disfrute la dimensión más alta de su gloria.

Ciertamente, ningún cambio es fácil; por el contrario, casi siempre es difícil y doloroso. Pero si es necesario para entrar en una nueva y más grande dimensión del *kabód* de Dios, entonces yo lo deseo. ¿Desea ser cambiado bajo la gloria de Dios? ¡Decídase ahora mismo, y atrévase a ser transformado para poder empezar a saltar de gloria en gloria!

EXPERIENCIAS CON DIOS

- Prepare su cuerpo y espíritu, ayunando y orando, para ser cambiado por Dios. No se conforme al mundo o a sus circunstancias.

- ¿Qué revelación de las dimensiones de la gloria de Dios piensa que es la más importante para usted? Comience a pedirle a Dios mayor revelación para que pueda entrar en ella.

- Permita que sus amigos, seres queridos, hermanos y hermanas en Cristo vean su transformación, pero sobre todo, permita que su transformación sea vista por los incrédulos.

10

Creando una atmósfera de adoración para traer su presencia

Uno de los mayores obstáculos para ver la demostración del poder sobrenatural de Dios, que he encontrado en diversos lugares del mundo donde he predicado, es que no existe una atmósfera espiritual para que la gloria o su presencia se manifieste. En ocasiones como esas, es difícil para mí predicar la Palabra, porque los corazones de la gente no están sensibles para recibirla. Si la atmósfera espiritual está dura, la gloria no desciende, y como consecuencia, pocos milagros y sanidades ocurren.

Una atmósfera espiritual dura o difícil puede ser el resultado de una alabanza y adoración pobre. Cuando las personas no están adorando a Dios en espíritu y verdad continuamente, no pueden crear la atmósfera para traer su presencia. En este capítulo, quiero mostrarle cómo crear una atmósfera espiritual de adoración para que la gloria se manifieste, y para que ocurran milagros, señales y maravillas. Aprenderemos cómo convertirnos en lo que la Biblia llama *"verdaderos adoradores"* (Juan 4:23) —algo que no se puede lograr sólo cantando bien—. Necesitamos revelación de lo que es la genuina adoración.

Empecemos examinando la naturaleza de la alabanza y la adoración que dan la bienvenida a nuestro Señor y Rey en medio de nosotros. Mucha gente no entiende la diferencia entre alabanza y adoración. Para ellos sólo es música; piensan en la alabanza como canciones rápidas, y en la adoración como canciones lentas, las cuales se presentan como preámbulo a la prédica de la Palabra. Pero la alabanza y la adoración son mucho más que eso.

¿Qué es alabanza?

Enfoquémonos en dos aspectos principales de la alabanza, al definirla: (1) la alabanza es proclamación, y (2) la alabanza es sacrificio.

1. La alabanza es proclamación

Alabar es declarar las grandes y poderosas obras de Dios. Se expresa cantando, tocando instrumentos musicales y dando gritos de júbilo, así como con diferentes posturas del cuerpo, que incluyen el aplaudir, levantar las manos y danzar. Las crónicas del gobierno del Rey David relatan su manera extravagante de alabar al Señor (vea, por ejemplo, 2 Samuel 6:12–23). El problema con nuestra alabanza hoy en día es que no ascendemos lo suficientemente alto.

2. La alabanza es sacrificio

Así que, ofrezcamos siempre a Dios, por medio de él, sacrificio de alabanza, es decir, fruto de labios que confiesan su nombre.   (Hebreos 13:15)

La palabra griega para *"sacrificio"* es *dsusía*, que realmente se refiere a una víctima —es un sacrificio—. Todo sacrificio implica muerte. En este caso, la víctima para el sacrificio es la carne o ego. Alabar a Dios requiere siempre un sacrificio, porque es algo que va más allá de nuestras fuerzas, conveniencia, deseo y comodidad. Para alabar a Dios, debemos matar dentro de nosotros todo lo malo, lo que no es de Dios, como la apatía, el orgullo, el egoísmo, la preocupación, el miedo, los malos pensamientos, o cualquier otra cosa que nos impida expresar de todo corazón su grandeza. Nuestro sacrificio desata el mover del Espíritu Santo, quien viene a ayudarnos. Cuando el espíritu de alabanza viene, alabar deja de ser un sacrificio, como era al comienzo. A partir de ese momento, nadie tiene que forzarnos a alabar a Dios, porque nuestra alabanza se vuelve espontánea.

Muchos prefieren que sea un hombre o mujer de Dios quien les imponga manos para recibir sanidad o liberación, porque no quieren pagar el precio de alabar, adorar o sacrificar la carne hasta que Dios los toque. Sin embargo, si queremos vivir a la vanguardia de lo que Dios está diciendo y haciendo, si deseamos vivir en bendición constante, o si queremos estar en fuego permanente por Él, el sacrificio de alabanza debe convertirse en parte esencial de nuestro estilo de vida. Cuando experimentamos períodos difíciles —cuando la vida se llena de contratiempos, problemas financieros o enfermedades—, puede que no tengamos muchos deseos de alabar a Dios. Pero, ése es precisamente el tiempo cuando Dios nos pide presentarle sacrificio de alabanza —fruto de labios que confiesen su nombre— (vea Hebreos 13:15). Hoy lo reto a avanzar un paso en su caminar cristiano y empezar a presentar tales sacrificios de alabanza a su Rey y Señor.

¿Qué es adoración?

La adoración es más que una declaración; es una actitud sincera de humildad, reverencia, respeto, y temor del Señor. En nuestra adoración, Jesús debe ser coronado. Él debe ocupar el trono de nuestras vidas —el Lugar Santísimo dentro de nosotros—. Sabemos que la fe es un músculo que crece cuando se ejercita. La adoración trabaja de una manera similar; siempre hay espacio allí para ir más profundo.

La adoración también puede expresarse con una postura física, como inclinar la cabeza o el cuerpo, arrodillarse o postrarse ante el Señor. Si nuestra adoración es sincera y humilde, se volverá algo que va más allá de cantar o hablar con Dios; se convertirá en una actitud que puede ser expresada incluso a través del contacto con otros, como por ejemplo un abrazo, a través del cual transmitimos todo lo que fluye de nuestra relación de adoración con el Padre.

El nivel de adoración de una iglesia determinará su nivel de revelación y manifestación de la gloria de Dios.

Las personas que adoran en espíritu y verdad se abren paso hasta la atmósfera de eternidad, donde el centro de atención ya no son ellos mismos sino Dios. En su presencia, no se preocupan por lo que sienten o experimentan. Saben que Dios requiere adoración, y esa convicción supera toda situación temporal. La adoración no es un sentimiento sino una actitud expresada por uno que sabe que, sin Dios, nada es.

La alabanza es una expresión exuberante, clamorosa y entusiasta, que a menudo incluye muchas palabras y demostración física. Por su parte, la adoración usa pocas palabras —a veces las palabras ni siquiera son necesarias; hay un silencio total—, porque tiene que ver más con el derramar interno de nuestros corazones delante de Dios, pidiéndole que su presencia soberana se manifieste. De una profunda adoración vendrá la guía para el futuro de un individuo, una familia, una ciudad o una nación.

Diferencias entre alabanza y adoración

Para ayudarnos a distinguir mejor entre estas dos maneras de ir delante de Dios, veamos algunas de sus principales diferencias:

- La alabanza se enfoca en proclamar las obras de Dios. La adoración se enfoca en la persona de Dios.
- La alabanza es iniciada por nosotros. La adoración es la respuesta de Dios a nuestra alabanza.
- Alabar es buscar a Dios. Adorar es ser encontrado por Él.
- La alabanza aumenta la unción. La adoración trae la gloria.
- Alabar es como construir una casa para Dios. Adorar es Dios mudándose a vivir a esa casa.
- En la alabanza hablamos *acerca de* Dios. En la adoración le hablamos *a* Dios, y Él nos responde.

- En la alabanza somos conscientes del amor y grandeza de Dios. En la adoración, somos conscientes de su santidad.

- La alabanza es el desfile del Rey. La adoración es su coronación.

La transición de la alabanza a la adoración

Si queremos producir una adoración verdaderamente profunda y sincera, necesitaremos a menudo ascender primero en alabanza vibrante, fuerte y poderosa. Luego, es importante discernir cuándo el espíritu de alabanza se ha retirado, a fin de permitirle al espíritu de adoración que asuma la dirección. Nuestra alabanza y adoración debe ser afín con Aquel a quien deseamos complacer —Dios mismo—. Ésta es la única forma de seguir la guía del Espíritu y evitar perdernos en esfuerzos humanos. He visitado lugares donde el espíritu de adoración está esperando manifestarse, pero la gente sigue alabando. Eso hace que el mover del Espíritu Santo se pierda. Debido a que muchos líderes no han aprendido a reconocer y responder a los impulsos o la guía del Espíritu, frenan a la gente de tener encuentros con las profundidades de la gloria de Dios a través de la adoración.

A su presencia sólo podemos entrar por medio de ambas: alabanza *y* adoración, las cuales trabajan mano a mano. Por tanto, sin importar si adoramos solos o al lado de otros, nuestro enfoque debería ser siempre: alabar hasta que venga el espíritu de adoración, y adorar hasta que la gloria de Dios descienda.

La adoración será tan honda y profunda, como alta, exuberante y poderosa sea la alabanza.

Cuando usted adora continuamente al Señor en espíritu y verdad, puede esperar grandes milagros, como los que ocurrieron en Argentina durante un servicio de sanidad y milagros. Entre las veintidós mil personas que se reunieron oímos testimonios gloriosos. Uno de ellos fue el de una pareja que pasó adelante con su hijo Jeremías, de tres años, quien había nacido con espina bífida. Esa condición afectó los músculos del niño, haciendo que sus piernas se torcieran. No podía apoyar los pies en el piso ni pararse, incluso si alguien lo sostenía de las manos. Además, su condición le causó hidrocefalia (aumento de fluidos alrededor del cerebro), y la necesidad de usar pañales por no poder controlar su vejiga. Para llevarlo al servicio de sanidad y milagros, sus padres tuvieron que viajar dos mil kilómetros al norte, creyendo que el Señor haría un milagro.

Durante la adoración, el niño empezó a ser sanado. Cuando sus padres se dieron cuenta de lo que estaba sucediendo, corrieron hacia la plataforma desde la parte más alejada del estadio, donde estaban sentados. Con la ayuda de doctores y pastores, empezaron a hacerle pruebas a Jeremías. Los padres del niño le quitaron los equipos que los médicos le habían colocado en sus piernitas para enderezarlas, y el niño empezó a dar sus primeros pasos, casi como cualquier niño que está aprendiendo a caminar. Cuando vieron que pudo poner sus pies en el suelo, ellos supieron que sus piernas estaban derechas. Un doctor explicó que éste fue un milagro creativo porque, el hecho que Jeremías se pudiera poner de pie por su cuenta y enderezarse para caminar, era una señal de que sus nervios habían recobrado vida y movimiento. Dios corrigió los defectos en su espina dorsal y nervios, y restauró el funcionamiento normal de sus extremidades inferiores y su vejiga. ¡Los padres de Jeremías se conmovieron profundamente al ver a su hijo ser sanado ante sus ojos! Lloraban y le daban gracias a Dios, porque habían esperado tanto tiempo un milagro. Habían venido de tan lejos, creyendo que Dios escucharía su clamor, y no fueron decepcionados. Todo ocurrió en su presencia manifiesta. Cuando estamos llenos de la presencia de Dios, los milagros creativos se manifiestan en todas partes; no hay nada que su gloria no pueda hacer.

Revelaciones de la verdadera adoración

Con esto como antecedente, empecemos ahora a ver más profundamente la naturaleza de la adoración a través de siete revelaciones de la verdadera adoración, para que así podamos crear una atmósfera que atraerá la presencia de Dios entre nosotros.

1. La verdadera adoración revela la existencia de Dios

Primero, nadie puede conocer o experimentar la genuina adoración apartado del único Dios verdadero, porque sólo Él puede revelárnosla. Ella supera el ámbito del conocimiento natural. Cada vez que hay verdadera adoración, ésta evidencia que Dios mismo está manifestándose a nosotros. Nuestra adoración revela al Dios vivo y testifica de su existencia.

Los cielos anunciaron su justicia [la de Dios], *y todos los pueblos vieron su gloria.*   (Salmos 97:6)

2. La verdadera adoración se enfoca en Dios, no en uno mismo

Lamentablemente, en muchos círculos cristianos hoy en día, la genuina adoración ha sido remplazada por entretenimiento y talento. Existen muchos "adoradores" cuyas producciones musicales están dirigidas a complacer los deseos de la gente y a promoverse a sí mismos en vez de adorar a Dios. No exaltan su nombre ni su majestad. Tienen poder simplemente para hacer que la carne se sienta bien o para mover emociones. Por eso escuchamos a menudo canciones con palabras como "Tócame; bendíceme; sáname; libérame". Estas canciones están fuera de propósito y enfoque.

No podemos falsificar la adoración o la comunión con Dios.

Algunos crean estas canciones para que su música pueda ser comercializada, sin darse cuenta que, al hacer esto, están dejando a Dios a un lado y convirtiendo las necesidades de la gente en ídolos. Olvidan o ignoran el hecho que fueron creados para un propósito más alto que el de generar un producto comercial o escribir música que arrulle las emociones humanas. Fueron creados para adorar al Dios verdadero y para guiar a otros a hacer lo mismo.

3. La verdadera adoración trae la presencia de Dios

El propósito principal de la adoración es traer la gloria de Dios en medio de su pueblo. Cuando el líder de adoración de una iglesia local pierde ese objetivo, lo siguiente que se puede esperar es que la atención se enfoque en él o ella. Este tipo de situación es muy peligrosa, porque significa que un *"espíritu de error"* (1 Juan 4:6) está operando. La música producida por tales líderes de alabanza es como *"fuego extraño"* ardiendo en el altar (vea Levítico 10:1–2). Esta es una ofrenda que Dios no ha autorizado y que no lo honra sino más bien lo ofende. Únicamente entretiene los sentidos; nunca involucra el espíritu. Puede mostrar talento musical, pero la gloria o la presencia de Dios está ausente.

Es más fácil encontrar músicos talentosos que adoradores ungidos y puros que tengan una excelente habilidad musical; pero por favor, no me malentienda. Yo busco y creo en los músicos profesionales, pero sobre todo busco aquellos que están ungidos por Dios. En nuestro ministerio, hemos levantado adoradores en espíritu y verdad; gente de corazón puro, que al mismo tiempo son músicos profesionales muy talentosos.

Cuando una persona deja de adorar a Dios,
también deja de conocerlo.

Los adoradores deberían tener sólo una agenda: avanzar el reino de Dios. Deberían tener sólo una misión: formar y manifestar la nube de su presencia. Cuando la atmósfera está creada, todo es posible en un instante. Observe lo complejo que es este ministerio. Durante una conferencia en el Chaco, Argentina, conocimos a Marcos, un hombre joven que había sufrido una infección seria en su oído derecho por un caso severo de gripe cuando apenas tenía ocho años. Su condición se volvió tan mala que los doctores tuvieron que remover quirúrgicamente porciones del funcionamiento interno de su oído, y así, Marcos creció sin capacidad auditiva en ese oído. Trece años más tarde, Marcos llegó al estadio donde teníamos la conferencia. La adoración hizo que se manifestara la presencia de Dios, y cuando empecé a declarar la palabra de sanidad, la gloria de Dios descendió sobre él, allí donde estaba. Inmediatamente, pasó adelante a la plataforma para compartir lo que le había sucedido. Contó que había sentido calor en su oído derecho. Entonces le pidió a un amigo que le hablara, para probar si podía oír, ¡y podía! Mis doctores también le hicieron pruebas antes de subir a la plataforma, y oía perfectamente bien. Una vez arriba en la plataforma, sus piernas empezaron a temblar bajo la presencia de la gloria de Dios que lo había sanado. Le pregunté, "¿Te creó Dios un nuevo tímpano?". Él respondió, "No tengo idea de lo que pasó. Sólo sé que antes no podía oír y ahora sí". La gloria del Señor había restaurado todo lo que había sido dañado por la infección, así como lo que había sido removido quirúrgicamente, permitiéndole a Marcos oír nuevamente. ¡Dios hizo un milagro creativo!

Sobrenaturalmente y de continuo ocurren milagros, señales y maravillas en el Ministerio El Rey Jesús. Vemos como el cáncer se seca, el SIDA desaparece, y nuevos órganos son creados. Pero, por sobre todas las cosas, muchas vidas son transformadas y se convierten en testimonios vivos del poder de Dios. Esto pasa porque hemos cultivado su presencia, la cual está entre nosotros permanentemente. Nuestro mayor deseo debería ser siempre experimentar nuevos y más profundos momentos en la gloria de Dios porque sólo su presencia transforma el corazón humano. En nuestras fuerzas no podemos lograrlo. Dice la Biblia que nuestras obras son como *"trapos de inmundicia"* (Isaías 64:6) ante la santidad de Dios.

Cuando hayamos cultivado su presencia en nuestras vidas, seremos sus instrumentos para trabajar en las vidas de otros. Por ejemplo, después que he estado en la presencia de Dios —ya sea que haya estado adorando en mi casa, o en un servicio donde la gloria del Señor se sintió fuertemente—, las personas notan su presencia tangible en mí. Puedo estar en mi oficina, en un restaurant o en un hotel, y la gente a mi alrededor empieza a llorar, reír o ser tocada por el poder de Dios allí mismo, para sanidad o liberación. El poder que los toca no es mío; sólo fluye a través de mí, después que he estado en su presencia. Por eso creo firmemente que nuestro propósito al adorar es invitarlo a que su presencia descienda. Sólo en su presencia seremos transformados para que podamos llevar el mismo poder de transformación a otros.

4. La verdadera adoración recibe y envía sonidos celestiales

La adoración que resuena desde el trono de Dios incluye la declaración hablada de su Palabra, así como varios sonidos que reflejan la manifestación de su gloria y el espíritu de esa adoración.

El poder de la Palabra hablada

Recuerde que las palabras dichas por Dios fueron vitales en la creación de los cielos y la tierra. Cada vez que Él declaró algo, como por ejemplo, *"Sea la luz"* (Génesis 1:3), cada aspecto de la creación respondió al sonido de su voz, y a la autoridad detrás de esas palabras, y se convirtió en una realidad física. La corona de la creación de Dios fue la humanidad, la cual fue hecha a su imagen y semejanza. Por eso, a medida que expresamos nuestra adoración a Dios, declarando su propia Palabra, de regreso a Él, su voluntad se lleva a cabo por los dichos de nuestra boca.

Cuando usted está ungido por el poder de Dios, los milagros se materializarán de manera natural. Su Palabra en nuestra boca es igual que si fuera hablada por Él (vea, por ejemplo, Juan 15:7). La Palabra de Dios tiene el poder de traer lo que está en la eternidad a la dimensión del tiempo. La Biblia dice que el poder de la vida y la muerte está en nuestra lengua (vea Proverbios 18:21). Debemos aprender a usar la voz de autoridad que tenemos en Cristo para establecer el poder, la gloria, y la voluntad del Padre, en lugar de usarla para desatar maldiciones o juicio.

Nuestro nivel de ascensión hacia la presencia de Dios estará determinado por el sonido de la adoración que desatemos.

¿Cuánto de la Palabra de Dios está en nuestros corazones y es hablada en fe por nuestras bocas? ¿Tenemos suficiente de ella para hablarle a los elementos de la naturaleza, a la enfermedad y a los demonios, y hacer que obedezcan nuestros decretos? La voz de una persona ungida por el Espíritu Santo puede romper ataduras, enfermedades, depresión, maldiciones, hechizos, opresión demoníaca, y mucho más. Las órdenes de la voz de Jesús estaban tan ungidas que los demonios huían al oírla, los ojos de los ciegos eran abiertos, las tormentas cesaban, los muertos salían de su tumba, y los enfermos eran sanados —algunos sin estar siquiera al alcance del sonido de esa voz—. ¿Por qué ocurría eso? Porque lo que el Padre estaba diciendo en el cielo, Jesús lo estaba diciendo en la tierra. Nosotros podemos hacer lo mismo cuando adoramos a nuestro Dios todopoderoso.

El poder de los sonidos celestiales

Los sonidos dados por el cielo, al igual que las palabras, asumen un rol significativo en nuestra adoración a Dios, y en el cumplimiento de su voluntad en el mundo, especialmente en una nueva temporada del plan de Dios para su pueblo. Por ejemplo, en el libro de Josué, leemos acerca de la caída de los muros de Jericó cuando los israelitas tomaron posesión de la Tierra Prometida. Dios le dio a su pueblo dos instrucciones: sonar trompetas y gritar. Él les ordenó desatar sonidos. Cuando la gente obedeció, el sonido desató tal poder y gloria de Dios que los muros de Jericó colapsaron, tal y como Él lo había prometido (vea Josué 6).

En el Aposento Alto, el día de Pentecostés se escuchó, *"un sonido del cielo, como de un viento recio que soplaba"* (Hechos 2:2). La palabra *"sonido"* se traduce de la voz griega *echos*, que significa "sonido fuerte, intenso; un eco". El Espíritu Santo, que Jesús había prometido que vendría a ayudar a sus seguidores, se presentó a los 120 creyentes reunidos allí, con un fuerte sonido. El derramamiento del Espíritu Santo también se manifestó ante ellos en forma de lenguas de fuego sobre sus cabezas. Al instante, todos empezaron a hablar lenguas del cielo —otra manifestación del sonido—, las cuales hasta ese día habían sido desconocidas para los seres humanos (vea los versículos 3–4).

La Biblia también nos dice que en la segunda venida de Jesús —cuando Él regrese por su iglesia—, será anunciado con *"con voz de mando, con voz de arcángel, y con trompeta de Dios"* (1 Tesalonicenses 4:16). ¡Jesús anunciará su retorno con sonidos! El grito (o la voz de mando) y la trompeta nos recuerdan el grito y las trompetas que usaron los israelitas, instruidos por Dios, para conquistar Jericó.

Hoy, Dios está desatando nuevos sonidos a través de adoradores en el cuerpo de Cristo. Está levantando adoradores proféticos que adoran en espíritu y verdad, con la habilidad de interpretar y bajar sonidos divinos desde su trono, los cuales toman parte en el cumplimiento de sus planes. El sonido que desata la visión de Dios puede ser la voz de un profeta, quien proclama la revelación de su determinación divina para el futuro. Cuando es difícil para la gente entender o creer una revelación de Dios a través de palabras o explicaciones, la música y la adoración profética se convierten en los medios por los cuales puede entenderse o recibirse lo que Dios está diciendo y haciendo.

Dios está desatando nuevos sonidos en la tierra que inician actividades angélicas.

A la luz de lo anterior, ahora podemos entender por qué Satanás dirige la mayoría de sus ataques al ministerio de alabanza y adoración. El enemigo sabe que si detiene nuestra adoración a Dios, también la revelación y los sonidos celestiales dejarán de ser desatados en la tierra, y por tanto impedirá el mover de Dios en esta generación. Debemos estar atentos a sus maquinaciones, cubriendo y rodeando el ministerio de adoración con oración e intercesión. No podemos permitir que el enemigo corrompa y destruya a los adoradores, ¡los necesitamos!

Satanás está interesado en nuestra adoración porque sabe que, a través de ella, el poder espiritual de Dios se manifestará en la tierra. Debido a sus antecedentes, él entiende bien el poder de la música y otros sonidos envueltos en la adoración. La Biblia dice de él:

> *En Edén, en el huerto de Dios estuviste; de toda piedra preciosa era tu vestidura; de cornerina, topacio, jaspe, crisólito, berilo y ónice; de zafiro, carbunclo, esmeralda y oro; los primores de tus tamboriles y flautas estuvieron preparados para ti en el día de tu creación.*
>
> (Ezequiel 28:13)

Satanás había sido creado por Dios como un querubín poderoso (vea Ezequiel 28:14–15), llamado Lucifer (vea Isaías 14:12), quien según muchos creen era el responsable de dirigir la adoración en el cielo. La Biblia describe su creación en detalle, explicando cómo estaba cubierto de piedras preciosas. Del pasaje anterior podemos inferir que su interior fue creado con una dimensión de sonido, ya que hace referencia a instrumentos musicales —*"tamboriles y flautas"*—. El nombre *Lucifer* significa "lucero de la mañana". Por lo tanto, era un portador de luz; cuando adoraba a Dios, él reflejaba luz y todo su ser brillaba. Aunque fue creado para adorar, se volvió vanidoso y lleno de orgullo, y corrompió su propósito. Se rebeló contra su Creador y en su rebelión arrastró a una tercera parte de los ángeles (vea Apocalipsis 12:3–4).

Después que cayó, fue llamado Satanás. En hebreo Satanás significa "adversario", mientras en griego el término es "acusador". Como adversario y acusador de Dios y del hombre, Satanás distorsiona sus dones y conocimiento musical para destruir a la humanidad. Ya no es más el portador de luz, sino portador de tinieblas. Mientras los sonidos del cielo desatan actividad angélica divina, los sonidos satánicos desatan actividad demoníaca. En la generación presente, Satanás ha apoyado intencionalmente a músicos y cantantes capaces de desatar sonidos de muerte. Para propagar su mensaje de pecado y muerte, usa varias palabras, música, y ritmos, y desata tenebrosos sonidos sobre la tierra, con el fin de causar confusión, rebelión y destrucción. Por eso, debemos supervisar lo que nuestros hijos oyen, y protegerlos ante cualquier ataque demoníaco que pueda ser desatado sobre ellos a través de los sonidos que reciben.

Una característica obvia del sonido satánico en la generación de hoy es la violencia, junto al abuso de alcohol y drogas, alienación, salvajismo y suicidio. Las filosofías demoníacas están desplegándose veloz y libremente a través de todos los medios de comunicación —televisión, radio, películas, revistas e Internet—. Ésta es una generación violenta debido a los sonidos a los que está expuesta. No podemos permanecer ignorantes a esos principios, porque el enemigo los está usando para traer destrucción y para robarle a esta generación su propósito.

Cada vez que un sonido nuevo se desborda en la iglesia, la atmósfera cambia y las viejas estructuras son rotas.

A través de la adoración podemos romper fortalezas mentales. ¡La voz humana ungida es poderosa! Cuando emitimos en el Espíritu, sonidos inspirados por el cielo, con la autoridad que Jesús nos delegó (vea, por ejemplo, Lucas 10:17–19; Mateo 28:18), los ángeles de Dios responden y empiezan a operar, porque obedecen sus instrucciones. Como hijos de Dios, podemos producir sonidos que desaten amor por Dios, salvación, avivamiento, liberación, paz, restauración, unidad, salud, prosperidad, propósito, productividad, y vida en la tierra.

El ministerio de adoración al único Dios verdadero nos fue dado para desatar los sonidos del cielo a la presente generación. Adorar no es solamente cantar o sentirse bien respecto a una melodía agradable. Ésta es una guerra de adoradores. Si nos conformamos sólo con cantar lindas canciones y dulces melodías, no cumpliremos el propósito principal de nuestro ministerio como adoradores.

Cuando entendamos estos principios, nuestra adoración cambiará para siempre. Necesitamos saber cómo identificar los sonidos que Dios está desatando hoy, para estar en armonía con la adoración del cielo. Así es como daremos a luz su voluntad para nuestras vidas, familias, iglesias, ciudades, naciones y continentes en esta generación.

5. La verdadera adoración exalta el nombre de Jesus y la Palabra de Dios

Hoy, muchas canciones de "adoración" usadas en las iglesias, o que suenan en las estaciones de radio cristianas, carecen de poder porque no están basadas en la Palabra de Dios. Conozco ministerios en los que la mayor parte de la adoración es realmente adoración a ídolos, porque las canciones ministran sólo a la carne. Debemos escribir canciones espirituales —canciones que puedan tomar los sonidos del cielo y verdaderamente ministrar lo que Dios es, como lo hacen muchos de los salmos de David—, canciones que derramen constante adoración y conocimiento revelado. La verdadera adoración está basada en la Palabra de Dios y fluye del entendimiento de esa Palabra. Esto hace que Dios la respalde —su poder y manifestaciones lo confirmarán—. Dice la Escritura,

Llevad con vosotros palabras de súplica, y volved a Jehová.... (Oseas 14:2)

Aunque el contexto del verso de arriba está relacionado con palabras de confesión de pecado, el principio general que podemos sacar de él, es que necesitamos conocer lo que dice la Palabra de Dios respecto a cualquier situación; debemos ponernos de acuerdo con ella y después devolvérsela a Él —en arrepentimiento, oración por sanidad, creyendo en Él por provisión, y así sucesivamente—.

Si a nuestra adoración le falta Palabra, Dios no la honrará ni desatará su poder por medio de ella.

Cuando escucho canciones cuya letra no está basada en la Escritura, no las canto, porque sé que Jesús no es exaltado en ellas. Entonces opto por cantar en lenguas espirituales. Cuando viajo, prefiero llevar mi grupo de adoradores, para poder ministrar desde una atmósfera de gloria. Los miembros de ese equipo conocen el sonido del cielo y saben cómo fluir conmigo. Han aprendido a romper y atravesar una atmósfera pesada y a desatar el sonido que adora a Dios. Los llevo conmigo porque ellos reconocen que el propósito de su adoración no es mostrar sus dones como músicos o cantantes, sino traer la presencia de Dios para ganar almas, liberar al cautivo y sanar al enfermo, con el poder desatado desde la nube de su gloria. Ellos no son artistas o estrellas. Son adoradores; son real sacerdocio, hombres y mujeres que sirven a Dios y guían a su pueblo a su presencia. Por supuesto, no son únicos. Conozco a muchos salmistas, cantantes y grupos musicales que saben cómo hacer que la presencia de Dios se manifieste.

6. La verdadera adoración transforma al adorador

*Manos tienen, mas no palpan; tienen pies mas no andan; no hablan con su garganta. **Semejantes a ellos son los que los hacen**, y cualquiera que confía en ellos.* (Salmos 115:7–8)

En el pasaje de arriba, vemos la razón por la que el Señor quiere nuestra adoración: Quiere que seamos como Él. Los seres humanos nos convertimos en la imagen que adoramos. El salmo describe individuos que crean y adoran ídolos, poniendo toda su confianza en ellos. El resultado, es que se vuelven como el objeto que adoran —sin vida—. En contraste, cuando adoramos al Dios vivo, en espíritu y verdad, ¡recibimos nueva vida en Jesús! Nadie puede permanecer en la presencia de Dios sin cambiar o ser transformado, porque su luz expone nuestra verdadera condición y su fuego nos purifica. ¡Algo de Él vendrá sobre nosotros! Esto le pasó a María, la mujer que derramó el costoso perfume sobre la cabeza de Jesús (vea Juan 11:2). Aunque su único propósito era adorar a Jesús, se marchó impregnada con el perfume de su presencia.

Lo mismo ocurre cuando derramamos nuestros corazones en adoración a Dios, y su presencia desciende: nos vamos con el aroma de Jesús. Esto produce que otras personas quieran conocerlo más, ¡porque su esencia en nosotros atraerá a otros! Nuestros corazones son el perfume más costoso que podemos derramar en su presencia.

El nivel más alto de adoración es cuando nos volvemos "adoración".

Como cristianos, no solamente adoramos en la iglesia; nosotros *somos* adoración, y ésta es la verdadera vida eterna. Al morir a nuestro ego y ofrecer a Dios, amor, reverencia y honor, experimentamos una radical transformación, porque somos hechos nueva creación.

El Señor creó la humanidad para adorarle, y cuando no lo hacemos, no funcionamos adecuadamente. Perdemos nuestra identidad, porque no nos convertimos en lo que realmente somos: adoración. Sabemos que nos hemos convertido en adoración cuando Dios nos usa como instrumento, de la misma forma que un músico experto usa su instrumento musical. Debemos permitirle al Señor que saque de nosotros las más hermosas melodías de adoración para Él. Esto sucederá cuando nos hagamos disponibles sólo a nuestro Señor, y todo nuestro ser esté en un estado de continua adoración.

7. La verdadera adoración es intimidad con Dios

Esto nos lleva a nuestra última, y quizá la mayor revelación sobre la adoración: en la Escritura, la adoración es considerada intimidad. La gente con mente carnal no entiende la pureza de esta comparación (vea Tito 1:15), pero la intimidad sexual entre un hombre y una mujer que están unidos en matrimonio es la representación de la intimidad espiritual que podemos tener con Dios (vea Efesios 5:28–32). En esa perfecta unidad, nos volvemos uno con su corazón, con sus planes, sus sufrimientos, su visión, su lucha y su victoria. Por eso, la adoración no puede ser rápida o mecánica. Piénselo: Si algo rápido y mecánico no complace sexualmente a una mujer, ¿cómo nuestra adoración muerta va a satisfacer el corazón de Dios?

Cuando Dios no manifiesta su gloria, usualmente es porque no está satisfecho con la adoración.

Cuando Dios nos toca a través de nuestra adoración, su gloria se manifestará en nosotros, pero, ¿cómo podemos esperar que su gloria se manifieste cuando le ofrecemos algo mecánico, cantando canciones gastadas y metiéndonos en una adoración muerta, dirigida a satisfacer nuestras necesidades? Esto no nos conducirá a un romance con Dios, donde Él se pueda revelar a sí mismo y hacerse uno con nosotros.

Algunas personas creen que entran en la presencia de Dios por cantar un determinado número de canciones. Pero déjeme decirle que, sin importar cuántas canciones cantemos, si no estamos en el Espíritu, Dios será contristado y nada pasará. Según mi experiencia, una canción *jréma* dada por el Espíritu puede ser suficiente para entrar en la gloria de Dios, y esto no depende de nuestra situación antes de entrar al servicio. En ciertos casos, hay quienes siguen cantando aun cuando la presencia de Dios ya no esté más en ese lugar. Para evitar eso, necesitamos conocer a Dios de tal manera que entendamos cómo mantener la manifestación de su presencia en nuestros servicios. Cuando la canción *jréma*, inspirada por el Espíritu, está cantándose, el líder de adoración ya no necesitará seguir empujando o animando a la gente a adorar. La canción atraerá el espíritu de los presentes y los moverá, y ellos responderán. Si conocemos a nuestro Padre, no nos tomará mucho tiempo entrar en su presencia porque la distancia entre nuestra ascensión y el acceso a su gloria se acortará cada vez más, gracias a la relación permanente que hemos edificado con Él.

La adoración es la revelación de Dios, y el hombre es su imagen y semejanza; por tanto, el hombre fue creado para adorar y revelar a Dios.

El día viene en que la adoración no será simplemente la manera de comenzar el servicio en nuestras iglesias sino la parte más importante del servicio, porque ella es la que manifiesta la gloria de Dios, la cual se volverá nuestra pasión más grande. Si queremos vivir en su presencia, siempre tendremos una canción nueva en el Espíritu sonando en nuestro interior. La adoración corporativa en las iglesias también se convertirá en la parte más larga del servicio, porque la gente entrará en su presencia y se quedará allí. Dios le hablará a su pueblo, a cada persona, como un amigo. Entonces, la transformación de corazones se acelerará y, entre otras cosas, no pasarán años para que los creyentes desarrollen madurez espiritual.

Cuando Dios está satisfecho con nuestra adoración, su presencia va con nosotros a todas partes e interviene en cada situación. El Pastor Guillermo Jiménez y su esposa están siendo entrenados por nuestro ministerio para dar grandes saltos de fe. Hace cierto tiempo, ellos compraron un terreno en Las Vegas por tres millones de dólares. Dieron un millón como cuota inicial y financiaron el resto. Después de hacer sus pagos mensuales durante un año, afrontaron una situación financiera difícil y estuvieron tentados a soltar esa tierra —junto a todo lo que habían invertido—, porque no podían hacer los pagos. Sin embargo, la esposa del pastor decidió pelear la situación a través de oración, alabanza y adoración. Se atrevió a hablar con el dueño de la tierra y pedirle que les perdonara la deuda. El hombre de negocios tuvo la oportunidad y el derecho de quedarse con el millón de dólares que le habían dado como anticipo, pero Dios tocó su corazón, y decidió perdonarles completamente la deuda. ¡Gloria a Dios! Cuando su presencia está con nosotros, podemos descansar en Él porque el Señor cuida de nosotros y de todo lo que nos concierne.

Ahora mismo, la firma o el sello de Dios en la tierra es la adoración.

Creo que veremos milagros inusuales, señales, maravillas y transformaciones como nunca antes. Ya estamos viendo el poder de Dios venir a través de la adoración. Déjeme darle otro ejemplo. Aneth es una mujer cubana de cuarenta y ocho años, sordomuda de nacimiento. Durante una cruzada de sanidad y milagros que tuvimos en nuestra iglesia, ella pasó adelante, clamando por su milagro. Le pedí a la congregación que se uniera en oración por ella, y la declaré sana. Posteriormente, ella testificó que cuando le impuse manos, sintió un "pop" que destapó sus oídos, y para la gloria de Dios, ¡ella empezó a oír y hablar por primera vez en su vida! La probé parándome detrás de ella para que no pudiera verme, y empecé a aplaudir para que ella repitiera al mismo ritmo que escuchara. Si yo aplaudía una vez, ella aplaudía una vez. Si yo aplaudía dos veces, ella aplaudía dos veces, y así sucesivamente. ¡Era evidente que un milagro había ocurrido! Estaba tan emocionada que lloraba, porque su sueño de oír y hablar se hizo realidad.

La saturación de la presencia de Dios, en una atmósfera creada por alabanza y adoración, produjeron el milagro que transformó la vida de Aneth, y después la de su familia. Usted puede experimentar lo mismo si cambia la manera en que adora, y genera una atmósfera de adoración al Dios verdadero, ¡una atmósfera donde todo es posible!

Dónde comienza nuestro estilo de vida de adoración

Bendeciré a Jehová en todo tiempo; su alabanza estará de continuo en mi boca. (Salmos 34:1)

Algunos tienen la impresión que la adoración como estilo de vida es creado desde el púlpito, pero eso no es verdad. Este sólo puede ser desarrollado en nuestro tiempo de intimidad, cuando estamos a solas con el Señor. Después de eso, es trasladado a la iglesia, a la congregación de todos los santos (vea Salmos 149:1). Por lo tanto, cada cristiano es responsable de llevar su propia adoración a la iglesia. En otras palabras, nuestra adoración empieza en casa —en nuestro lugar de oración, oficina o carro, en nuestro lugar secreto con Jesús—, y nos sigue dondequiera que vayamos, todo el tiempo. En mi tiempo privado de oración, invierto al menos dos horas diarias buscando la presencia de Dios —una de las cuales la dedico a adorarlo—. Si oro tres horas, paso noventa minutos adorándole.

Esto no quiere decir que mire el reloj, o que piense que es una regla que todos deben seguir. Sólo quiero decir que paso la mitad de mi tiempo de oración en adoración. Por ejemplo, le doy gracias a Dios, alabándolo por su fidelidad y por lo que ha hecho en mi vida. Lo adoro como mi Señor y mi Rey. Le hablo como mi Padre celestial. Tengo comunión con Él —declaro mi amor por Él—, hablándole de mi disposición para obedecer cualquier cosa que Él me diga que haga. Espero en Él, escuchando para oír lo que Él quiera decirme en ese momento. He aprendido a buscar su presencia cuando nadie está observando, porque mi adoración es sólo para Él, no para que otros vean.

Una de las preguntas que les hago a los creyentes es, "¿Cómo es tu vida privada de oración, cuando nadie te está viendo?". Me gusta saberlo porque su experiencia cristiana depende de ello. Aquí radica la razón por la que muchos líderes de alabanza son inefectivos cuando tratan de entrar en la presencia de Dios, para después guiar al pueblo: muchos no tienen una vida privada de adoración. Si no conocen a Dios, si no saben cómo entrar en su presencia, o no saben cómo tener intimidad espiritual con Él, ¿cómo van a poder guiar a la gente a entrar en esa presencia? Usted no puede realmente guiar a nadie adónde usted no ha ido. Esto no es como señalar un punto en un mapa. Si el Espíritu Santo no lo ha guiado a usted durante su tiempo de intimidad con Él, entonces usted no tendrá idea de cómo llegar allí.

> *David respondió a Saúl: Tu siervo era pastor de las*
> *ovejas de su padre; y cuando venía un león, o un oso,*
> *y tomaba algún cordero de la manada, salía yo tras*
> *él, y lo hería, y lo libraba de su boca....*
>
> (1 Samuel 17:34–35)

David desarrolló su coraje y habilidades de guerra en la vastedad de los campos, en la soledad de las montañas, y la oscuridad de las cuevas, mientras cuidaba las ovejas de su padre. Allí, donde nadie podía verlo, mató osos y leones. Así fue como se entrenó para matar al gigante Goliat ante la presencia de muchos. De la misma forma, Dios quiere que su pueblo busque su presencia en secreto, porque ése es el lugar de donde saldremos fortalecidos y equipados para ganar las batallas espirituales, privadas y públicas.

Una de las razones por la que no hemos visto la gloria de Dios descender sobre nuestras vidas es porque no tenemos una vida privada continua y efectiva con Él, que es lo que permite que su presencia sea vista en público. Adorar a Dios en privado es una actitud que fluye continua y espontáneamente del corazón, cuando nadie nos ve, cuando no tenemos la responsabilidad de ministrar a otros, cuando lo hacemos simplemente por amor, sin buscar recompensa alguna. Esos momentos privados especiales, hacen que Dios manifieste poderosamente su presencia, y que hable y ministre directamente nuestros corazones.

Principios para crear una atmósfera espiritual

Considero necesario que los creyentes sepan cómo crear una atmósfera espiritual de adoración, para que la Gloria de Dios pueda descender durante su tiempo personal de oración, o durante la adoración corporativa en sus iglesias. He aquí tres principios para que la gloria de Dios se manifieste.

1. Debemos construir un trono para el Rey

Pero tú eres santo, tú que habitas entre las alabanzas de Israel. (Salmos 22:3)

En el mundo espiritual, "construimos el trono de Dios" cuando lo adoramos — cuando el trono es edificado su presencia siempre se manifestará—. Por tanto, la señal que indica que el trono está completo es cuando experimentamos el derramar de su gloria. No podemos parar nuestra adoración antes que eso ocurra. Recordemos siempre este principio: alabe hasta que el espíritu de adoración venga, y adore hasta que su gloria descienda. No existe una fórmula para saber cuánto tiempo debemos alabar o adorar a Dios; siempre deberá ser *hasta* que su trono espiritual haya sido construido. El Espíritu Santo es nuestro ayudador; Él se pone al lado nuestro para recibir adoración y dársela al Padre. Él nos enseña a adorar a Dios en espíritu y verdad.

2. Debe formarse una nube de su presencia

En la Escritura, las nubes representan la gloria de Dios, y el Señor siempre habla desde una nube (vea, por ejemplo, Éxodo 16:10–11). Cuando Jesús se transfiguró en la montaña, Dios el Padre le habló desde una nube (vea Mateo 17:1–5). Cuando Jesús ascendió al cielo, después de su resurrección, *"le* recibió una nube que le ocultó de sus ojos" (Hechos 1:9). El día que Jesús regrese, "verán al Hijo del Hombre viniendo sobre las nubes del cielo, con poder y gran gloria" (Mateo 24:30). Cuando adoramos, formamos una nube espiritual, que es la gloria o presencia de Dios. Las nubes espirituales crean la atmósfera correcta para que Dios hable y haga milagros creativos.

La formación de la nube espiritual depende de la profundidad de nuestra adoración. Por ejemplo, durante un servicio en una iglesia local, el Espíritu Santo se parará al lado de los verdaderos adoradores. Si Él pasa al lado de alguien que no está adorando como debería, continuará a la siguiente persona. Él se detiene al lado de cada uno, toma la sustancia de su adoración, y con ella forma la nube para ese servicio, la cual permite que la presencia de Dios descienda. Todos aquellos que aportaron adoración para formar esa nube recibirán lo que está en ella. Por ejemplo, en nuestra iglesia, muchas veces he visto que el mover del Espíritu Santo empieza de adelante hacia atrás, mientras que otras veces, comienza en el centro. La razón es que las personas en esas áreas han formado la nube.

3. La atmósfera espiritual debe ser percibida y desatada

Una vez que la nube y el trono son edificados, podemos percibir la atmósfera espiritual de gloria. En lo natural, la atmósfera es una sustancia gaseosa que rodea un cuerpo celestial, formada por ingredientes del medio ambiente. En la dimensión espiritual, funciona básicamente de la misma manera. Los ingredientes en la atmósfera de gloria son la oración continua, las ofrendas, la intercesión, la alabanza, la adoración, la obediencia y el honor. En la Biblia, muchas veces encontramos que cuando estos ingredientes existen en el ambiente, producen cielos abiertos y forman una atmósfera espiritual divina.

Percibiendo la atmósfera

Cuando viajo a lugares donde no ha sido edificada una buena atmósfera espiritual para predicar, enseñar y ministrar milagros, lo primero que hago es empezar por derribar la mala atmósfera, —cargada con religiosidad, duda y egocentrismo—; lo hago por medio de la alabanza. Después adoro hasta que la presencia de Dios descienda. Cuando siento que desciende, empiezo a predicar, enseñar o desatar milagros. Algunas veces, esto toma un tiempo largo, pero no podemos forzar a Dios a ajustarse a nuestros programas. Debemos adorar hasta que la atmósfera de su gloria sea formada. Si queremos lo que es verdadero, debemos ceder el paso a la verdadera adoración.

Los ingredientes de la atmósfera de gloria son, oración continua, ofrendas, intercesión, alabanza, adoración, obediencia y honor.

Como previamente escribí, antes de mudarnos a nuestra actual iglesia, compramos el edificio de una antigua sinagoga. Desde el primer día, levantamos allí una atmósfera espiritual de alabanza continua, acción de gracias, oración, intercesión, ofrendas y adoración. En ese edificio, pasamos de tener un servicio dominical a tener cinco servicios cada domingo, por casi cinco años, además del servicio de los jueves, el servicio para jóvenes, la oración de la madrugada, las prácticas del grupo de alabanza, los grupos de discipulado, el Instituto de Liderazgo, los retiros, las clases y bautismo de nuevos convertidos, las conferencias y mucho más. Hoy, ese edificio se usa para otras actividades, y para ciertos servicios en ocasiones especiales. Cada vez que nos reunimos allí, la gente rápidamente siente la presencia de Dios. Es fácil predicar, ministrar milagros o hacer liberaciones en ese lugar, porque la atmósfera que de continuo era edificada permanece. He notado lo mismo en la habitación de mi casa donde oro cada día. He levantado un trono espiritual allí para mi Señor. He formado una nube de su presencia y una atmósfera espiritual donde la gloria de Dios habita permanentemente. Es por esto que, cuando oro en esa habitación, me toma sólo segundos entrar en su presencia. Usted puede hacer lo mismo si adora a Dios continuamente en su casa o en la iglesia.

Desatando la atmósfera

Si las nubes fueren llenas de agua, sobre la tierra la derramarán.... (Eclesiastés 11:3)

En lo natural, no puede haber lluvia sin nubes. De la misma forma, la adoración crea una nube para que las manifestaciones de la gloria de Dios puedan llover sobre nosotros. Pero ¿qué pasaría si las nubes físicas se formaran y se llenaran de agua, y aún no lloviera? Para crear y fomentar la lluvia, algunos investigadores, oficiales públicos y hombres de negocios están a favor de usar una o más técnicas llamadas, "siembra o bombardeo de nubes":

> Una tormenta de lluvia ocurre después que la humedad se reúne alrededor de partículas que se forman naturalmente en el aire, causando que el aire alcance un nivel de saturación, hasta el punto que ya no puede retener más esa humedad. El bombardeo o la siembra de nubes ayuda esencialmente en ese proceso, proveyendo "núcleos" adicionales alrededor de los cuales el agua se condensa. Estos núcleos pueden ser sales, cloruro de calcio, hielo seco o yoduro de plata.[7]

Algo similar ocurre en el Espíritu. A veces, la nube se forma, pero no hay una manifestación visible de la presencia de Dios. Por ejemplo, he ministrado en servicios donde la atmósfera está cargada con la gloria o la presencia de Dios, pero, para mi sorpresa, nada ha sucedido. Sabía que había potencial en esa atmósfera, que Dios estaba listo para sanar, salvar, y hacer milagros, pero algo lo detuvo. ¿Qué ocurrió?

Como escribí antes, Dios es soberano, y puede decidir no hablar en un momento dado. No es que alguien tenga el corazón tan duro que impida que Dios hable; Él actúa conforme a su soberanía. Sin embargo, he encontrado que es importante saber

---

[7] Jacob Silverman y Robert Lamb, "Can China control the weather?" 19 de julio 2007. HowStuffWorks.com. <http://science.howstuffworks.com/nature/climate-weather/meteorologists/cloud-seeding.htm> 10 de enero 2012.

cómo desatar lo que está en una nube de gloria, pero también es substancial conocer cómo formar una. A veces, necesitamos "rociar" la nube con más semillas de adoración, hasta que su gloria descienda; otras veces, Dios nos muestra algo específico que hacer. Por ejemplo, un día Dios me mostró que en el servicio había una mujer cubierta de llagas causadas por un espíritu de temor. Tenía miedo de tener cáncer. Cuando pasó al frente, oramos por ella, y fue instantáneamente liberada. El Señor también reveló el nombre de una mujer, María, quien tenía un gran bocio en el cuello. El bocio ocurre por el crecimiento de la glándula tiroides. Cuando pasó adelante, le pedí a mi equipo que orara por ella, y ¡Dios la sanó instantáneamente! ¡El bocio desapareció! María lloraba incontrolablemente. Se tocaba el cuello y gritaba, "¡Desapareció! ¡Desapareció!".

Permítame aclarar que cuando la presencia de Dios desciende en nuestra adoración corporativa, es Él quien toma la iniciativa. Si participamos es porque Él lo ordena. A veces, Él me dice que declare una palabra; otras veces me muestra una visión de alguien específico, con el nombre de la persona y el tipo de enfermedad que está sufriendo. En la gloria, no me muevo a no ser que Él me lo ordene. Lo esencial que debemos saber es que cuando operamos desde una atmósfera de adoración, hacemos lo que Dios nos dice que hagamos; cuando Él nos diga que lo hagamos —ni más ni menos—, tal como Jesús lo hizo.

Además, para recibir lo que la nube contiene, debemos discernir qué hay en ella. A veces la nube tiene sanidad, liberación, o provisión, pero siempre traerá transformación y crecimiento a nuestras vidas. Debemos adorar continuamente y formar una nube para el presente, porque Dios siempre se mueve en el "ahora".

Otra razón por la que el contenido de una nube divina puede no ser desatado es porque no hemos aprendido a halar de esa atmósfera. Cuando la gloria de Dios se manifiesta, debemos "tomar" nuestros milagros. ¿Cómo? Declarándolos y haciendo una acción correspondiente. Debemos comenzar a hacer lo que antes no podíamos, y apenas podamos, tenemos que correr a testificar lo que Dios ha hecho; eso sella el milagro.

Una atmósfera espiritual se crea por medio de la adoración, pero la nube debe ser discernida para desatar su contenido.

Dios está listo y ansioso por manifestarse a sí mismo, y todo lo que requiere es que nosotros edifiquemos el trono. Debemos darle prioridad a la adoración a Dios. Debemos tomar todo el tiempo que sea necesario para adorarlo *hasta* que su presencia se manifieste, sin importar cuánto tiempo tome.

Según mi experiencia, cuando las personas no participan en la ascensión corporal de alabanza, para entrar en la presencia de Dios, se convierten en obstáculos para el servicio. Esto incluye al pastor. Cuando la gente llega tarde y se pierde la adoración con el resto de creyentes, no tiene idea de lo que está pasando y se le dificulta unirse. Aun más, en el momento que entran, pueden demorar o incluso matar la atmósfera —no porque sean malas personas sino porque no participaron en la ascensión corporal—. Es por esto que siempre exhorto a la gente a llegar temprano a la iglesia y a estar presentes desde el principio. También están aquellos que, por varias razones, les toma más tiempo entrar en adoración, mientras otros entran más rápido. La atmósfera, entonces, debe ser creada de abajo hacia arriba, alabando hasta que venga el espíritu de adoración y adorando hasta que la gloria de Dios descienda. Cuando eso pasa, todos pueden ascender al trono y entrar en adoración, en armonía, como un cuerpo.

A su debido tiempo, los corazones de la gente deben estar listos para oír la Palabra, y Dios debe estar satisfecho con la adoración para manifestar su gloria a través de la nube formada en ese lugar para que las personas puedan ser alcanzadas y tocadas.

El propósito principal de la presencia de Dios

Todo lo que hemos discutido hasta ahora —levantar un trono, formar una nube, y crear una atmósfera—, son los pasos necesarios para que la gloria o la presencia de Dios descienda. Sin embargo, ¿cuál es la razón por la que necesitamos que la gloria de Dios descienda? De nuevo, el propósito principal es tener experiencias continuas con su presencia para ser transformados a imagen de Cristo y para manifestar su poder. De esa forma, llevaremos su gloria a las personas que necesitan ser salvas, sanas y libres.

He conocido muchas personas que fueron guiadas sobrenaturalmente por Dios a nuestra iglesia. Él les habló en sueños y les dio mi nombre o el nombre de nuestro ministerio, y tan pronto entraron al estacionamiento, pudieron sentir la presencia de Dios tan fuertemente que empezaron a llorar. Allí mismo se arrepintieron de sus pecados, y muchos fueron sanados o liberados instantáneamente. Algo semejante le pasó al Dr. Coradin y su familia, cuyo testimonio incluimos en el capítulo 1. No es inusual para nosotros oír este tipo de testimonios. La atmósfera espiritual de continua adoración, oración, intercesión, obediencia y sumisión mantiene nuestra iglesia bajo una nube constante de su presencia.

En la presencia de Dios hay sanidad, liberación, transformación, visiones, sueños, profecía, revelación, impartición y activación. Podemos oír su voz y apasionarnos por ir a dar a otros lo que hemos recibido. El objetivo es llevar su gloria a un mundo perdido —a personas sin Dios, sin fe y sin esperanza—. Debemos llevar nuestra experiencia en su presencia a nuestros lugares de trabajo, escuelas y organizaciones comunitarias; debemos llevarla dondequiera que vayamos: restaurantes, tiendas por departamentos, supermercados y a las calles. Debemos compartirla con todo nuestro círculo de influencia. La gloria de Dios nos dará el denuedo que necesitamos para predicar la Palabra, hablar de Jesús, sanar al enfermo, liberar al cautivo y hacer milagros. ¡Tomemos la decisión ahora mismo de llevar su gloria a todas las naciones de la tierra!

EXPERIENCIAS CON DIOS

• Empiece a construir una atmósfera de adoración en el lugar donde usted usualmente ora. Por siete días consecutivos, voluntaria y libremente aproxímese a Dios con acción de gracias, alabanza y adoración, y aprenda a discernir el momento en que debe hacer la transición de la alabanza a la adoración. Después, haga que esto se convierta en una práctica regular en su vida.

• Examine su actitud como adorador y haga los ajustes necesarios hasta que pueda adorar a Dios en espíritu y verdad.

• Empiece a ser un portador de la gloria de Dios y manifieste lo que la nube de su presencia tiene para las personas a su alrededor, en salvación, sanidad y liberación.

11

Encendidos por el fuego de la presencia de Dios

En el mundo de hoy, las tinieblas espirituales se están haciendo cada vez más densas y la oposición al espíritu de Cristo más fuerte; los retos se están intensificando, y tenemos que estar preparados para enfrentar esas circunstancias. Debemos ser cristianos que caminemos en el fuego de la presencia de Dios, sabiendo cómo aliviar el sufrimiento humano y cómo llevar a la gente a Cristo en medio de estos cruciales últimos días.

En este capítulo, recibiremos revelación de lo que significa que Dios sea un fuego consumidor. Además, aprenderemos lo que significa para nosotros ser llenos del Espíritu Santo y su fuego. Llegaremos a entender el propósito del fuego de su presencia, lo que éste produce en nosotros y cómo mantenerlo ardiendo. Esto nos animará a ir a recoger la gran cosecha final de almas, preparada por el Señor, antes de su vendida.

Dios es fuego consumidor

Porque Jehová tu Dios es fuego consumidor, Dios celoso. (Deuteronomio 4:24)

Hemos visto que la gloria de Dios es su esencia —lo que Él es en sí—. También hemos aprendido que su naturaleza tiene muchas facetas y que sólo Él, en su absoluta soberanía, puede decidir qué aspecto revelará o manifestará a sus hijos, y cuándo. Un aspecto de su gloria es ser *"un fuego consumidor"*, el cual puede descender para traer juicio sobre la tierra y sobre aquellos que no se arrepientan de sus pecados. Pero su fuego también purifica y santifica a su pueblo, que se ha convertido de sus malos caminos y anhela vivir en rectitud y justicia lleno del Espíritu Santo.

¿Cuál es la apariencia de su gloria?

> *Y la apariencia de la gloria de Jehová era como un fuego abrasador en la cumbre del monte, a los ojos de los hijos de Israel.* (Éxodo 24:17)

La gloria de Dios es un fuego consumidor que quema todo lo que no es santo. Su fuego también afecta los corazones de las personas de manera poderosa. ¡Pero tenga cuidado! Este fuego no es para aquellos que no desean vivir vidas santas y puras. Recuerde que el pueblo de Israel tuvo temor de ese fuego, y la raíz de su temor era su falta de disposición a pagar el precio que se les demandaba.

Muchas personas quieren ser santas, pero no quieren pagar el precio de ser santificados.

Esta actitud se puede ver hoy en día entre los creyentes de la iglesia de Cristo. Muchos rechazan los avivamientos, el poder, la gloria y los milagros, porque tienen miedo de la presencia de Dios y porque no quieren pagar el precio que se requiere para mantenerlo ardiendo.

¿Quién puede vivir bajo el fuego de su presencia?

> *...¿Quién de nosotros morará con el fuego consumidor? ¿Quién de nosotros habitará con las llamas eternas? El que camina en justicia y habla lo recto....* (Isaías 33:14–15)

En términos simples, estos versículos nos muestran las condiciones para caminar bajo el fuego de Dios. El Señor está diciendo, en efecto, "Quiero que entres en mi presencia, donde desataré el fuego, pero estos son los requisitos para que el fuego no venga sobre ti como juicio". ¿Estamos dispuestos a pagar el precio de vivir en justicia y santidad? Personalmente considero que no hay un precio que se compare al altísimo valor que tiene la manifestación del fuego de su presencia.

Los israelitas fueron un pueblo de dura cerviz que se negaron a cumplir esas condiciones; por esa razón Moisés tuvo que levantar el Tabernáculo de Reunión fuera del campamento, en el desierto, para poder encontrarse con el Señor (vea Éxodo 33:7). De no haber hecho eso, el fuego hubiese destruido a la gente. En hebreo, la palabra para "dura cerviz" es *cashé*. Entre sus significados están los conceptos "duro", "cruel", "severo" y "obstinado" (vea, por ejemplo, Éxodo 33:3). Sólo Moisés y Josué podían entrar a la nube de la gloria de Dios y permanecer en el fuego sin quemarse o morir. Si leemos cuidadosamente los acontecimientos de los israelitas en el desierto, podemos ver que la nube de Dios siempre acompañó al pueblo durante su trayectoria a través del desierto —tal como lo había prometido—, pero Él no estuvo en medio de ellos.

Las experiencias de Moisés con el fuego de la presencia de Dios

¿Cuál fue la primera experiencia de Moisés con el fuego de Dios? Cuando era un pastor en la tierra de Madián, antes que Dios lo llamara a Egipto a liberar a su pueblo, probablemente una zarza ardiendo en fuego en medio del desierto era una experiencia común para él. Cierto día, vio una zarza ardiendo, pero discernió que el fuego en ella no era común, pues no consumía la zarza. ¿Por qué? Porque la eternidad estaba invadiendo la dimensión natural con una manifestación sobrenatural. Entonces Moisés pudo discernir lo natural de lo sobrenatural. La zarza no se quemaba, porque el fuego de Dios nunca se extingue. Ésta era una manifestación de la eternidad del Señor y de la pasión por Dios que continuamente ardería en el corazón de Moisés hasta el fin de sus días.

Fue desde ese fuego que Dios le habló:

Viendo Jehová que él iba a ver, lo llamó Dios de en me-dio de la zarza, y dijo: ¡Moisés, Moisés! Y él respondió: Heme aquí. (Éxodo 3:4)

El Señor se manifestó a sí mismo ante Moisés a través del fuego, no sólo en esta ocasión, sino a lo largo de la vida de Moisés. La primera vez, Dios le dijo que se quitara las san-dalias, porque la tierra sobre la cual estaba parado era san-ta —esto simbolizaba que Moisés ya no caminaría en lo natu-ral, sino que caminaría en lo sobrenatural (vea el versículo 5). Cuando Moisés se acercó a Dios, lo que vio desde abajo fue un fuego consumidor. Él vivía bajo el fuego de la presencia de Dios, y desde ahí desató algunos de los milagros más impresionantes registrados en la Biblia.

¿Qué le sucedió a Moisés después de su experiencia con la zarza ardiente?

El corazón de Moisés fue cambiado —transformado— para siempre por su experiencia con la zarza ardiente. Dios desató en Moisés la misma pasión que Él tenía por liberar al pueblo de Israel, que se mantenía cautivo en Egipto. Es interesante notar que los primeros cuarenta años de su vida, Moisés había esta-do completamente sumergido en la cultura egipcia como el hijo adoptivo del Faraón, lo que le había formado como un individuo arrogante y autosuficiente. Es por esto que, cuando vio el sufri-miento de su pueblo, trató de liberarlo en sus propias fuerzas. No pudo hacerlo porque ése no era el plan de Dios, o su método, para liberar al pueblo (vea Éxodo 2:1–15).

Después, Moisés huyó de Egipto y pasó cuarenta años en el desierto, donde Dios removió la cultura egipcia de él y mató su ego. Cuando estuvo listo, Moisés dijo, *"¿Quién soy yo para que vaya a Faraón, y saque de Egipto a los hijos de Israel'* (Éxodo 3:11), si casi no puedo hablar?" (vea Éxodo 4:10).

Finalmente, Moisés pasó cuarenta años más en el desierto, encendido —como la zarza ardiente—, por el fuego del Señor, ardiendo continua y apasionadamente por guiar a Israel a la Tierra Prometida y a conocer al Señor íntimamente. Un momento en el fuego de Dios lo llevó a liberar un pueblo, al cual no había liberado en el curso de ochenta años. Moisés se convirtió en amigo fiel de Dios, un líder de millones, un hombre celoso por hacer la voluntad de su Señor, que hacía milagros, señales y maravillas por la mano de Dios y hablaba con Él cara a cara.

Nada de eso hubiese sucedido, o hubiese sido remotamente imaginable, sin la experiencia de la zarza ardiente. Sólo después de ese encuentro, él pudo creer, levantarse y guiar a una nación entera a recibir su herencia en la Tierra Prometida. ¡Ese cambio fue causado por el fuego de la presencia de Dios!

Cuando Moisés tuvo la experiencia con la zarza ardiente, recibió el fuego de la presencia de Dios.

A través de estas páginas, Dios me ha comisionado para decirle que usted también puede tener la misma experiencia. Él es el Dios vivo que sigue haciendo milagros entre su pueblo. Él tiene una misión especial que usted debe realizar —para eso usted fue creado—, y Él le proveerá su fuego que le dará poder para llevarlo a cabo, un fuego que nunca se extinguirá. Cualquier cosa que usted no haya sido capaz de hacer hasta ahora, la hará con el fuego de Dios.

Todo creyente necesita tener una experiencia con la zarza ardiente. Sin ella, sólo tendremos una *opinión* acerca del poder sobrenatural —pura teoría—. Sin embargo, una vez que experimentemos el fuego, arderemos en una pasión inagotable que nos llevará a demostrar el poder sobrenatural. Ese poder también podremos transferirlo a otros, para desatar avivamientos, sanidades, milagros, señales y maravillas que puedan liberar individuos, ciudades y naciones de las ataduras del pecado, la enfermedad y las maldiciones.

Puede que usted pregunte, "¿Estaré listo para una experiencia con el fuego de su presencia?", o "¿Es posible en la actualidad experimentar lo mismo que Moisés?". Mi respuesta a estas preguntas es, "¡Por supuesto!". El proceso de formación y desarrollo que usted ha soportado en el "desierto" de su propia vida no ha sido en vano; eso lo ha preparado para esta experiencia. Alrededor del mundo, miles de hombres y mujeres como yo, así como otros a quienes he entrenado, están experimentando el fuego de la presencia de Dios todos los días. La evidencia es que están encendiendo iglesias, ciudades y naciones con ese fuego santo.

El fuego de Dios está incluido en la *"restauración de todas las cosas"* (Hechos 3:21), acerca de lo cual hablamos antes, y éste es el tiempo de su manifestación. ¡Usted y yo estamos viviendo en el tiempo de la restauración de todas las cosas! Para que eso ocurra, es necesario que el fuego queme la *"madera, heno,* [y] *hojarasca"* (1 Corintios 3:12), y purifique el oro en la iglesia (vea los versículos 12–15). Sólo entonces veremos brillar aquello que es verdadero.

Mi experiencia personal con el fuego

Cuando recibí a Jesús como mi Señor y Salvador personal, de inmediato fui lleno con el Espíritu Santo, con la evidencia de hablar en otras lenguas. La Biblia hace referencia a esta experiencia como ser lleno de *"poder desde lo alto"* (Lucas 24:49) para ser un testigo efectivo de Jesús (vea los versículos 46–49). Sin embargo, noté que a pesar de haber sido lleno con el poder de Dios, todavía no tenía el fuego del Espíritu para ganar almas para el reino. Sí, estaba feliz y lleno del gozo de conocerlo y tener el poder de Dios. Me regocijaba en su presencia, en experimentarlo y conocerlo, pero no había sido sumergido en su fuego.

La palabra griega que se traduce como *"poder"* en Lucas 24:49 es *dúnamis* y se refiere a un "poder explosivo". De esta palabra se derivan los términos *dinamita* y *dinámico*. En lo natural, un cartucho de dinamita no puede explotar sin fuego. Por tanto, puedo decir que al comienzo de mi caminar cristiano, tenía la dinamita del poder de Dios, pero aún no explotaba, porque la mecha no había sido encendida. ¡Necesitaba el fuego!

¿Cómo se encendió la mecha? Un día, mientras estaba solo en mi habitación, disfrutando de la presencia de Dios, Él me bautizó con el fuego de su presencia. Ese bautizo desató en mí una incontrolable pasión por salvar almas, conocer el rostro de Dios, ser santo, extender su reino, levantar una generación de personas radicales por Cristo, y manifestar su poder sobrenatural. Desde ese momento hasta ahora, el fuego ha seguido ardiendo dentro de mí como una llama eterna. Todo lo que hago lo hago con gran pasión. Oro, alabo, adoro, echo fuera demonios, ministro sanidad a los enfermos, y predico el evangelio a través del mundo con pasión, porque el fuego del Espíritu arde en mí.

Usted no puede impartir el fuego hasta que tiene una experiencia con la zarza ardiente.

Esta misma experiencia la han tenido muchos otros. Un joven llamado Andy vino a nuestra iglesia hace aproximadamente diez años. Había crecido en una familia disfuncional. Su abuelo había perdido a su padre a la edad de dos años, y su padre no había conocido a su propio padre hasta los dieciocho años. Una maldición generacional de hogares rotos, divorcio, y adulterio afligían la vida de este joven y la de su familia. El padre de Andy era violento física y verbalmente; y eso hizo que Andy sintiera un fuerte odio y rechazo hacia él. Después, el odio se convirtió en rebeldía. Siendo un adolescente, se vinculó al mundo de las drogas y las pandillas, donde conoció personas que se sentían de la misma manera que él. En lugar de encontrar respuestas para su dolor, lo que halló fue una manera más rápida de ahondar la depresión, el sentido de pérdida de identidad, y la falta de amor paterno que sentía por dentro. La vida no significaba nada para él. Finalmente, decidió cometer suicidio.

Sin embargo, la noche que había escogido para quitarse la vida, oyó una voz que le dijo, "No lo hagas. Tengo un propósito para ti". La voz trajo tan profunda convicción a su corazón que cayó de rodillas y empezó a llorar —después de años sin derramar una lágrima debido a su corazón endurecido—. Esa noche, le pidió a Dios que entrara en su corazón y cambiara su vida. Nunca había sentido un amor tan verdadero y puro como el amor del Padre celestial, y nunca más volvió a ser el mismo. Andy se enamoró completamente de Dios. Dejó atrás las drogas, el sexo ilícito, las pandillas, la delincuencia y la falta de perdón. A cambio, empezó a asistir a las reuniones de oración de la madrugada en nuestra iglesia, y fue entrenado en oración bajo la dirección de mi esposa.

Un día, el Espíritu Santo me guió a comisionar a Andy como pastor de jóvenes en nuestra iglesia. Hoy, él sirve fielmente a Dios, y su fruto ha sido abundante y sobrenatural. Está produciendo una revolución espiritual entre los jóvenes, activándolos en los dones de palabra de ciencia, profecía y liberación, para evangelizar las calles de Miami con señales, maravillas y tremendo fruto. Se ha multiplicado en otros, quienes también están en fuego por Cristo —jóvenes que brindan cuidado pastoral y testifican al hacerlo—, bajo el slogan "Street Glory" [Gloria en las Calles]. Este grupo sale todos los sábados a evangelizar en las calles, invadiendo la ciudad entera —entrando inclusive a zonas muy peligrosas—. En las primeras quince semanas de Street Glory, estos jóvenes cosecharon más de seis mil profesiones de fe. Street Glory está ahora expandiéndose a Washington, D.C.; Nueva York; México; Venezuela; Argentina; Guatemala; España e Inglaterra. A sus veintiséis años, Andy imparte el fuego del cielo a los líderes de jóvenes que están bajo la cobertura espiritual de nuestra iglesia. ¡Sí, Dios está levantando una generación de fuego!

Jesús vino a traer poder y fuego

Fuego vine a echar en la tierra; ¿y qué quiero, si ya se ha encendido? (Lucas 12:49)

Mientras Jesús ministró en la tierra, su mayor pasión fue desatar el fuego de la presencia de Dios para que, después de su resurrección, una multitud de personas alrededor del mundo pudiese reproducir sus milagros y guiar a otros hombres y mujeres a conocer al Padre con la misma pasión. Además de darnos nuestra salvación, ésta es la razón por la que Él fue a la cruz y murió. ¡Jesús sabía lo que estaba haciendo! Cuando Él resucitó, ese fuego fue desatado sobre sus discípulos en el Aposento Alto, y ellos sacudieron al mundo. Por esa razón Juan el Bautista dijo,

> *Yo a la verdad os bautizo en agua para arrepentimiento; pero el que viene tras mí, cuyo calzado yo no soy digno de llevar, es más poderoso que yo; él os bautizará en Espíritu Santo y fuego.* (Mateo 3:11)

En este pasaje vemos que hay una diferencia entre ser bautizado con el Espíritu Santo y ser bautizado con fuego. Juan usa la conjunción *"y"* entre los términos *"Espíritu Santo"* y *"fuego"*, indicando que son dos bautizos diferentes, pero igualmente necesarios.

Para entender lo que significa ser bautizado con fuego, veamos primero la palabra griega para *"bautizar"*. Ésta es *baptizo*, que significa "sumergir" y "mojar por completo". Esta palabra se usaba para describir un bote cuando es cubierto o sumergido por una gran ola; esto es esencialmente lo que sucede cuando somos bautizados en agua por inmersión. Somos completamente cubiertos, totalmente sumergidos bajo el agua. La misma experiencia ocurre cuando somos bautizados con el Espíritu Santo y fuego. Somos sumergidos por completo en el fuego consumidor de la presencia de Dios, para que de ese modo afecte todo nuestro ser.

Dos puntos fundamentales para ser un testigo efectivo de Jesús

Pasar por estos bautizos es fundamental para que nuestro testimonio sea efectivo. La mayoría de los cristianos quieren ser testigos de Jesús. Sin embargo, muchos no testifican, mientras otros hacen lo mejor que pueden, pero son inefectivos. ¿Por qué? Porque no han entrado por completo en los bautizos del Espíritu Santo y fuego. Por tanto, analicemos en detalle estos dos puntos básicos:

1. Ser llenos con el poder *dúnamis* ("dinamita") del Espíritu Santo

Pero recibiréis poder.... (Hechos 1:8)

Lo primero que necesitamos es el poder del Espíritu Santo de Dios. Ese poder va más allá de la habilidad de hablar en otras lenguas. Es también más que sólo una oportunidad para formar un "club social" donde la gente puede profetizarse unos a otros. ¡El poder del Espíritu tiene que ver con ganar al perdido para Cristo! Ser lleno con el Espíritu Santo y fuego es tener la habilidad de sacudir al mundo con las buenas nuevas del reino (vea Hechos 17:6). Nos ayuda a producir evidencias sobrenaturales que prueban que, verdaderamente, Jesús vive. Debemos llevar el evangelio dondequiera que vamos; sanando al enfermo, liberando al cautivo y testificando de la obra redentora de Jesús.

Ser bautizados con el Espíritu Santo no tiene nada que ver con testificar sobre una iglesia, un ministerio o un creyente individual. Se trata de Jesús de Nazaret —el Hijo de Dios—. Desde la muerte y resurrección de Jesús, mucha gente ha abandonado ese propósito fundamental. Necesitamos volver a ser verdaderos testigos de Él. Podemos testificar de todo lo que Dios hace, pero el propósito principal al hacerlo es glorificar al protagonista de nuestros testimonios: a Cristo resucitado. ¡Jesús debe ser el centro de nuestro testimonio! Y para testificar efectivamente, debemos tener una experiencia personal con el Espíritu Santo —esa experiencia es dada por Jesús mismo—, porque el Espíritu es quien trae convicción a los pecadores de su necesidad de salvación.

Un individuo con una experiencia no está a merced de alguien con una opinión.

Algunos de nosotros somos muy buenos discutiendo teología, pero a menudo perdemos nuestros argumentos porque no podemos probar lo que decimos. El punto es que Dios no nos llamó a argumentar sino a testificar de lo que hemos visto, oído y experimentado. No es una ciencia. ¡Es una experiencia! Así que, no hay nada que discutir al respecto porque, en general, la veracidad de una experiencia no puede ser refutada.

2. Ser llenos con el fuego de la presencia de Dios

Hay creyentes que han recibido la llenura del Espíritu Santo con la evidencia de hablar en otras lenguas, y han sido llenos con poder del cielo, pero nunca testifican de Jesús. Tampoco oran por los enfermos o echan fuera demonios. Volviendo a nuestra anterior analogía, tienen la dinamita, pero ésta no ha sido encendida con fuego.

El bautizo con fuego ocurre cuando vamos delante de Dios para que Él pueda encendernos con llamas de pasión —la misma clase de pasión que arde en el corazón del Padre—, la pasión por ser testigos de Jesús, para traer la verdad del dominio, Señorío y voluntad del Rey a la tierra, haciendo milagros en su nombre y por su mano.

El fuego de la presencia de Dios desata la pasión que está en Él.

Recuerde que en el tabernáculo del Antiguo Testamento, el candelero representa a la iglesia —todos los creyentes—. El candelero se mantenía lleno de aceite, la sustancia usada para mantener la luz encendida continuamente. El aceite simboliza al Espíritu Santo, quien es hoy el "combustible" que mantiene la luz de la gloria de Dios ardiendo en nosotros. Pero además, había otra condición para que el candelero brillara. Sus mechas tenían que ser encendidas con fuego. Cuando el fuego no quema, sin importar cuánto aceite haya, el candelabro no brillará. De la misma manera, no podemos ser testigos poderosos y efectivos de Jesús si nuestros candelabros no han sido encendidos con el fuego de la gloria de Dios.

Esta es la razón por la cual muchos creyentes hablan en lenguas y están llenos de poder pero, en vez de estar en fuego, son pasivos e indiferentes. Han perdido el fuego, o quizá nunca lo recibieron. La respuesta, por supuesto, es ser encendidos por el fuego de su presencia. Ahora veamos diez resultados que el fuego trae a la vida de los creyentes.

Diez resultados del fuego de la presencia de Dios

En numerosos pasajes a lo largo de la Escritura, vemos cuándo, cómo y por qué Dios desató el fuego de su presencia. Él sigue haciendo lo mismo hoy con los mismos propósitos.

1. El fuego produce una pasión por salvar almas

La mayor cosecha de almas que la iglesia jamás haya visto está a punto de ocurrir, y será el resultado del fuego del Espíritu Santo ardiendo en los creyentes. Muchos avivamientos han tenido lugar alrededor del mundo, pero pocas personas parecen haber reconocido su propósito. Algunos los vieron como un medio para sentirse bien, danzar, llorar y tener tiempos de descanso. Esas cosas son beneficiosas y forman parte de las manifestaciones divinas que traen avivamiento. Pero el propósito principal de Dios para enviar avivamientos, es que la gente conozca a Jesús y sea salva.

> *El era antorcha que ardía y alumbraba; y vosotros quisisteis regocijaros por un tiempo en su luz.* (Juan 5:35)

Juan el Bautista fue como una antorcha que quemaba y daba luz, pero esa luz sólo tenía el propósito de ayudar a otros a ver *la* Luz —Jesús—. Su rol era anunciar la venida del Mesías y lo que Él haría en la tierra. En esos días, muchas personas se regocijaron en la luz de Juan y lo siguieron, pero no progresaron más en su fe. Asimismo, muchos creyentes hoy se regocijan en la luz de otros, pero se quedan cortos porque no tienen el fuego de la pasión de Dios en ellos. Su fuego se ha extinguido. Necesitan que el Espíritu Santo los encienda otra vez.

No podemos ser luz si no estamos en fuego.

Jesús dijo que los creyentes somos la *"luz del mundo"*:

Vosotros sois la luz del mundo; una ciudad asentada sobre un monte no se puede esconder. Ni se enciende una luz y se pone debajo de un almud, sino sobre el candelero, y alumbra a todos los que están en casa. Así alumbre vuestra luz delante de los hombres, para que vean vuestras buenas obras, y glorifiquen a vuestro Padre que está en los cielos. (Mateo 5:14–16)

Somos iluminados por el fuego de Dios. Ninguna otra luz, más que la luz que recibimos del Espíritu Santo a través de Jesús, puede dispersar la oscuridad espiritual. No hay otra fuente de luz que traiga su presencia, milagros, y todo lo demás que Él quiere hacer por la gente a través de nosotros. Jesús ha regresado al cielo, y ahora nosotros somos la luz del mundo. Sin el fuego del Espíritu de Dios, la luz de su gloria no brillará.

Javier Va Hoje es un discípulo en nuestro ministerio y un cantante profesional cubano con una impresionante historia musical. Él vio nuestro programa de televisión *Tiempo de Cambio*, estando en Las Vegas, donde vivía y asistía a una iglesia con su familia. Al cuarto mes de haber quedado embarazada su esposa, los médicos le diagnosticaron que el bebé nacería con síndrome de Down. Javier y su esposa enfrentaron los mismos retos que la mujer que mencioné al principio de este libro, y su respuesta encendió el fuego de Dios en sus vidas. Mientras el doctor les recomendaba que lo mejor era abortar al bebé, ellos no aceptaron el diagnóstico. Por el contrario, decidieron proteger la vida de su hijo.

Javier se apropió de la palabra que había escuchado en una de mis prédicas, donde enseño que la verdad es el nivel más alto de realidad. Reconoció que los doctores habían basado su opinión en un diagnóstico real, pero también conocía una verdad mayor —Jesús pagó el precio por la sanidad de su hijo—. Los doctores no entendieron la decisión de Javier y su esposa de no abortar al bebé y dijeron que no se hacían responsables por el embarazo. La pareja tuvo que firmar un documento certificando que habían sido informados de la condición del bebé.

En ese tiempo, Javier le testificó a uno de sus amigos, quien estaba adicto a las drogas, y le compartió la batalla de fe que estaba librando por su hijo. Le dijo a su amigo, "Verás que mi hijo nacerá sin problemas médicos. Nacerá perfectamente normal y sano". Hizo un pacto con Dios para que la sanidad milagrosa de su hijo llevara al evangelio a su amigo.

Dios le tomó la palabra. ¡El hijo de Javier nació completamente sano! La gloria de Dios creó un milagro, restaurando el conteo de cromosomas normales y llevando el embarazo a una sana conclusión. Gracias a este milagro, el amigo de Javier aceptó a Jesús y fue liberado de su adicción.

Después, Javier decidió mudarse con su familia a Miami para poder asistir a nuestra iglesia. Estaban hambrientos por saber más de Dios. Hoy, entrenado, equipado y lleno con el fuego de Dios, Javier predica cuando está de gira; declara sanidad sobre los enfermos, y se sanan; ora por liberación de la gente joven, y ellos dejan de usar drogas; les predica a brujas y hechiceros, y los gana para Cristo. Tiene un fuego en su corazón que nunca se extingue.

Jesús viene por una iglesia que no sólo está experimentando avivamiento sino que además está en fuego por la cosecha.

Si la experiencia del bautizo del Espíritu Santo, a través del cual recibimos el poder de Dios, no nos empuja a alcanzar al perdido, sigue sin ser decisiva. El bautizo en fuego es necesario para impulsarnos a ir y evangelizar. Un avivamiento es una inyección de vida nueva a través de la cual somos investidos de poder —llenos completamente con el poder de Dios—, para recoger la gran cosecha. Deberíamos estar conscientes que la gente se está yendo al infierno mientras la iglesia continúa operando tras cuatro paredes, cantando, danzando, y ministrándose unos a otros, pero nunca saliendo a buscar al perdido. ¡Oremos para que esa pasión por el perdido sea desatada en cada uno de nosotros!

2. El fuego trae juicio

Después...los hijos de Aarón, tomaron cada uno su incensario, y pusieron en ellos fuego, sobre el cual pusieron incienso, y ofrecieron delante de Jehová fuego extraño, que él nunca les mandó. Y salió fuego de delante de Jehová y los quemó, y murieron delante de Jehová. (Levítico 10:1–2)

Este pasaje incluye el término *"fuego extraño"*, el cual mencioné brevemente en el capítulo anterior. Se refiere al incienso que simboliza la adoración, pero que se origina de un motivo incorrecto y consecuentemente activa el juicio de Dios sobre aquellos que lo ofrecen. El fuego del juicio discierne entre lo santo y lo profano, entre lo puro y lo infame. Esta verdad nos permite entender por qué muchos están enfermos y otros mueren inexplicablemente (vea 1 Corintios 11:27–30). Algunos hombres y mujeres de Dios están siendo juzgados por su fuego debido a la inmoralidad, el mal uso de las finanzas, el orgullo, la comercialización de la unción, y otras transgresiones a su ley. Como dice la Escritura, *"Si, pues, nos examinásemos a nosotros mismos, no seríamos juzgados; mas siendo juzgados, somos castigados por el Señor, para que no seamos condenados con el mundo"* (versículos 31–32).

Cada vez que la tierra se llena de corrupción y violencia, Dios trae su juicio para purificarla —usualmente a través del fuego—.

No queremos ser condenados con el mundo. El mundo está experimentando tiempos de crisis en los cuales el pecado, la iniquidad y la perversión abundan. El planeta está bajo una maldición debido a actos de venganza, homicidios y otro tipo de crímenes y violencia que causan el derramamiento constante de sangre inocente —incluyendo la de aproximadamente cincuenta millones de niños, solamente en Estados Unidos, que han sido asesinados estando aún en el vientre de sus madres desde que el aborto se legalizó en 1973—[8]. También tenemos maldiciones como el suicidio, la pobreza, la esterilidad, el divorcio y las enfermedades incurables que tienen su origen en pecados pasados y presentes. Dios debe juzgar a los habitantes del mundo. Un claro ejemplo bíblico de esta situación es la destrucción de las ciudades de Sodoma y Gomorra (vea Génesis 13:12–13; 18:17–19:28). Dios las destruyó con fuego debido a sus múltiples transgresiones e iniquidades. Lo mismo pasará en la tierra en los últimos tiempos.

Isaías 24 es muy claro sobre el juicio del Señor sobre la tierra, afirmando que sus habitantes han violado las *"leyes"*, *"el derecho"* y *"el pacto sempiterno"* (versículo 5). Debido a estas cosas, la maldición consume al mundo, y sus habitantes son asolados (vea los versículos 4–6).

> *Porque así dice Jehová de los ejércitos: De aquí a poco yo haré temblar los cielos y la tierra, el mar y la tierra seca.* (Hageo 2:6)

Yo creo que, en este tiempo de la historia de la humanidad, Dios está sacudiendo a los habitantes del mundo. Él está sacudiendo a la gente en su vida personal y familiar. Está sacudiendo el sistema bancario, las grandes compañías y otros negocios, gobiernos, instituciones religiosas, y aún construcciones físicas. Los continentes y los océanos han sido sacudidos a través de desastres naturales. En medio del caos y la incertidumbre causados por este sacudimiento, el único inamovible es Jesús, su Palabra y su reino. Debemos permanecer en Él.

---

[8] http://www.nrlc.org/Factsheets/FS03_AbortionInTheUS.pdf.

3. El fuego purifica y santifica

Dios desea traer su fuego a nuestras vidas no para juzgarnos sino para limpiarnos. Cuando tenemos una experiencia personal con el fuego, somos purificados y santificados porque éste quema y destruye las impurezas en las diferentes áreas de nuestras vidas. ¡Quema y destruye todo lo que no le es agradable a Dios! De nuevo, *"Si, pues, nos examinásemos a nosotros mismos, no seríamos juzgados"* (1 Corintios 11:31). No tema al fuego de su presencia, porque santifica a aquellos que responden con sumisión, humildad, fe y obediencia. Si amamos a Dios y queremos agradarle, no tenemos que tener miedo de su fuego. No nos consumirá. Al contrario, nos acercará a Él y nos llenará con su pasión. Sabiendo esto, debemos buscar vivir expuestos a una atmósfera donde ese fuego siempre esté ministrando. Ya no podemos seguir viviendo de la misma manera. ¡Es tiempo de buscar su fuego! Esto requerirá un sacrificio de nuestra parte.

> *Entonces cayó fuego de Jehová, y consumió el holocausto, la leña, las piedras y el polvo, y aun lamió el agua que estaba en la zanja.*   (1 Reyes 18:38)

Para muchos creyentes, *sacrificio* se ha convertido en una palabra mala. Van hasta donde sea necesario para evitar perder su comodidad y conveniencia. El sacrificio es la demanda, la persecución, el rechazo que viene junto con el avivamiento. Un sacrificio no puede existir sin los inconvenientes. Es por esto que debemos cruzar la línea de la conveniencia.

El fuego de Dios cae solamente donde hay sacrificio, porque prueba que lo que fue ofrecido a Dios es real.

Pero el sacrificio de ayer es la conveniencia de hoy. Es fácil medir nuestro sacrificio según lo duro que nuestro pasado ha sido, pero no estamos dispuestos a mirar hacia nuestro futuro de la misma forma. No estamos buscando más sacrificio, pero sí queremos vivir en un estado permanente de recompensa por lo que ya hemos sacrificado. Por esto es que dejamos de crecer, madurar y entrar a dimensiones mayores; porque no estamos dispuestos a invertir nuestro tiempo y, mucho menos, nuestras finanzas, en el trabajo de Dios. Nunca he leído un verso en la Biblia que diga que el fuego cayó en un altar vacío, donde no había sacrificio. Siempre debemos buscar nuevos niveles de sacrificio.

4. El fuego revela los motivos de nuestros corazones

...pues por el fuego será revelada; y la obra de cada uno cuál sea, el fuego la probará.... (1 Corintios 3:13)

Periódicamente, necesitamos preguntarnos a nosotros mismos, "¿Cuál es el propósito de lo que estoy haciendo? ¿Quiero servir a Dios y usar los dones que Él me ha dado al máximo, teniendo amor por otros y un deseo por manifestar su gloria?". Si nuestros motivos son correctos, nada hay que debamos temer, y si nos hemos salido de rumbo, podemos hacer las correcciones necesarias. Después, desearemos el avivamiento que Dios trae a nuestras vidas y ministerios.

Esto ocurre constantemente en los Retiros de Nuevos Creyentes promovidos por nuestra iglesia. Nuestra motivación es salvar, sanar, y restaurar al perdido, y Dios respalda su Palabra con transformaciones que cambian vidas. Las personas se encuentran a sí mismas con el fuego de Dios, y la obra entera de Satanás en sus vidas es consumida. En un Retiro de Nuevos Creyentes que se realizó fuera de Miami, un hombre de treinta años llamado Kendris, testificó que había sido liberado de problemas mentales. Su condición era tan severa que los doctores lo habían hospitalizado varias veces, sin que pudiera recordar esos estados. Los doctores no hallaban una cura para el mal que lo afligía, porque su condición era espiritual; era una maldición generacional que venía desde su abuela.

Además, desde los nueve años hasta los veinticuatro, había sido un alcohólico sin esperanza de recuperación; ningún programa de rehabilitación le había ayudado. A los trece años había comenzado a usar marihuana. A los diecisiete, no solamente usaba cocaína y éxtasis sino que las vendía. Sin embargo, la primera vez que visitó nuestra iglesia, aceptó al Señor en su corazón, y su vida empezó a dar un giro completo. Su matrimonio fue restaurado. Fue liberado del pecado de adulterio y de sus adicciones, y su mente fue restaurada a la normalidad. Antes de ser salvo, su familia no creía en él; lo consideraban farsante y mentiroso. No obstante, su transformación fue tan radical que sus papás también llegaron a conocer a Cristo.

Kendris encontró trabajo como ayudante de cocina y después fue promovido a chef. Hoy en día, es el chef ejecutivo de una corporación. Le sirve a Dios como líder de Casa de Paz y le predica a todos los que conoce, testificando y demostrando lo que Dios ha hecho en él. ¡Está en fuego por Jesús!

5. El fuego produce pasión para cumplir nuestro llamado

Y dije: No me acordaré más de él, ni hablaré más en su nombre; no obstante, había en mi corazón como un fuego ardiente metido en mis huesos; traté de sufrirlo, y no pude.   (Jeremías 20:9)

Así fue como el profeta Jeremías describió su experiencia con el llamado y el fuego de Dios. En mi experiencia personal, cuando predico en otras naciones, regreso a casa feliz por la cosecha y por todo lo que Dios hizo, pero no puedo negar el agotamiento físico que esto produce. Cuando me siento exhausto, a menudo me propongo en mi corazón esperar uno o dos meses antes de viajar otra vez, pero esa decisión no dura. Después de pocos días, la pasión y el fuego por llevar su gloria a las naciones, por ver a la gente correr a Jesús por salvación, y por extender su reino, revive en mí; empieza a quemarme una vez más, y quiero regresar a las naciones. Lo mismo pasa cuando no predico o ministro en la iglesia local. ¡Lo extraño! La pasión que arde dentro de mí me activa. Es un fuego para predicar y ministrar, para estar con la gente y verlos transformados; y ese fuego nunca se apaga.

Esto es lo que sucede cuando hay un llamado genuino de Dios en nosotros. Es un fuego que quema hasta los huesos. ¡No puede ser extinguido! Este es el propósito por el cual fuimos creados. Sin importar las diversas y maravillosas maneras en que los creyentes manifiestan sus propósitos, nuestros llamados son como una llama eterna que nunca se extingue.

6. El fuego produce una pasión para vencer la oposición

...oiga de vosotros que estáis firmes en un mismo espíritu, combatiendo unánimes por la fe del evangelio, y en nada intimidados por los que se oponen....

(Filipenses 1:27–28)

La palabra *pasión* describe un fervor —una obsesión, una búsqueda o persecución extrema de algo—. También puede referirse a sufrimiento o martirio. Es por eso que el trayecto de Jesús hacia el Calvario se conoce como la "pasión de Cristo". Su ardiente deseo por salvar a la humanidad lo llevó a sufrir y morir en la cruz. Asimismo, la pasión del fuego de la presencia de Dios nos permite soportar todo sufrimiento y vencer toda oposición, por amor.

Para los hombres y mujeres apasionados, que arden con fuego divino, todo se desarrolla alrededor de la visión de Dios. Desde la más sencilla de sus conversaciones hasta sus más altas prioridades están alineadas al cumplimiento de ese objetivo. Tristemente, algunos creyentes —y peor aún, líderes cristianos—, anhelan muy poco las cosas de Dios. No basta un simple deseo. Cuando usted tiene una pasión divina, usted estará espiritualmente en fuego, y ninguna oposición a los propósitos de Dios podrá derrotarlo.

7. El fuego produce pasión por conocer a Dios íntimamente

Me he dado cuenta que cada vez que paso un largo período de tiempo en la presencia de Dios, salgo de esa experiencia con una pasión aún mayor por permanecer en la nube de su gloria. Entrar en la presencia de Dios desata un celo mayor en mí por buscarlo y conocerlo más íntimamente; a menudo también crea la misma pasión en aquellos que están alrededor mío.

La disciplina causa admiración en otros, pero la pasión es contagiosa.

La pasión es como un fuego en un bosque: una llama pequeña es todo lo que se necesita para encender un bosque entero en llamas, a tal punto que no puede ser extinguido.

8. El fuego produce denuedo sobrenatural

Y ahora, Señor, mira sus amenazas, y concede a tus siervos que con todo denuedo hablen tu palabra....
(Hechos 4:29)

Pedro y Juan fueron llevados ante el concilio religioso en Jerusalén y luego encarcelados porque habían incitado a una gran multitud a que creyera en Jesús, al predicarles a Cristo resucitado. Sus enseñanzas eran una amenaza para los líderes religiosos porque miles de personas las escuchaban, ejercitaban su fe, y eran salvos, llevándolos a dejar la religiosidad y sus tradiciones. Además, los enfermos eran sanados, y ellos también testificaban de Jesús a cuantos conocían. La mecha del evangelio había sido encendida, ¡y su llama se estaba esparciendo como un fuego arrasador!

Cuando fueron liberados de la prisión, Pedro y Juan se encontraron con sus compañeros y juntos oraron al Señor, pidiendo un mayor nivel de denuedo para predicar la Palabra y seguir haciendo milagros en el nombre de Jesús. No estaban satisfechos con lo que habían venido haciendo. Querían más, ¡y Dios les concedió su petición! (Vea, por ejemplo, Hechos 4:31; 5:12).

Puedo testificar que cada vez que entro en su presencia, recibo coraje sobrenatural para creer y hacer lo que humanamente es imposible. Cuando alguien ejercita el denuedo sobrenatural, él o ella asumen grandes riesgos, y esto, sin duda, inspira a otros a hacer lo mismo —además de provocar el apoyo de Dios—. ¡Dios ama a la gente con denuedo!

Hay personas en nuestra iglesia que están ardiendo con el fuego de Dios. Ellas no temen tomar riesgos, sufrir ni pagar el precio de predicar sobre Jesús. Una mujer llamada Caroline testificó que ella era maestra en una escuela cristiana hasta que un día la sacaron por asistir a nuestra iglesia, por orar en otras lenguas, y por creer que Dios sigue haciendo milagros hoy. Sin embargo, en vez de desanimarse, su fe se fortaleció, y supo que Dios le daría otro trabajo. Durante su búsqueda, encontró la oportunidad de trabajar para una ortodoncista. No estaba segura si debía aceptar ese trabajo porque la oficina estaba llena de imágenes budistas, pero finalmente aceptó.

Un día, la ortodoncista la llamó a su oficina para hablar. Caroline creyó que estaba a punto de perder su trabajo por ser cristiana, así que entró a la oficina con denuedo y empezó a profetizarle a su jefa. Había dicho sólo dos o tres cosas cuando la mujer empezó a llorar y gritar. Sus gritos eran tan fuertes que Caroline tuvo que cerrar la puerta de la oficina. La ortodoncista empezó a sentir el amor de Dios. En ese instante, Caroline le dijo, "El Señor dice que no tendrás otros dioses sino Él". Esto la impactó tanto que inmediatamente llamó a su secretaria, y le dio quince minutos para deshacerse de toda imagen y estatua que había en su oficina. Desde ese día, Caroline —encendida por el fuego de la pasión de Dios para salvar almas— ha predicado en la oficina abierta y libremente. El Espíritu Santo trajo convicción a la ortodoncista, quien abrió su corazón y le dio un giro completo a su vida. Caroline continúa ganando almas para Jesús en su trabajo. ¡Está en fuego! Dios la transformó para que pudiera convertirse en una liberadora.

9. El fuego produce pasión por ver milagros, señales y maravillas

Dondequiera que voy, mi oración es siempre la misma: que Dios haga milagros, señales y maravillas con el propósito de sensibilizar los corazones de la gente para que reciban a Jesús como su Señor y Salvador. Tengo pasión por ver que esas maravillas ocurran, porque muchos en el pueblo de Dios están enfermos y en necesidad de sanidad divina. Ellos también necesitan ver una demostración del poder de Dios y desarrollar un hambre por el fuego, para que puedan reproducir los mismos milagros, señales y maravillas en sus propias familias, comunidades, ciudades y naciones. Una vez más, los creyentes han sido escogidos y ungidos para sacudir el mundo, no con teorías y razonamientos, sino con el poder sobrenatural de Dios.

Durante un servicio de milagros en Miami, la gente en una de nuestras Casas de Paz en Caracas, Venezuela, se reunió para verlo vía satélite. Entre los asistentes estaba una doctora de cuarenta y cinco años, de nombre Betty, quien había sido operada de cáncer en la glándula tiroides, el cual se había esparcido a sus ganglios linfáticos. Además, había sufrido un ataque al corazón. Después de la quimioterapia, el cáncer había reaparecido en su garganta; los ganglios estaban tan grandes que podían sentirse fácilmente. Fue invitada a la reunión por amigos, y llegó desesperada por un milagro. Ella no quería más quimioterapias ni radiaciones, porque entendía muy bien la destrucción que ese tipo de tratamientos puede causar.

Cuando empecé a maldecir la semilla de cáncer y muerte, Betty sintió el fuego de Dios en su garganta. Los que estaban presentes le pidieron que hiciera lo que no podía hacer antes, para confirmar el milagro. Se tocó la garganta y no pudo encontrar inflamación alguna. ¡El cáncer había desaparecido de su cuerpo sobrenaturalmente! Cuando se dio cuenta que había recibido su milagro, Betty empezó a llorar y gritar, testificando lo que Dios había hecho. Como doctora, sabía mejor que cualquier otro que, científicamente hablando, no había explicación para lo que le había ocurrido. Estaba tan feliz que empezó a celebrar de tal manera que la policía llegó al lugar. Los líderes de la Casa de Paz aprovecharon la oportunidad y compartieron el evangelio con los oficiales de policía. Todos recibieron a Jesús como su Señor y Salvador. Días más tarde, la Dra. Betty se hizo las pruebas para chequear las células cancerosas. Los resultados confirmaron que ella estaba completamente sana. El Señor había removido todas las células cancerosas que habían invadido su cuerpo.

Una pasión por los milagros había llevado a estos creyentes en Venezuela a conectarse a nuestro programa vía satélite y a creer que lo que pasara en Miami también sucedería donde ellos estaban. ¡No se equivocaron! ¡Dios tiene pasión por hacer milagros en todas partes!

10. El fuego produce un avivamiento

> *El Espíritu del Señor está sobre mí, por cuanto me ha ungido para dar buenas nuevas a los pobres; me ha enviado a sanar a los quebrantados de corazón; a pregonar libertad a los cautivos, y vista a los ciegos; a poner en libertad a los oprimidos; a predicar el año agradable del Señor.* (Lucas 4:18–19)

Este pasaje describe el ministerio de Jesús cuando fue ungido por el Espíritu Santo para traer transformación en todas las áreas de su sociedad.

"Dar buenas nuevas a los pobres". Esta frase describe el propósito del avivamiento que vino con Jesús. Se refiere a los económicamente pobres, así como a los pobres en espíritu. En los avivamientos en los que he estado personalmente involucrado, tanto en Estados Unidos como en otros países, he notado que la prosperidad es un común denominador; la economía de toda la región involucrada mejora en gran medida.

"Sanar a los quebrantados de corazón". Los quebrantados de corazón son aquellos cuyas almas están heridas y llenas de dolor, amargura, falta de perdón, culpa, rechazo, baja autoestima, y más. Como expliqué previamente, una de las manifestaciones que produce un avivamiento es la risa o gozo en el Espíritu, que tiene poder sanador (vea, por ejemplo, Salmos 126:1–2). Uno de los más renombrados pioneros del movimiento de la "risa" es mi gran amigo el Apóstol Rodney Howard-Browne.

Un avivamiento de gozo y risa resuelve más problemas que horas de terapia y consejería.

"Pregonar libertad a los cautivos". Los cautivos son individuos que permanecen atados a adicciones —alcohol, drogas, nicotina, apuestas, pornografía, sexo ilícito y otras—. También son aquellos que están encadenados por el enemigo en prisiones de brujería, hechicería y otras prácticas de lo oculto que los mantiene atados a la depresión y pensamientos de suicidio. Cuando el fuego de Dios viene sobre ellos, destruye todo eslabón de esclavitud en sus vidas.

"Pregonar...vista a los ciegos". Este aspecto de la sanidad divina se produce a menudo cuando el fuego de Dios cae, como una señal de que también está abriendo los ojos espirituales, permitiéndole a la gente ver a Dios y sus caminos con claridad.

"A poner en libertad a los oprimidos". La gente que está deprimida está siendo torturada por el enemigo con pensamientos de culpa, rechazo e inseguridad; ellos necesitan liberación en sus mentes. El avivamiento del Espíritu Santo rompe las fortalezas demoníacas que mantienen a las personas atadas.

"Predicar el año agradable del Señor". Esta frase se refiere a proclamar libertad para la tierra y su gente. En el Antiguo Testamento, Dios instruyó a los israelitas a tener el Año del Jubileo cada cincuenta años (vea Levítico 25:10–19). Ese año se restituía a la gente cualquier propiedad que se hubieran visto forzados a vender debido a la pobreza, y eran liberados de su cautiverio si se habían vendido a sí mismos como esclavos para pagar sus deudas. Además, durante ese año no se hacía trabajo alguno en los campos, para que tanto las personas como los campos pudieran ser renovados.[9]

Espiritualmente, experimentamos el Jubileo cuando oímos las buenas nuevas del evangelio y recibimos el perdón de Dios por todos nuestros pecados. Desde la resurrección de Jesús, la iglesia ha estado anunciando al mundo el "Año del

[9] Vea Merrill F. Unger, *The New Unger's Bible Dictionary*, R. K. Harrison, ed., "Festivals: Jubilee" (Chicago: Moody Press, 1988), 408–09.

Jubileo" —proclamando que Jesús perdona los pecados y nos liberta—. Ahora, durante el "Año del Jubileo" de los últimos tiempos, los creyentes evangelizarán y proclamarán la temporada de la buena voluntad de Dios tanto dentro como fuera de las iglesias: en los mercados, escuelas, hospitales y prisiones. El evangelio del reino será anunciado por toda la tierra. Así que, de nuevo, es imperativo que vayamos y prediquemos para recoger la gran cosecha de almas prometida para los últimos tiempos.

Del pasaje de Lucas 4 podemos concluir que un avivamiento abarca todos los aspectos de la vida de la gente: físico, emocional, mental, social y espiritual. Trae transformación para todas las necesidades de la humanidad. Este conocimiento debería reafirmar en nosotros la urgencia de clamar a Dios para que su fuego sea desatado. En mi propio ministerio, he visto vidas transformadas por el fuego de Dios en cada una de esas áreas. Permítame contarle la historia de uno de nuestros pastores, Tommy Acosta.

Tommy nació en Cuba y creció sin padre. Cuando se mudó a Miami de niño, tenía un gran vacío en su corazón, lo que lo hizo buscar refugio en las malas relaciones, el alcohol y las drogas, desde que tenía catorce años. A los veintiún años, cansado de la vida y con la esperanza de dejar atrás sus adicciones a la droga y el alcohol, decidió buscar a su padre. Lamentablemente, ese encuentro le produjo una decepción porque no recibió el amor que estaba buscando. Esto lo hizo caer más profundamente en sus adicciones al LSD, alucinógenos, pastillas, crack —cualquier cosa que pudiera tener en sus manos—. Cuando regresó a Miami, se sintió aun más afligido, y sus deseos de vivir estaban casi destruidos.

Aun con todo esto en su contra, Tommy se las arregló para graduarse en la universidad con un título de ingeniería electrónica y abrir su propio negocio. También conoció a Sarahí, con quien se casó seis meses después. Pero la prosperidad financiera sólo le permitió gastar más en sus adicciones. Sarahí sabía que tomaba, pero no conocía el alcance de su adicción al alcohol, ni sabía que usaba drogas. Cuando descubrió su adicción a las drogas, su matrimonio empezó a sufrir. Discutían todo el tiempo, y su vida de familia se volvió caótica; no había paz. Tuvieron un hijo, pero las adicciones de Tommy impidieron que pasara tiempo con él. Después tuvieron una niñita.

Sarahí también había experimentado una niñez difícil. Su padre las había abandonado a ella y a su madre, y ahora vivía su propio infierno matrimonial. Se estaba hundiendo en la amargura y quería quemar la casa y quitarse la vida.

Tommy empezó a odiar a su esposa hasta que ya no hubo una relación entre ellos. Siguió tomando, pero no aceptaba la ayuda de nadie porque creía que podía dejar de beber alcohol cuando quisiera. Eventualmente, decidió asistir a Alcohólicos Anónimos, pero no cambió. Bebía todos los días. En un día común, podía empezar con vodka y después fumar cigarros y marihuana. Finalmente sus adicciones lo llevaron al punto de vomitar sangre y a recibir un diagnóstico de cirrosis hepática; una condición que hace que el hígado se deteriore y no funcione bien.

Ni siquiera este descubrimiento cambió su estilo de vida. Pero un día, algo pasó que lo sacudió para siempre. Llegó a su casa, borracho como de costumbre, y se fue a la cama, sólo para despertarse con los aterradores gritos de su esposa. Ella había encontrado a su hija de dos años ¡muerta! Había llevado a la niña a dormir a su cuna, pero unos minutos después, su hijo mayor la halló. La niña había tratado de trepar para salirse de la cuna y de algún modo, quedó atrapada en el cordón de las persianas verticales y accidentalmente se ahorcó ella misma.

Tommy corrió a la habitación. Desesperadamente desenredó el cordón del cuello de su hija y corrió al hospital. Cuando llegaron, los doctores pudieron reavivar su corazón, pero tenían pocas esperanzas de salvar su vida. Tommy y Sarahí pasaron los siguientes cuatro días en tortura. Él se sentía culpable, y ambos pensaron quitarse la vida. El segundo día que estuvieron en el hospital, alguien les habló de Jesús, pero no tomaron ninguna decisión en ese momento.

El día que su hija fue desconectada de las máquinas que la mantenían viva —ella ya estaba muerta—, ambos, Tommy y Sarahí aceptaron a Jesús como su Señor y Salvador. Al repetir la "oración del pecador", Tommy sintió algo así como una corriente eléctrica atravesando su espalda y saliendo por su pecho. Se sintió como si fuera a explotar de la angustia, pero, en un instante, nació de nuevo y fue completamente liberado de veintidós años de adicción. También fue sanado por completo de hipertensión y cirrosis. Tenía un hígado nuevo; algo que en lo natural sólo puede lograrse por medio de un trasplante.

El pasado de Tommy fue enterrado la misma semana que enterró a su hija. Desde ese momento, la relación con su esposa cambió por completo. Una vez más, empezaron a amarse profundamente el uno al otro. A medida que la relación de ambos con Dios se intensificaba, se sintieron motivados a servir en el ministerio. Hoy Tommy es pastor y Sarahí una profeta. Rescatan almas perdidas, restauran matrimonios, y liberan personas de adicciones y dolor. Si usted está experimentando la misma opresión que Tommy sufrió —o algo aún peor—, el fuego de Dios es la respuesta. Los Pastores Tommy y Sarahí Acosta alaban a Dios todos los días por el fuego que los transformó para siempre. Ese mismo fuego puede transformarlo a usted.

"¡Aviva tu obra!"

Oh Jehová, aviva tu obra en medio de los tiempos, en medio de los tiempos hazla conocer. (Habacuc 3:2)

Los israelitas le pidieron a Dios que "avivara" su obra. La palabra *"aviva"* se traduce de la palabra hebrea *kjaiá*, y algunos significados adicionales de esta palabra son "acelerar", "restaurar a la vida", "salvar" y "dar vida". Ellos querían que Dios renovara o revitalizara su obra.

Yo creo que cada nuevo creyente experimenta un "revivir", primero, cuando él o ella conoce al Señor; la Biblia se refiere a esto como el *"primer amor"* (Apocalipsis 2:4). En nuestro primer amor, experimentamos tanta pasión por Jesús que les hablamos a todos de Él, de su amor, y su poder. Estamos tan en fuego por Él que queremos contárselo al mundo entero. Después de un tiempo, por diferentes razones, perdemos esa pasión. Esa es la razón por la que el profeta Habacuc oró a Dios para que avivara su obra *"en medio de los tiempos"*. Hoy, hay miles de creyentes que han perdido su fuego y pasión por Dios. Si ésta es su situación, yo creo que mientras lee este libro, el Espíritu Santo desatará ese fuego y esa pasión en usted una vez más.

Cuando la iglesia pierde el fuego, el avivamiento de Dios es interrumpido. Como hemos visto, esa circunstancia hace que la gente busque sustitutos religiosos, nuevos métodos, reglas y estructuras, en un esfuerzo por levantar lo que está muerto. Lo peor es que los substitutos no permiten que fluya el vino nuevo del Espíritu Santo. Los nuevos odres que portan el vino nuevo del avivamiento son hombres y mujeres flexibles, que entienden que una relación genuina y viva con el Padre es mayor que una estructura religiosa, que la vida es más importante que la tradición, las regulaciones y el orden. Por favor no me malentienda. Yo estoy completamente de acuerdo con la necesidad del orden en la iglesia, pero siempre y cuando sigamos siendo flexibles y estemos dispuestos a movernos conforme a la guía del Espíritu Santo. El vino nuevo —el avivamiento— es vida, no ley. Es una relación con el Dios vivo y una experiencia con el fuego de su presencia.

Pasos esenciales para caminar en avivamiento

Para caminar en avivamiento personal o ministerial, debemos seguir estos cinco pasos fundamentales:

1. Clamar a Dios para ser encendidos

Oye la palabra de Jehová: Así ha dicho Jehová el Señor: He aquí que yo enciendo en ti fuego....

(Ezequiel 20:47)

Aunque en este verso Dios está hablando del juicio por fuego, también podemos aplicar el verso al otro propósito del fuego, que es encender pasión en nosotros al ser purificados por Él. Si reconocemos nuestra condición espiritual pasiva, falta de compromiso, actitud de tibieza y complacencia, Dios encenderá un fuego en nosotros que quemará todos esos obstáculos y transformará nuestras vidas, haciéndonos así instrumentos que puedan encender a otros que estén en el mismo estado de indiferencia. Cuando reconocemos nuestra condición espiritual y clamamos por avivamiento, recibimos el fuego de su presencia.

2. Derribar la vieja atmósfera en la iglesia local

En el capítulo anterior, expliqué cómo y por qué debemos derribar la atmósfera dura de opresión y duda, para crear otra atmósfera de gloria y de la presencia de Dios. Si esto no se hace, será muy difícil que venga el avivamiento, y aún más difícil que permanezca. Para lograr este rompimiento, hay que recordar que nuestra alabanza debe ser alta y nuestra adoración profunda.

Cuando la vieja atmósfera es remplazada por una atmósfera de gloria, entonces se producirá hambre y sed de Dios en los espíritus de las personas.

---

3. Estar dispuestos a pagar el precio del avivamiento

Nuestro ministerio es un testimonio viviente de que vale la pena pagar el precio del fuego. Desde el comienzo hemos tenido un avivamiento continuo. ¿Qué quiero decir con esto? Hemos sido testigos o escuchado de la salvación de miles de personas en el altar de la iglesia y miles más en las naciones en las que hemos ministrado. Miles han sido llenos del Espíritu Santo y bautizados en agua para convertirse en discípulos fieles del Señor. Hemos sido testigos de innumerables sanidades,

liberaciones, matrimonios y familias restauradas; miles de jóvenes han sido liberados de las drogas, y ha habido milagros,
señales, maravillas y casos de provisión sobrenatural. Miles
reciben y son llenos de gozo y fuego, y miles son encendidos
por el fuego de la pasión de Dios y salen a predicar a Jesús por
dondequiera. Podría continuar haciendo la lista de los frutos de
este avivamiento continuo, pero creo que la clave es la manifestación constante de la gloria de Dios en nuestra congregación,
así como en las iglesias bajo nuestra cobertura espiritual, las
cuales se extienden a través de treinta naciones del mundo, y
manifiestan el mismo avivamiento y evidencian el mismo fruto.

¿Qué tan a menudo hemos visto estas cosas? Cada vez que
he predicado la Palabra de Dios —por más de veinte años—,
local e internacionalmente. Yo creo que esto se debe a que estamos disponibles para Dios, a que estamos comprometidos y
listos a pagar el precio de tener un avivamiento del Espíritu
en nuestros medios. De la misma forma, este avivamiento de
milagros, salvaciones y liberaciones lo hemos llevado a más de
cincuenta naciones alrededor del mundo, con los mismos resultados gloriosos. Y planeamos seguir expandiendo y llevando el
fuego a cada país y continente donde el Señor nos dirija.

4. Decida buscar y tener una experiencia con el fuego de Dios

*Yo conozco tus obras, que ni eres frío ni caliente. ¡Ojalá
fueses frío o caliente! Pero por cuanto eres tibio, y no
frío ni caliente, te vomitaré de mi boca.*
(Apocalipsis 3:15–16)

La ciudad de Laodicea estaba en una importante ruta comercial y era muy próspera. También era un creciente centro
bancario. Laodicea tenía muchas industrias y era famosa por
producir un ungüento para los ojos llamado *colirio*[10]. Pero la
atmósfera arrogante de esa ciudad fue transferida al interior

---

[10] *The Zondervan Pictorial Bible Dictionary*, Merrill C. Tenney, gen. ed., "Laodicea"
(Grand Rapids, MI: Zondervan Publishing House, 1967), 476, and Simon J. Kistemaker,
Comentario al Nuevo Testamento: Apocalipsis (Grand Rapids, MI: Libros Desafío, 2004),
http://cofccasanova.files.wordpress.com /2009/05/apocalipsis-simon-j.pdf.

de su iglesia, y el Señor tuvo que llamar a su pueblo al arrepentimiento. La prosperidad financiera de la ciudad hizo que los creyentes se sintieran autosuficientes. Jesús les dijo que adquirieran de Él *"oro refinado en el fuego"* para ser verdaderamente ricos y ungüento especial para sanar su ceguera espiritual (vea Apocalipsis 3:17–18).

Desafortunadamente, la actitud de los laodicenses es el estado de la mente de una buena parte de la iglesia de Cristo hoy en día. Esencialmente tenemos congregaciones auto satisfechas llenas de "agentes secretos" —agentes encubiertos—, quienes nunca le hablan a nadie de Jesús ni son una voz que exprese los valores del reino en sus comunidades y confronten los problemas morales. Son gente que ha escogido conformarse a sistemas religiosos muertos, manteniendo apariencia de cristianos, pero sin poder (vea 2 Timoteo 3:5); ellos han sido totalmente neutralizados por el enemigo. Esos creyentes no toman en cuenta que su condición le desagrada a Dios. Debido a sus actitudes tibias, se exponen a sí mismos a ser vomitados de la boca de Dios y ser consumidos por su fuego de juicio. Es tiempo de decidir estar en fuego por Dios. Esta decisión ciertamente aterra a algunos e incomoda a otros; pero, mientras agrademos a Dios, no debemos preocuparnos de las actitudes u opiniones de los demás.

5. Aviva los dones que están en nosotros

Por lo cual te aconsejo que avives el fuego del don de Dios que está en ti por la imposición de mis manos.
                                                                (2 Timoteo 1:6)

La iglesia está llena de creyentes que han recibido dones especiales de Dios pero los han apagado completamente. Muchos han recibido dones para la música, dones ministeriales (vea Efesios 4:11–12), y dones motivacionales (vea Romanos 12:6–8), mientras otros han recibido gracia para profetizar, enseñar la Palabra, o moverse en el área de liderazgo o de gobierno (vea 1 Corintios 12:27–28), pero están desperdiciando sus dones porque su fuego se ha extinguido. Si ésta es su situación, ¡Dios le pedirá cuentas por eso! ¡Avive el fuego de su don!

En 2 Timoteo 1:6, el apóstol Pablo exhorta a Timoteo a que avive el fuego que él le había impartido. La palabra griega traducida como *"avives"* es *anazopuréo*, que significa "volver a encender". Esta es la única ocasión en que esta palabra es usada en el Nuevo Testamento. Pablo no dijo resucítalo o revívelo, como en Habacuc 3:2, sino que exhortó a Timoteo a avivar —volver a encender— el fuego del don de Dios que ya había recibido y que había estado activo al comienzo. Una función fundamental del ministerio apostólico es impartir dones y llevar a la gente a volver a encender los dones que Dios ya les ha dado. ¡Eso es exactamente lo que estoy haciendo con usted ahora! Primero, debemos avivar nuestros dones personales para que después, con el mismo fuego, podamos ayudar a otros a avivar sus dones. Esto requiere una decisión de nuestra parte para buscar ser encendidos por su fuego, ¡ahora!

Querido amigo, permítame la oportunidad de orar por su vida, para que el fuego de la presencia de Dios pueda venir sobre usted, y pueda empezar a buscar su rostro y su fuego.

> Padre celestial, gracias por cada persona que está leyendo este libro. Yo te pido que aquellos que nunca han sido llenos con poder a través del bautizo del Espíritu Santo con la evidencia de hablar en otras lenguas, sean llenos ahora mismo. En el nombre de Jesús, amén.

Amado lector, mi consejo para usted es que abra su boca ahora y empiece a hablar las palabras que el Espíritu Santo le dé en otras lenguas. Y, en el nombre de Jesús, desato el fuego de la presencia de Dios a cualquiera que esté hambriento por ella. Declaro que usted es sumergido y encendido en este instante. ¡Recíbalo ahora y sea lleno con poder y fuego! Tenga la fe y la convicción absoluta que su fuego está ardiendo en su interior en este instante. Una vez usted sea encendido —en fuego—, vaya como un instrumento del Señor y sea un testigo de

Jesús. Llame al perdido a salvación, sane a los enfermos, eche fuera demonios y libere a los cautivos. ¡Amén!

EXPERIENCIAS CON DIOS

- El tiempo que usted ha pasado en intimidad con Dios mientras lee este libro empezará a dar fruto. Ore para que el fuego de Dios purifique y santifique su vida y desate en usted una pasión por salvar almas.

- Una vez que usted esté encendido con su fuego y pasión, haga como se le exhortó al final de este capítulo y ¡recoja la gran cosecha! Dios le dará denuedo sobrenatural para predicar su Palabra, confirmándola con milagros, señales y maravillas.

12

Vasos de barro escogidos para manifestar su gloria

Desde el principio de la creación, el plan de Dios fue que los hombres y mujeres vivieran y caminaran en su gloria —que fueran portadores de su presencia—. Como hemos visto, su propósito siempre ha sido morar en nosotros. Por esto depositó su aliento de vida en nosotros y hoy nos ve como seres supremos entre su creación, coronándonos con su gloria.

> *Le has hecho* [al hombre] *poco menor que los ángeles, y lo coronaste de gloria y de honra.*　　(Salmos 8:5)

Los seres humanos son el primer tabernáculo de la presencia de Dios. Sin embargo, desde el momento que el hombre pecó y fue destituido de la gloria de Dios, la habitación física en la cual habitaba Dios dejó de estar disponible. Podemos ver un símbolo de esta realidad en el recuento del diluvio, del cual Noé y su familia fueron rescatados por medio de la protección del arca. Después de cuarenta días y noches, la lluvia finalmente cesó, y...

> [Noé] *envió también de sí una paloma, para ver si las aguas se habían retirado de sobre la faz de la tierra.*
> (Génesis 8:8)

En la Biblia, la paloma es usualmente una representación del Espíritu Santo. La primera vez que la paloma fue enviada fuera del arca, no pudo encontrar un lugar de descanso. Esto simboliza el deseo de Dios de tener un lugar permanente donde habitar. Él no podía regresar y habitar en los seres humanos hasta que Jesús pagara el precio por el pecado de la humanidad, lo cual renovaría el espíritu del ser humano para recibir el don del Espíritu Santo.

Jesús se convirtió en morada de la gloria de Dios

En el Antiguo Testamento, el Espíritu de Dios descansaba sobre aquellos que cumplían algunas funciones de liderazgo, tales como reyes, sacerdotes, profetas y jueces, pero Él no se quedaba en ellos. Cuando el Espíritu descendía sobre un individuo, esa persona recibía la habilidad para profetizar o recibía un denuedo especial para hacer algo especifico, pero al terminar lo que era guiado a hacer, el Espíritu se iba. Su presencia era temporal. En algunos otros casos, la gloria de Dios descendía a la puerta del tabernáculo de reunión, permitiéndole a Moisés hablar con el Señor (vea Éxodo 33:9–11); también descendió sobre el tabernáculo y lo llenó (vea, por ejemplo, Éxodo 40:34); además llenó el templo de Salomón (vea 1 Reyes 8:10–11). Pero cada visitación era temporal. Entonces se develó el plan de restauración de Dios:

> *Y aquel Verbo fue hecho carne, y habitó entre nosotros (y vimos su gloria, gloria como del unigénito del Padre), lleno de gracia y de verdad.* (Juan 1:14)

Éste es un verso hermoso sobre el cual podemos reflexionar, porque aquí vemos por primera vez desde la caída del hombre, la revelación de Dios habitando en un Hombre. Él hizo de Jesús —quien fue cien por ciento hombre y cien por ciento Dios— su morada, su hogar, su propio tabernáculo. Jesús caminó en la tierra como *"Emanuel"*, que significa *"Dios con nosotros"* (vea Mateo 1:23). Dios el Padre habitaba en su Hijo, quien vino a sanar a los enfermos y a liberar a los cautivos y oprimidos por el diablo. Cuando Jesús fue a la cruz, entregó su vida para redimir a la humanidad de la paga de su pecado; fue levantado al tercer día y después ascendió al cielo. Sin embargo, antes de ese acontecimiento, Él oró al Padre de manera que ningún otro hombre lo había hecho antes. Regresemos al versículo con el cual comenzamos en el capítulo 1:

La gloria que me diste, yo les he dado, para que sean
uno, así como nosotros somos uno.   (Juan 17:22)

La declaración de Jesús es extraordinaria, ¡independientemente de cómo la miremos! Su misión era restaurar la gloria que habíamos perdido. Nosotros somos la habitación de su presencia y llevamos su gloria en nosotros. ¿Puede imaginar seres humanos caminando en la misma dimensión de gloria que levantó a Jesús de entre los muertos? Esa es la esencia de la oración que Jesús elevó al Padre. El Hijo de Dios, por medio de su muerte en la cruz, pagó el precio para restaurar la gloria del Padre a toda la humanidad. Hoy en día, todo creyente, como miembro de su cuerpo, es responsable de llevar, proteger y manifestar esa gloria en la tierra. Finalmente, Dios ha encontrado un lugar permanente donde habitar. Nosotros somos el templo, edificado por la mano de Dios y no por manos de hombre, donde su presencia habita por el Espíritu Santo (vea 1 Corintios 6:19). ¡Esto es maravilloso!

¿Cuál es su relación con la gloria?

Hoy en día, las personas en la iglesia tienen relaciones distintas con la gloria que habita en ellos. Hemos visto varias de esas relaciones en diferentes partes de este libro. Repasemos cuáles son, a fin de poder tener un mayor entendimiento de la perspectiva de la gente acerca de este maravilloso regalo que nos fue dado.

- **Opositores de la gloria.** Son los que critican y persiguen la revelación de la gloria y sus manifestaciones. Como hemos visto, algunos lo hacen porque no la entienden, mientras otros lo hacen por temor a lo nuevo, o a aquello que va mas allá de lo que han experimentado; aun otros, porque están cegados por las tradiciones y el espíritu de religiosidad.

- **Seguidores de la gloria.** Son aquellos que se contentan viendo a lo lejos, lo que la gloria de Dios hace a través de otros, sin atreverse a entrar en el río del Espíritu para hacer lo mismo. A veces, por miedo a lo desconocido, al compromiso o al fuego de Dios, el cual expone su condición espiritual. Otros se frenan por que han tomado decisiones que los alejaron de ese río. Otros más, escogen ver la gloria de lejos, porque les falta conocimiento o revelación de esa gloria.

- **Portadores de la gloria.** En esencia, cada creyente es un portador de la gloria de Dios. No obstante, el solo ser portador no basta; debemos también recibir la revelación de su presencia. De esa forma Jesús se hará realidad en nuestras vidas, y en la vida de la gente en todas las naciones de la tierra, y Él podrá manifestar su presencia para bendecir a otros. Una de las razones por la que escribí este libro es para animar a los creyentes a convertirse en ¡portadores activos de su gloria!

- **Reveladores de su gloria.** Dios levanta hombres y mujeres para que enseñen a otros la revelación y el conocimiento de su gloria —sin revelación no puede haber manifestación—. Sin embargo, aunque estos maestros traen la revelación, ellos no necesariamente la manifiestan.

- **Manifestadores de la gloria.** Los que manifiestan la gloria de Dios en la tierra han recibido la revelación de la gloria y ponen su conocimiento en práctica por medio de demostraciones visibles. En este tiempo, el Señor está levantando una generación diferente y con denuedo, que muestre su gloria entre aquellos que están dispuestos a pagar el precio para manifestarla.

- **Protectores o custodios de su gloria.** Cuando un movimiento de Dios —en este caso la gloria— viene sobre la tierra, el Señor levanta gente para proteger y custodiar dicho movimiento para que no sea llevado a los extremos. Eso protege la revelación de la gloria de perder su propósito original. Cada vez que Dios revela una verdad al cuerpo de Cristo, el enemigo levanta una mentira paralela para desacreditarla. Su meta es evitar que el pueblo la crea. Dios ha restaurado el ministerio del apóstol para proteger la verdad que Él está revelando a la iglesia en estos últimos días. De acuerdo con esa protección y salvaguarda, toda enseñanza que provenga de esos movimientos debe ser escudriñada, al igual que toda palabra declarada por los profetas y otros que ejercen dones espirituales, con el fin de asegurarnos que sus palabras se alinean a las Escrituras (vea 1 Corintios 14:32; 2 Timoteo 2:16–17).

¿Cuál es su relación con la gloria? ¿Es usted alguien que manifiesta la presencia de Dios o simplemente se ha conformado con mirar a otros hacerlo? He aquí lo que la gloria puede hacer:

En un servicio regular de nuestra iglesia, un hombre llamado José Luis compartió su testimonio con nosotros. Un examen de sangre reveló que era VIH positivo. Tras el diagnóstico, los médicos lo sometieron a un tratamiento con medicamentos antirretrovirales, los cuales tomó por cuatro años, aunque le producían náuseas y mareos. Para ese tiempo, José Luis no conocía a Jesús. Él decía ser católico, aunque no practicante.

Un día, mirando televisión, encontró el programa *Tiempo de Cambio*, justo en el momento que yo decía: "¡No apague el televisor!". José Luis dice que esto lo impactó y siguió escuchando. Su cuñada lo había invitado varias veces a la iglesia, pero él siempre se negaba. Sin embargo, al ver el programa, decidió visitarnos; al hacerlo, recibió al Señor. Poco a poco, su vida comenzó a cambiar. Asistió a una Casa de Paz donde el líder oró para que el poder de Dios lo sanara. José Luis comenzó a creer que podía ser sano, y por fe decidió dejar de tomar sus medicamentos, pese a que los doctores le habían dicho que si los dejaba podía morir rápidamente.

Un año después, se hizo nuevas pruebas, y el resultado fue negativo. ¡El SIDA desapareció! ¡El Señor lo sanó! Hoy, José Luis es un hombre feliz y cambiado. Antes era frio y duro con sus empleados —al punto que nadie quería trabajar con él—. Hoy, esa situación ha cambiado por el milagro que ocurrió en su corazón y en su cuerpo. Dios usó a un líder de Casa de Paz como instrumento de sanidad y salvación para José Luis. ¡Él también lo puede usar a usted de la misma forma! ¿Está listo para ir de revelación a manifestación?

La gloria primera y la gloria postrera

A medida que manifestamos la presencia de Dios en nuestra época, debemos entender lo que la Biblia quiere decir cuando menciona la gloria primera y la gloria postrera.

> La gloria postrera de esta casa será mayor que la primera, ha dicho Jehová de los ejércitos.   (Hageo 2:9)

¿Qué es la gloria primera?

La gloria primera incluye todos los eventos y actos sobrenaturales que ocurrieron desde la ley y los profetas, en el Antiguo Testamento, hasta Juan el Bautista en el Nuevo Testamento. Jesús dijo,

> La ley y los profetas eran hasta Juan; desde entonces el reino de Dios es anunciado, y todos se esfuerzan por entrar en él.   (Lucas 16:16)

Estas fueron algunas de las manifestaciones de la gloria primera: el llamado de Moisés por medio de la zarza ardiente; la vara de Moisés que se convirtió en serpiente y se comió las de los siervos de Faraón; las diez plagas de Egipto (sangre, ranas, piojos, moscas, muerte del ganado, úlceras, granizo, langostas, tinieblas y muerte de los primogénitos); la liberación de los israelitas de Egipto, y su riqueza y salud instantáneos; los israelitas cruzando el mar rojo sobre tierra seca; las aguas amargas de Mara que fueron endulzadas; maná del cielo y codornices provistas como alimento; Moisés sacando agua de la roca; la columna de fuego que acompañó a los israelitas de noche y la nube que los guiaba de día; el calzado de los israelitas que no se gastó (las sandalias de los niños tuvieron que crecer sobrenaturalmente a medida que ellos crecían); la nube de gloria que descansaba sobre el tabernáculo y lo llenaba; Josué dividiendo las aguas del río Jordán y conquistando la Tierra Prometida con una nueva generación de israelitas; los muros de Jericó cayendo y la ciudad tomada; Gedeón conquistando a los madianitas con un remanente pequeño de hombres; Elías haciendo que el hacha flote sobre el Jordán; Sansón matando leones y miles de filisteos en el templo con su fuerza sobrenatural; la viuda de Sarepta siendo provista con la multiplicación de aceite y harina, y la resurrección de su hijo; el sacrificio de Elías en el Monte Carmelo siendo consumido por fuego del cielo; el regreso de la lluvia a Israel después de una sequía de tres años y medio; los huesos de Eliseo reviviendo a un hombre; David matando al gigante filisteo, Goliat, convirtiéndose en rey, y derrotando a los enemigos de Israel; los amigos de Daniel sobreviviendo al horno de fuego; y Daniel siendo resguardado, en el foso de los leones, por la poderosa mano de Dios. Y antes de comenzar el nuevo pacto por medio de su muerte y resurrección, Jesús abrió los ojos de los ciegos y sanó a los sordos, paralíticos, mancos y leprosos; resucitó a los muertos, caminó sobre las aguas, calmó tempestades y alimentó a miles, multiplicando unos cuantos panes y peces. Todos estos eventos se realizaron bajo el viejo pacto. Si estos representan la gloria primera, ¡imagínese como será la gloria postrera!

¿Qué es la gloria postrera?

Jesús fue el puente que conectó la gloria primera con la gloria postrera. Él fue partícipe de la gloria primera porque vivió bajo la ley y el la cumplió mientras estuvo en la tierra (vea Mateo 5:17). Él marcó el comienzo de la gloria postrera después de su resurrección. Este glorioso mover fue desatado en el Aposento Alto, el día de Pentecostés. Si todo lo que hemos leído (y mucho más) se llevó a cabo de acuerdo a la gloria primera, la cual estaba bajo un pacto menor —la ley y la sangre de animales sacrificados—, cuanto más podemos esperar de la gloria postrera que está bajo un *"mejor pacto, establecido sobre mejores promesas"* (Hebreos 8:6), el cual viene por medio de la fe en la sangre de Jesús, ¡el Cordero perfecto! Por eso Jesús dijo que haríamos mayores cosas que Él, mientras caminó en la tierra (vea Juan 14:12).

¿Qué manifestaciones podemos esperar ver en la gloria postrera? Podemos esperar ver un aceleramiento de todo lo que Dios está haciendo, en cada área, además de transformaciones, milagros, señales y maravillas radicales; echar fuera demonios, la salvación de millones de almas para Cristo, dominio sobre la naturaleza, provisión y protección sobrenatural, ciudades, naciones y continentes sacudidos por avivamiento y por la gloria de Dios y otros fenómenos que no podemos imaginar.

Hace poco fue invitado por mi querido amigo el pastor Peter Hornung, a predicar a más de doce mil líderes en Lima, Perú; él tiene una de las más grandes congregaciones en América Latina. El Señor me dio instrucciones específicas acerca de lo que tenía que decirles:

- Impartir un claro entendimiento que Él es nuestro Padre y que nosotros somos sus hijos amados (una realidad espiritual que muchos tienen dificultad en aceptar debido a su trasfondo familiar disfuncional).

- Enseñar que Él desea restaurar su poder sobrenatural en nuestra generación para cumplir sus propósitos.

Al comunicar estas verdades bíblicas, despertó en esos líderes algo que había permanecido latente en ellos: su habilidad para escuchar la voz de Dios por medio del Espíritu Santo, y su unción para moverse en lo sobrenatural, para que puedan salir y ganar almas para Cristo.

Al final del servicio, los líderes fueron a los centros comerciales de Lima y le presentaron el evangelio a cuanta persona se cruzó en su camino. La gloria que estaba sobre ellos era tan grande que el Pastor Peter y su hijo me preguntaron si podía quedarme un día más. Acepté su invitación porque el Señor me confirmó que ésa era su voluntad. Al día siguiente, Dios me llevó a mostrarles a los doce mil líderes peruanos cómo tener una experiencia con su gloria. Alabamos y adoramos a Dios apasionadamente, hasta que la atmósfera estuvo lista para que Dios hablara. A los siete minutos de haber comenzado la enseñanza, la nube de la gloria de Dios descendió y tocó profundamente a los líderes; todos lloraban incontrolablemente. La presencia de Dios se podía sentir en cada rincón de la iglesia. Mientras esto sucedía, la gente se sanaba, relaciones eran restauradas y una verdadera comprensión de Dios como Padre, y de nosotros como sus hijos, fue establecida en sus corazones.

Creo que la gloria postrera es la unión de las dos glorias; ésta aumenta el poder que es desatado y las maravillas acerca de las cuales testificamos. Las manifestaciones de esta nueva gloria ya están ocurriendo ahora mismo, en el presente, y las veremos en su plenitud en el futuro. Observemos el siguiente punto importante: toda manifestación de la gloria primera que se vio cuando Israel caminaba en el desierto, fue un acto soberano de Dios porque el pueblo carecía de fe —ellos sólo sabían murmurar y quejarse—. No obstante, por medio de Jesús, podemos vivir en las dimensiones de fe y de gloria, y vivir las experiencias de las manifestaciones de la gloria de Dios, ¡en el *ahora*! Todo, porque Jesús conquistó la cruz y fue levantado de entre los muertos.

La gloria postrera será la manifestación conjunta de la gloria primera y la gloria postrera.

Quiero compartirles dos milagros más que considero que pertenecen a las manifestaciones de la gloria postrera. En uno de mis viajes a Argentina, conocí a un joven de veintiún años llamado Matías, quien no era más alto que un niño de diez años. Matías nació con acondroplasia, que es "un trastorno genético que evita el crecimiento normal del cartílago, lo que resulta en una forma de enanismo caracterizada por un torso normal y miembros [piernas y brazos] cortos".[11]

---

[11] *Merriam-Webster's 11th Collegiate Dictionary*, 2003, versión electrónica, s.v. "achondroplasia".

Los médicos le explicaron a la madre de Matías que la falta de líquido amniótico había causado la falta de crecimiento de su hijo mientras estaba en el vientre. Los recursos médicos en el área donde viven son limitados. Con todo, ellos consultaron varios médicos, pero ninguno les dio esperanzas. Matías ni siquiera podía girar sus brazos. Tampoco podía caminar bien, por lo que tuvo que ser intervenido quirúrgicamente para corregir la curvatura de sus piernas —estaban en peligro de cruzarse en forma de X—, pero no se obtuvieron resultados positivos.

El joven también lidiaba con culpabilidad y baja autoestima por considerarse una carga para sus padres. Buscó alivio a su situación en las drogas y el alcohol, y dejó sus estudios porque se sentía rechazado por sus compañeros de escuela. ¡Desesperadamente necesitaba un milagro! Entonces, asistió a uno de nuestros servicios de sanidad, y después que desate una palabra para milagros creativos, él pasó al frente a testificar. Dijo que sintió que el fuego de Dios lo tocó y entonces pudo mover sus brazos normalmente. Matías lloraba tanto que era claro ver que la poderosa presencia de Dios estaba sobre él. Al ver lo pequeño que era, fui conmovido en compasión, y el Espíritu Santo me guió a declarar que en veinticuatro horas su cuerpo comenzaría a crecer. Fue entonces que él cayó bajo el poder de Dios.

El evento se terminó y yo regresé a casa. Al siguiente día, el pastor de Matías —quien también es médico—, me llamó para informarme que Matías ¡estaba creciendo! Después que declaré esa palabra sobre él, Matías había crecido un poquito más de dos centímetros en las primeras veinticuatro horas. Cuarenta y ocho horas más tarde, había crecido tres centímetros más. Setenta y dos horas más tarde, tres centímetros adicionales. Creció hasta que su ropa ya no le quedaba bien. ¡En tres días, había crecido un total de ocho centímetros! ¡Y continúa creciendo!

Matías se quejaba de dolores musculares —especialmente en los músculos entre su cadera y las piernas, así como en los cuádriceps, así que regresó al médico a ver lo que sucedía. El doctor le explicó que al crecer, todos sus músculos, tendones, tejidos, y demás tenían que ajustarse. Este milagro transformó la vida del joven, su familia y todos los que le conocen. Matías regresó al colegio y ahora comparte su testimonio dondequiera que va, usándolo para aumentar la fe de otros que también necesitan un milagro. Lo que le sucedió a él era imposible que ocurriera en lo natural. Yo nunca había visto un milagro como ése.

En Lima, Perú, uno de mis hijos espirituales, el Pastor César Augusto Atoche, fue llevado de emergencia al hospital por una obstrucción en su arteria coronaria. Necesitaba un doble bypass. Inmediatamente, después de la cirugía, sufrió un ataque fulminante al corazón. Los doctores hicieron todo lo humanamente posible para resucitarlo, pero fue en vano. Dejaron la sala de operaciones desalentados, y le informaron a su esposa que el pastor había muerto. El cuerpo del Pastor Atoche permaneció en el salón de cirugía algo más de una hora. Sus seres queridos estaban acongojados, llorando la muerte de su padre, pastor y líder. Fue un momento muy triste y doloroso.

Mientras esto ocurría en Perú, yo estaba en Dallas, Texas —a más de 3,200 millas de distancia—, participando en el teletón de Enlace, una filial de TBN. La esposa del Pastor Atoche había enviado una ofrenda a ese canal, y era mi turno orar por las ofrendas recibidas. Yo no tenía la más mínima idea de lo que le había sucedido al pastor, pero el Señor me mostró algo, y por obediencia, di una orden: "¡Levántate! ¡En el nombre de Jesús, te ordeno que te levantes!". En ese preciso instante, el Pastor Atoche volvió a la vida — ¡resucitó!—. ¡Imagínese la conmoción en el hospital! Este es el poder de la resurrección en Cristo. Dios lo levantó después de haber sido declarado clínicamente muerto, y además quedó sano del corazón. Hoy en día, el Pastor Atoche es un testigo excepcional de lo que significa moverse en la gloria de Dios. Él ora por los enfermos y el poder de la resurrección continúa manifestándose a través de él en Perú, sanando, liberando, salvando y restaurando vidas. ¡La gloria postrera se está manifestando!

Usted no sabrá lo que Dios puede hacer a través suyo, hasta que permita que Él lo use en la gloria postrera. Él verdaderamente se está manifestando de manera única. Hemos visto prodigios tales como gente perder peso en un instante —unos han reducido varias tallas de inmediato—. Dinero que antes no había, ha aparecido en las billeteras o en las cuentas bancarias, sin una explicación razonable. Además, deudas han sido canceladas sobrenaturalmente e hipotecas han sido pagadas por completo sin intervención humana. Los milagros creativos son comunes. Por ejemplo, Dios ha creado riñones, caderas y tejido muscular. Ha creado y alargado huesos; ha creados dientes nuevos donde no existían, y hasta ha hecho crecer pelo en la gente calva. Del mismo modo ha liberado al pueblo de opresiones demoníacas. Sin embargo, el aspecto más importante es este: cuando la gloria o la presencia de Dios se manifiesta, transformaciones radicales toman lugar en la vida de la gente. Jesús no ha cambiado. Él sigue transformando vidas y haciendo milagros (vea Hebreos 13:8).

Quiero que conozcan el testimonio de un joven de Honduras llamado Sergio, quien pertenece a una de las iglesias que están bajo nuestra cobertura espiritual:

Mi hermano mayor me regaló el libro *Cómo Caminar en el Poder Sobrenatural de Dios*. Muchas cosas me han sido reveladas a través del libro, siendo una de ellas que la fe es la primera dimensión de lo sobrenatural, y que la fe es para "ahora", no para el futuro —¡la fe es ahora!—. En el libro, el Apóstol Maldonado explica que cuando declaramos algo en oración, también debemos establecer un tiempo para su manifestación en lo natural. Esa palabra cayó sobre mí como un relámpago en el espíritu. En ese momento, yo necesitaba dinero para cumplir mis obligaciones financieras en la universidad, para poderme graduar, pero mi cuenta bancaria estaba en negativo. Entonces tomé la decisión y oré, diciendo, "Padre, soy tu hijo y te he servido. Hoy, esta revelación es mía. Declaro que a final de mes, el dinero que necesito aparecerá en mi cuenta bancaria, sobrenaturalmente". Continué en el espíritu de adoración, plenamente convencido que Dios supliría mi necesidad y contestaría mi oración. Dos días después, comencé a llamar al banco para ver si había entrado algún depósito. Nada sucedió hasta el último día que yo había declarado en mi oración. Ese día, llamé al banco, y para mi sorpresa y asombro me informaron que, ¡un depósito había entrado en mi cuenta, y era por una cantidad mayor a la que yo necesitaba! ¡Lo que sucedió era humanamente imposible! Yo no le había dicho a nadie que necesitaba dinero, y nadie me debía dinero; eso quiere decir que sólo Dios pudo haber hecho que ese milagro sucediera. ¡Estoy sorprendido! ¡Nunca jamás había experimentado algo semejante! Ese día compartí mi testimonio en la iglesia y toda la congregación fue impactada. Para sellar mi milagro, sigo compartiendo mi testimonio con toda persona dispuesta a escucharme; tal como lo enseña el Apóstol Maldonado en el libro.

Alumbrando los ojos de vuestro entendimiento, para que sepáis cuál es la esperanza a que él os ha llamado, y cuáles las riquezas de la gloria de su herencia en los santos. (Efesios 1:18)

La oración que Jesús elevó al Padre en Juan 17:22, afirmando que Él había dado su gloria a sus seguidores, está siendo cumplida en nuestros tiempos. La gloria de Dios es la herencia de todo creyente, y debemos manifestarla a otros, para que puedan recibir salvación, sanidad y liberación, porque ellos también son herederos de Dios, como lo somos nosotros. Debemos entender que la gloria no es solo para nuestro beneficio personal.

Pero tenemos este tesoro en vasos de barro, para que la excelencia del poder sea de Dios, y no de nosotros. (2 Corintios 4:7)

En el capítulo 1, aprendimos que la palabra hebrea para "gloria" es *kabód*, y ésta conlleva la idea de "abundancia" y "riqueza"; en otras palabras, "tesoro". Y el término *"vasos de barro"*, en el versículo anterior, se refiere a los seres humanos (Adán fue formado del polvo de la tierra), que son frágiles y llenos de debilidades, inseguridades, defectos e imperfecciones. ¿Cómo es posible que este tesoro, esta gloria, se manifieste por medio de nosotros? Sólo hay una respuesta: esto es posible cuando Dios —no un ser humano—, es continuamente glorificado en nuestras vidas.

Somos vasos escogidos para llevar al mundo el "tesoro de luz" que habita en nosotros; esto consiste en tomar y manifestar las realidades del cielo, donde hay una necesidad. Cuando la gente vea las cosas sobrenaturales que ocurren a través de nosotros, se dará cuenta que ese poder extraordinario viene de Dios; al entender esto, comenzará a glorificarlo. Es maravilloso entender que, dondequiera que vayamos, el tesoro que habita en nosotros tiene la habilidad de salvar, sanar, liberar y transformar corazones. El único requisito para tener ese tesoro es estar disponibles para manifestar su gloria.

En el Antiguo Testamento, sólo a los Levitas —purificados y santificados— les era permitido cargar esa presencia. Por eso algunos piensan que los milagros, las señales y las maravillas no son para hoy —o si suceden, es sólo en las iglesias, durante los servicios, y exclusivamente por medio de pastores y otros ministros—. Esta perspectiva hace que la gente ponga su mirada en el hombre, porque creen que sólo esos líderes nos pueden dar algo de Dios. Pero Jesús oró al Padre por *todos* los vasos de barro —todos los que confiesan que Él es el Señor y Salvador de sus vidas—, para que se convirtieran en portadores que manifiesten su gloria. Una vez más deseo enfatizar que la manifestación de la gloria no ocurre sólo en las iglesias; es revelada dondequiera que un vaso de barro va: restaurantes, centros de trabajo, colegios, estadios; básicamente, en todo lado.

Dios nos ordena manifestar la gloria en la tierra

Isaías 60 incluye una descripción interesante de cómo debemos mostrar la gloria de Dios al mundo:

¡Levántate [de la depresión y postración a las que te han llevado las circunstancias; levántate a una nueva vida]! ¡Resplandece (sé radiante con la gloria de Dios), porque tu luz ha llegado, y la gloria del Señor se ha levantado sobre ti! (Isaías 60:1)[12]

"¡Levántate!". Este es un llamado, pero también es una orden para tomar una decisión y actuar. Lamentablemente, la indiferencia es la condición de muchos creyentes hoy en día, cuando se enfrentan a los grandes retos impuestos por el mundo. Ellos son pasivos —esperan sin tomar acción—. Se estancan en un sistema mundano y ateísta, que mantiene a la gente sin Jesús, su amor y su poder —ahogándose en depresión, confusión e inseguridades; enfermos y heridos—. Pero hoy, Dios nos ha dado una orden: "¡Levántate! ¡Levántate de esa depresión! ¡Levántate y haz a un lado el desánimo! ¡Levántate del fracaso! ¡Levántate de la muerte! ¡Levántate a una nueva vida!".

"Resplandece". La palabra *"resplandece"* viene de la palabra hebrea *or* y su definición incluye "ser o convertirse en luz", "ser iluminado", "dar o mostrar luz", y "encender el fuego". Este resplandecer ocurre cuando nos "levantamos" de esa condición espiritual de pasividad y conformidad. ¡Para resplandecer tenemos que levantarnos! Dios está listo para manifestar su gloria, pero para que esto suceda, necesitamos actuar.

"...porque tu luz ha llegado". Dios nos da de su luz para hacernos resplandecer. Esa luz es vida, prosperidad, conocimiento y guía para cumplir con sus mandatos. Su luz, brillando a través de nosotros, quita todo rastro de oscuridad a nuestro alrededor. Entonces, dondequiera que vamos, esa luz transformará nuestro entorno. Cada cristiano tiene la luz de Dios, por lo tanto podemos determinar qué dimensión de gloria

---

[12] Traducido de la Biblia en inglés *Amplified*® *Bible* [La Biblia Amplificada].

o qué porción de su luz que permitiremos que se manifieste en la tierra. La luz que emitamos, ¿será como la de una lámpara que brilla sobre un escritorio o será como una luz de techo que alumbra todo el cuarto? ¿Será como la luz de la luna, sólo un reflejo de la luz solar? ¿O será acaso como el sol que brilla sobre la tierra? La cantidad de luz de Dios que usted decida emitir determinará el alcance de su influencia y dominio.

¿En qué grado de luz está usted operando? Para impactar el mundo entero con el evangelio del reino, debemos brillar plenamente con la gloria de Dios. ¡Usted nació para hacer historia! ¡El tiempo ha llegado para brillar en medio de la oscuridad!

La oscuridad es la aterradora influencia del reino de Satanás en la tierra. La luz es la gloria de Dios que remueve toda oscuridad.

La luz de Dios venció la oscuridad mientras ministraba en una conferencia en East London, Sudáfrica. El Señor me reveló, por medio de una palabra de ciencia, que una mujer presente en la reunión tenía SIDA. Cuando oré por ella, el demonio que la oprimía se manifestó usando sus cuerdas vocales y gritando, "Sé quién eres. Te conozco y te odio. ¡Los odio a todos!". De inmediato tomé autoridad, en el nombre de Jesús, y ordené al espíritu demoniaco que la dejara. Instantáneamente, la mujer cayó al suelo bajo el poder de Dios y empezó a temblar y sacudirse. Luego comenzó a llorar como alguien que había estado siendo atormentada por mucho tiempo y a quien finalmente habían liberado. Era claro, por la expresión en su rostro, que ella fue libre. Dos días después, la misma mujer volvió a la conferencia, feliz y acompañada de un familiar, para testificar que había ido al médico a hacerse unos análisis. ¡Ella traía los documentos que certificaban que estaba sana! Yo sólo hice lo que Dios me dijo que hiciera —levantarme y hacer que su luz resplandezca en medio de la oscuridad— y ¡Él fue glorificado!

"¡...la gloria del Señor se ha levantado sobre ti!".
Siempre esperamos ver la gloria de Dios "caer" porque así fue
como sucedió en el Antiguo Testamento. Hoy, la gloria puede
venir *sobre* nosotros, como lo hizo con los primeros cristianos
(vea, por ejemplo, Hechos 11:15; 19:6), pero también está *dentro* de nosotros, tal como lo estaba para ellos —la gloria primera y la gloria postrera—. Es un tesoro que nace en nosotros y
el conocimiento revelado lo trae a manifestación. Antes establecimos lo que le sucedió a Jesús en el monte de la transfiguración, pero es de hacer notar que el uso del término *transfigurar*, equivale a decir que todo lo que estaba dentro ha salido.
¡La esencia verdadera ha sido expresada y la misma gloria que
Jesús tenía está en *nosotros* hoy! Dios no quiere ser limitado.
Él quiere que le permitamos a Él brillar, desde nosotros, a un
mundo perdido.

> *Porque he aquí que tinieblas cubrirán la tierra, y oscuridad las naciones; mas sobre ti amanecerá Jehová, y sobre ti será vista su gloria.*   (Isaías 60:2)

"Sobre ti será vista su gloria". La gloria del Señor se
manifiesta en forma visible y tangible cuando nos "levantamos".
El mundo verá la gloria en nosotros, ¿pero cómo se manifestará? Dios hará cosas tales como, atraer multitudes a la iglesia,
hablarle al corazón del pueblo por medio de palabras de ciencia
y profecía, y sanar a los quebrantados por medio de abrazos de
los creyentes.

¡Esta es la gloria de Dios! No es sólo teoría, un concepto
bonito, o simple teología imposible de demostrar en el ámbito
natural. ¡No! ¡Veremos la gloria con nuestros propios ojos! Pero,
como ya establecimos, para que esto suceda, tenemos que estar
dispuestos a salir a buscar al perdido, a testificar de Jesús y a
demostrar los dones del Espíritu Santo. Tenemos que estar preparados para *ir* donde hay necesidad y para manifestar su gloria donde la gente batalla con depresión, soledad, enfermedad y
pobreza. La pregunta es: ¿Está dispuesto a ir? ¿Está dispuesto
a ser usado por Dios para su gloria?

"Tinieblas cubrirán la tierra, y oscuridad las naciones". Las tinieblas espirituales cubren la tierra y se hacen más densas, mientras la gente no tiene idea qué hacer. La evidencia más fuerte que comprueba este punto es el aumento de desastres naturales que están ocurriendo hoy en día —terremotos, huracanes, tsunamis, y demás—, y el constante derramamiento de sangre; multitudes muriendo de hambre, las continuas guerras entre naciones, la maldad que incrementa cada día más, y aun la crisis económica global. ¿Qué debemos hacer los creyentes en medio de esta oscuridad? Debemos mantener la calma, porque la gloria que llevamos tiene poder para vencer las tinieblas y —finalmente— acabar con ellas.

La gloria de Dios puede manifestarse en cualquiera de sus aspectos, visible y tangiblemente, aquí y ahora.

Debemos decidir qué amamos más: la gloria o las tinieblas. La Biblia nos enseña a exponer las tinieblas, y no participar de sus obras (vea Efesios 5:11). Si amamos la luz, correremos hacia ella, pero si amamos la oscuridad, huiremos de la luz. Aquí no hay término medio o espacio para ser tibio o tradicionalista. ¿Hacia qué lado correrá usted?

En la misma reunión de East London, Sudáfrica, donde una mujer fue sanada de SIDA, también tuve la oportunidad de exponer y destruir las tinieblas. El servicio estaba a punto de terminar cuando el Señor me dio una palabra de ciencia. Por el Espíritu, entendí que en aquel lugar había un brujo que había llegado con el propósito de hacer alguna brujería en mi contra y en contra del servicio. Compartí eso con el pueblo y dije, "Se que está aquí y que su dios no tiene poder. Mi Dios es más grande que el suyo. Por eso, en este instante, usted está temblando en su asiento".

Hice otro llamado a salvación y nadie pasó al frente. El Espíritu de Dios me reveló que el "brujo" era una mujer. Inmediatamente, la mujer pasó al frente y le pregunté si era bruja y ella lo confirmó con un movimiento de cabeza. Entonces le dije, "¿Sabe que Dios la ama? Si se arrepiente esta noche, Él la va a liberar de la brujería". Rápidamente la guié a hacer la oración del pecador, para que recibiera a Jesús como su Señor. Cuando me bajé de la tarima para orar por ella, el demonio se manifestó violentamente, retándome. Con denuedo y autoridad en el Espíritu, le dije, "Por el dedo de Jehová, ¡suéltala!". El demonio instantáneamente la soltó. Al día siguiente, ella regresó al servicio con su esposo y otros miembros de su familia, completamente transformada por el Espíritu Santo. ¿Qué pasó? La presencia de Dios resplandeció en la oscuridad y rescató su vida.

Los milagros de Dios, en estos días de la gloria postrera, están sucediendo en las vidas de individuos, pero también se están manifestando en la sociedad. Hace unos años, durante nuestra Conferencia Apostólica y Profética (CAP), sucedió algo asombroso. Era octubre, y junto a otros conferencistas, le dimos la bienvenida a más de doce mil personas que llenaban el American Airlines Arena, en Miami —más de seis mil de ellos eran líderes que representaban al ministerio quíntuple de más de cincuenta naciones de la tierra—. Nuestro propósito era entrenarlos y equiparlos para que caminen en el poder sobrenatural de Dios, y enseñarlos a tomar dominio sobre las regiones donde viven. Mientras orábamos por la conferencia, el Espíritu Santo me llevó a declarar a los cielos sobre la ciudad, que ningún crimen ocurriría en las calles de Miami durante ese mes de la conferencia (vea Efesios 6:12). Tomé autoridad y dominio, en el nombre de Jesús, sobre los principados y fortalezas, prohibiendo toda actividad criminal durante ese mes.

La conferencia fue gloriosa. Dios hizo milagros y prodigios asombrosos. En noviembre, cuando se publicó el reporte de la policía sobre el mes de octubre, nos quedamos impresionados al leer que por primera vez en cuarenta y dos años, ningún homicidio fue registrado en Miami durante el mes completo.[13] Esto es un ejemplo de cómo los creyentes pueden ejercitar dominio sobre las fuerzas de maldad en sus comunidades.

---

[13] http://articles.sun-sentinel.com/2008-11-03/news/0811020215_1_homicide-miami-lt-girlfriend-s-brother.

> *Y andarán las naciones a tu luz, y los reyes al resplan-*
> *dor de tu nacimiento.* (Isaías 60:3)

"...reyes al resplandor de tu nacimiento". Como he dicho antes en este libro, creo que para que la gloria de Dios descienda, el orden divino debe ser establecido en la iglesia por medio del ministerio quíntuple, formado por apóstoles, profetas, evangelistas, pastores y maestros. Si recibimos y honramos al ministerio quíntuple, la promesa en este versículo se cumplirá. Cuando Dios manifieste su gloria sobre nosotros y se haga visible al mundo, entonces los líderes del mundo —presidentes, primeros ministros, gobernadores, alcaldes, senadores congresistas— buscarán nuestra guía y dirección. Ellos entenderán que no tienen respuestas para el pueblo que gobiernan en medio de densas tinieblas. Muchos de esos líderes ya han consultado con brujos, hechiceros y adivinos, pero no han tenido las respuestas que buscan. Cuando Dios manifiesta su gloria sobre nosotros, no les daremos respuestas basadas en entendimiento humano o razonamiento natural, sino en la revelación del Espíritu Santo. Les daremos palabras proféticas sobrenaturales que les hablarán, específicamente, a sus vidas, ciudades y naciones, tal como lo hizo José para el faraón de Egipto y Daniel para el rey de Babilonia (vea Génesis 41; Daniel 2, 4).

> *...vinieron a ti; tus hijos vendrán de lejos, y tus hijas*
> *serán llevadas en brazos.* (Isaías 60:4)

"...tus hijos vendrán de lejos". Dios está regresando a casa una generación de hijos pródigos para salvarlos y levantarlos en este mover de su gloria. Los trae de *"lejos"*, liberándolos del alcoholismo, drogadicción, inmoralidad, depresión y otros. Esta generación anhela lo sobrenatural y corre hacia la luz. Está siendo transformada en su gloria para liberar a otros que también están cautivos con las mismas ataduras y fortalezas.

Pedro, uno de mis hijos espirituales, es un vivo testimonio de ese remanente. Ésta es su historia:

Mi padre murió de SIDA cuando yo tenía catorce años; eso me llevó a usar drogas y tomar alcohol. A los diez y siete años, fui diagnosticado con esquizofrenia y trastorno obsesivo-compulsivo. Los médicos me dijeron que no había cura para mi condición y que tendría que vivir el resto de mi vida tomando medicamentos. Me sentía vacío y sin deseos de vivir.

Un día, un amigo me invito a su iglesia. Cuando el evangelista hizo el llamado para recibir a Jesús como mi Señor, sentí que algo me halaba hacia el altar. Pasé al frente y acepté a Jesús, y hasta fui bautizado el mismo día. Después del servicio, sentí que era una persona nueva. Dios me mostró que Jesús era el único camino. Me liberó de la esquizofrenia y pude dejar de tomar medicamentos. Mi siquiatra me advirtió que no podía vivir sin las drogas, pero nueve años después, ¡sigo siendo libre y no tomo medicamentos!

Dios me ha dado pasión por las almas. Tiempo después, nuestro padre espiritual nos activó a evangelizar con palabras de ciencia y profecía, activando a otros para hacer lo mismo. El fruto fue mayor que antes. Evangelizar se ha convertido en la forma de probar que Dios es real y manifestar su presencia. Me acerco a grupos grandes de gente y les digo que puedo probarles que Dios es real. Oro por sanidad y reciben sanidad. ¡Estamos viendo multitudes venir a Cristo! Mientras evangelizaba a las afueras de un colegio en Miami, los estudiantes hacían fila y esperaban su turno para que les diera una palabra de Dios. Casi todos lloraban. Tres estudiantes que recibieron salvación ese día, ahora son mentores en la iglesia: Sandra, una joven de diez y siete años, quien dijo que se hubiera suicidado si no hubiese recibido la salvación ese día, hoy es una evangelista que fluye en lo sobrenatural y ha llevado a muchos a los pies de Jesús. Yosselyn, una joven de veintiún años, ha ganado más de cien almas desde el día de su salvación; ella ora por sanidad y milagros. Joel, un joven de diez y ocho años —lleno de perforaciones— fue tocado por la palabra profética que recibió. Él comenzó a asistir a la iglesia y guió a sus profesores a Cristo —profetizándoles y obrando sanidades sobrenaturales—. Hace un tiempo atrás, el Señor me usó para evangelizar a un joven de diez y seis años, llamado Víctor. Lo encontré a las afueras del colegio con un grupo de sus amigos —todos estaban bajo influencia de la marihuana—. Les di una palabra de ciencia y ahí mismo recibieron al Señor. ¡Víctor estaba asombrado! Además, el esperaba ser sentenciado a años de cárcel por cuatro crímenes que había cometido. Oramos por él y, milagrosamente, lo dejaron libre. Menos de un año después de su salvación, ya era un líder de Casa de Paz, llevando a muchos a Cristo. Él ha liberado a otros jóvenes y ha traído a toda su familia a Cristo. Es un portador de la gloria y la manifiesta por medio de milagros y sanidades. Dios le revela palabras de ciencia —nombres y fechas— para ayudarlo a llevar a otros a Cristo. Desde ese día, comenzamos a activar a otros en los dones y, aproximadamente, cuarenta de los que llevamos a Cristo hoy son líderes de Casas de Paz y mentores que ahora hacen lo mismo para otros. ¡Es una reacción en cadena que nunca deja de crecer!

Los líderes de las iglesias necesitan proveerles respuestas a todas las personas, pero especialmente a los jóvenes, que vienen a sus servicios, no en busca de religión, sino para ver el poder y la gloria de Dios. Esos jóvenes desean tener una experiencia personal con el Cristo vivo, quien sí les puede dar respuestas a sus inquietudes. La razón principal por la cual muchos jóvenes se niegan a asistir a la iglesia es porque sólo ven en ella religión, formalidades, reglas y una apariencia de poder. Ellos son capaces de identificar la hipocresía en las tradiciones y huyen. ¡Ellos quieren ver manifestado el poder de Dios! No podemos darles sólo teología. Existe la urgencia de darles una demostración del poder palpable de Dios. Es hora de romper con ritos vacíos, estructuras religiosas, moldes y apariencias. Es hora de dejar de ser una iglesia institucional para convertirnos en templos vivos, donde la gloria de Dios pueda ser constantemente vista. Cuando eso suceda, Dios levantará una generación de jóvenes que sacudirán al mundo.

> *...las riquezas de las naciones hayan venido a ti.*
>
> (Isaías 60:5)

"...las riquezas de las naciones [gentiles]" será transferida a los justos (vea también Proverbios 13:22). Recuerde que un aspecto de la gloria —el *kabód*— de Dios es la riqueza. La riqueza de los gentiles —los incrédulos—, pasará a los justos en la manifestación de su gloria, tal como les sucedió a los israelitas, que recibieron las riquezas de los egipcios cuando abandonaron Egipto por la poderosa mano del Señor. Ahora Dios va a desatar favor inusual sobre sus hijos e hijas, para que, por su gracia, recibamos las riquezas de los injustos (gentiles).

Nuestro Padre celestial se deleita en proveer para sus hijos. Esto me hace recordar el testimonio de Luisa y Margarita, dos hermanas que se mudaron a Miami, procedentes de Colombia. Ellas eran profesionales exitosas, pero vivían sus vidas independientes de Dios. Un día, decidieron restaurar su relación con Él, pero su compromiso fue seguido por una fuerte persecución del enemigo. En el proceso, perdieron sus negocios, riqueza, contactos y estilo de vida, y se encontraron con fuertes dificultades financieras, al punto que tuvieron que declararse en bancarrota. Sin embargo, en medio de todo eso, nunca le dieron la espalda a Dios. Siguieron dando sus diezmos, ofrendas y primicias al Señor (vea Proverbios 3:9). También aprendieron a "apropiarse" de sus milagros.

Cuando pensaron que se quedarían desamparadas, Dios les abrió una puerta y fueron bienvenidas en un hogar donde no tuvieron que pagar alquiler, electricidad ni agua durante seis meses. Ellas sabían que Dios estaba en control. Durante su crisis, el Señor comenzó a darles conexiones divinas y las cubrió con gracia y favor sobrenatural. Un día, un hombre de negocios prospero, quien además era cristiano, visitó a Margarita en su lugar de trabajo y le dijo, "Dios me habló de usted y me dijo que mi esposa y yo teníamos que ayudarle y proveerle para sus necesidades y nosotros estamos de acuerdo en hacerlo". Margarita no entendió, pero el hombre insistió en que le dijera cuánto dinero, ella y su hermana necesitaban, porque ellos les iban a pagar sus deudas. ¡Y lo hizo! Todos los meses, durante dos años, ellos les depositaron $3.500 en su cuenta bancaria. Además, unos meses después, la pareja las invitó a mirar una casa que estaba a la venta. Ellas los acompañaron. Al salir de la casa, ellos les preguntaron su opinión sobre la propiedad. Las hermanas dijeron que era grande y hermosa y que estaba bien ubicada. Entonces, el hombre les dijo, "¡Qué bueno, nos agrada que a las dos les haya gustado, porque es de ustedes!". Ahí mismo, les dio un cheque para cubrir el costo de la casa. Unos días después, el banco les entregó el título de la propiedad. ¡Dios suplió su necesidad sobrenaturalmente! ¡Gloria a Dios! El gozo y la gratitud de esas mujeres fueron tan grandes que es imposible describirlo en palabras, pero el impacto de su testimonio ha causado —y sigue causando— que otros se animen a confiar en la provisión de Dios.

Quizá todavía se pregunte, *¿Qué puedo hacer para que estos milagros sucedan en y a través de mí?* La respuesta es crear una atmósfera de adoración que permita que la gloria de Dios descienda, los milagros acontezcan y se ganen almas para el reino. Cuando haga esto, podrá descubrir el verdadero propósito para el cual fue creado; no hay nada más satisfactorio que esto —su vida finalmente tendrá sentido—. Usted se levantará cada mañana y vivirá cada día apasionadamente, al ver el poder sobrenatural de Dios fluir por sus labios y sus manos.

Usted puede formar parte de la generación de hombres y mujeres "vino nuevo" que Dios está levantando, con la misión de impactar ciudades, naciones y continentes. Usted se puede convertir en un instrumento que Dios use para desatar el mayor fluir de milagros que el mundo jamás ha visto, y recoger la cosecha final de almas.

No podemos ver la presencia manifiesta de Dios si no la buscamos.

Una vez más, usted puede decide cómo será su relación con la gloria y como responder a ella. No se quede con la información solamente, más bien debe actuar. Permita que Dios le dé una revelación de su gloria —una palabra *jréma*— y diga, "Quiero manifestar su gloria". Ahora, ¡vaya y toque a otros con la presencia del Señor!

EXPERIENCIAS CON DIOS

- Hoy, durante su tiempo personal de adoración, comprométase a separarse para el uso exclusivo de Dios, para que pueda llegar a ser un verdadero vaso, un portador escogido de su gloria.

- Pídale al Espíritu Santo que le guíe a ser luz en su vecindario, ciudad y nación.

13

Manifestando la gloria de Dios mientras usted va

Dondequiera que voy, anticipo que la presencia de Dios se va a manifestar. Continuamente vivo con esa expectativa. Por ejemplo, durante la firma de libros en una convención cristiana, la presencia de Dios de repente se hizo tangible. Frente a mí estaba una mujer que tenía un problema serio en su espalda porque una de sus piernas era más corta que la otra. Había vivido años de continuo dolor. Tenía síntomas de escoliosis, una deformidad de la columna vertebral que resulta en una curvatura en alguna parte de ella. Le pedí a la mujer que se sentara, y en el nombre de Jesús, le ordené a la pierna corta que creciera. Instantáneamente, la pierna se alargó casi media pulgada, y el dolor desapareció.

Ministro de esta manera con frecuencia. Estoy hablando con la gente, y de repente sé que la presencia de Dios está allí, porque mi corazón está constantemente buscando o esperando que su presencia se manifieste. Cada vez que esto sucede, me someto a lo que el Espíritu Santo quiere hacer en ese instante, y un milagro se produce de inmediato.

¿Llevará usted la presencia y la gloria de Dios dondequiera que vaya, y manifestará sus obras? En este último capítulo, quiero llevarlo a otro nivel de pasión y denuedo que lo empujarán a salir a ganar almas para Jesús, discipular creyentes, y a ser un testigo que manifiesta la gloria de Dios a través de milagros, sanidades y otras maravillas. Jesús nos promete específicamente en Marcos 16:17 que señales seguirán a los que creen, y usted no es la excepción. Personas de todas las edades, razas, culturas, y estatus económico y social, están siendo transformadas en vasos que manifiestan su gloria.

La presencia de Dios se está manifestando en todas partes

Quiero hablarle acerca de otras cosas maravillosas que Dios está haciendo a través de aquellos que están disponibles para ser usados por Él.

Miguel Bogaert es un hombre joven que se destaca en el área de la medicina y la asistencia social en República Dominicana. Es un cirujano torácico y pulmonólogo, así como ex-coronel de la fuerza aérea. Además, es el único latino que ha recibido el Gran Supremo de Plata, el cual se otorga a estudiantes de honor en España. Miguel y su esposa, Montserrat de Bogaert, quien es ingeniera de sistemas, son los pastores de una de las iglesias de más rápido crecimiento en su país —una iglesia llena de cristianos en fuego por Jesús—. Sin embargo, todo comenzó cuando Miguel tocó fondo en su vida. Este es su testimonio:

A pesar de mis méritos profesionales, mi vida era un caos debido a que crecí en un hogar disfuncional. Era un rebelde sin causa, un alcohólico deprimido que se sentía rechazado y que sufría de falta de perdón y falta de identidad. A los diecinueve traté de suicidarme, pero fallé; entonces me escondí tras la barrera defensiva del orgullo y la vanidad, lo que me llevó a experimentar un vacío tan profundo en mi vida que odiaba a Dios. La única manera de superar lo que sentía era decir que yo era capaz de hacerlo todo. Después de cada cirugía, los pacientes decían, "Gracias a Dios que todo salió bien," a lo que yo les respondía, "No gracias a Dios, sino a mis manos, porque Dios no estudió medicina ni cirugía". La gente solía decirme, "¡Usted tiene el corazón tan frio!". Esto fue así, hasta que un día operé a una señora con cáncer en el pulmón. Cometí un error durante la operación y ella empezó a sangrar. Su muerte era inminente. En ese instante, sentí en mi pecho el dolor más fuerte y la sensación más helada que alguna vez haya experimentado —me sentí impotente enfrentando a la muerte—. En medio de esa crisis clamé, "Dios, si tú existes, salva a esta mujer y te serviré por el resto de mi vida". Entonces oí una voz que dijo, "¿Dónde están tus manos? ¡Que tus manos la salven!". En ese mismo instante le pedí a Dios que me perdonara. Lloré mientras le abría mi corazón a Jesús y lo hacía mi Señor y Salvador personal. Ocho días después, la mujer salió del hospital, viva y sana.

Una semana después, hace más de veinte años, visité una iglesia cristiana y le entregué mi vida a Jesús. Fue entonces que conocí a mi esposa. Catorce años más tarde, comenzamos a trabajar en un ministerio para parejas. Cuando el grupo creció a cuarenta personas, nos enteramos de CAP (la Conferencia Apostólica y Profética) en Miami, y asistimos. Allí fuimos impactados por el mensaje del Apóstol Guillermo Maldonado sobre la paternidad de Dios. Regresamos al año siguiente a CAP y nos reunimos con él por treinta minutos, y él dijo, "Te adopto como mi hijo espiritual y también a tu iglesia". Mi respuesta fue, "Yo no tengo una iglesia, sólo un grupo de cuarenta personas". Su respuesta fue, "Eso no importa. Te adopto a ti y a ellos porque Dios me está guiando a hacerlo". Lloré mientras me abrazaba. En un segundo, pude ver todo mi sufrimiento y dolor pasados, pero nunca sentí tan profunda paz. Ese abrazo, y escuchar la palabra "hijo" cambió mi vida. Por primera vez sentí que tenía identidad. Al año siguiente, el grupo de cuarenta miembros había crecido a seiscientos. La congregación creció a medida que la paternidad de Dios sanaba nuestras almas. Siete años después, tenemos más de cuatro mil miembros. Somos una de las iglesias de más rápido crecimiento en República Dominicana, y todo lo que pasa en El Rey Jesús es duplicado en nuestro ministerio. Además, tenemos cinco iglesias bajo nuestra cobertura espiritual.

...transmitimos el evangelio a través de cinco estaciones de televisión y una estación internacional, llevando la gloria de Dios por cualquier medio. Además, acabamos de comprar un terreno donde construiremos nuestra nueva iglesia, libre de deudas; con capacidad para siete mil personas.

Además, el gobierno nos ha aprobado un proyecto para crear una red a nivel nacional que provea atención médica a bajo costo, a los pastores y sus familiares que no cuenten con cobertura médica. El país tiene más de cinco mil pastores y el 98 por ciento de ellos no tiene acceso a servicios médicos. El proyecto incluye un hospital con ochenta habitaciones al más alto nivel, a un costo de doce millones de dólares, los cuales ya Dios ha proveído. Igualmente, estamos a punto de terminar la construcción de nuestro primer Hogar de Niños, para pequeños abandonados, quienes serán patrocinados por compañías, y eventualmente serán dados en adopción a padres cristianos....

Una mujer de treinta años, casada y con un hijo, visitó nuestra iglesia tras haber sido diagnosticada con esquizofrenia y depresión. Ya había sido hospitalizada y tratada con antidepresivos y drogas antisicóticas varias veces.... La raíz de su depresión empezó con un aborto que tuvo antes de casarse. Cuando oramos contra el espíritu de depresión, hubo una fuerte manifestación demoníaca en ella. Pasó por sanidad interior y liberación, y varios meses más tarde vino a verme. Cuando la vi, el Señor me reveló que daría a luz una niña. Dos meses más tarde, estaba embarazada, y hoy tiene una preciosa bebita. Fue completamente sanada y nunca más necesitó tratamiento siquiátrico. Ahora es una intercesora impresionante, con una familia saludable y feliz.

Los creyentes son gente común usada por un Dios sobrenatural.

Las poderosas manifestaciones de la gloria de Dios están siendo reportadas por muchos líderes y miembros de nuestra congregación, así como por congregaciones que están bajo nuestra cobertura espiritual. Ustedes seguramente recordarán el testimonio de los pastores José Luis y Rosa Margarita López, presentado al comienzo de este libro. Ellos están experimentando todo tipo de señales sobrenaturales en su ministerio. Por ejemplo, una señora en su iglesia testificó que llevó a su hijo de cuatro años a la piscina. Pensó que podía dejarlo solo por un minuto, pero cuando se dio cuenta, había pasado media hora. Corrió a buscar a su hijo, ¡y lo encontró en el fondo de la piscina! Desesperada, empezó a gritar y pedir ayuda, pero cuando sacaron al niño del agua ya estaba morado, sus pupilas dilatadas y no tenía pulso. Llamaron una ambulancia, y los paramédicos le aplicaron resucitación cardiopulmonar, pero no funcionó. Sólo confirmaron que el niño estaba muerto.

Mientras esto ocurría, su madre se acordó del entrenamiento en lo sobrenatural que había recibido de sus pastores, así que nunca dejó de orar por él. Por respeto a su dolor, los paramédicos no dijeron nada. Ella pasó una hora sosteniendo al niño contra su pecho, clamando a Dios por su vida. Una hora después que el niño había sido declarado muerto, la madre le ordenó regresar a la vida, y de repente, ¡asi pasó! El niño abrió sus ojos y comenzó a respirar y moverse. Cuando los paramédicos le chequearon el pulso, éste era normal. El niño regresó de entre los muertos sin daño neurológico alguno, gracias a una madre que había aprendido a activar el poder de la resurrección de Jesús. ¡Alabado sea Dios! Recuerde que si Dios usa hombres y mujeres comunes y corrientes para realizar milagros, entonces, usted también puede ser un vaso escogido que manifieste su gloria.

¿Qué tipo de iglesia es aquella por la que Jesús viene?

...a fin de presentársela a sí mismo, una iglesia gloriosa, que no tuviese mancha ni arruga ni cosa semejante, sino que fuese santa y sin mancha. (Efesios 5:27)

Jesús vendrá por una *"iglesia gloriosa"*, no por una iglesia enferma, deprimida, pobre, sin poder, sin aceite para su lámpara, o perdida en la oscuridad. Él no regresará por una iglesia que no haga brillar su luz en el mundo.

La palabra *"gloriosa"*, en el verso de arriba, indica la manifestación de cada aspecto de la esencia de Dios. Recordemos que la palabra hebrea para "gloria", *kabód*, se usa figuradamente en el sentido de "esplendor", "abundancia", "honor" y "gloria". En el Antiguo Testamento, *kabód* se usa de diversas maneras para describir la riqueza, el poder o majestad, la posición de influencia, o el gran honor de un individuo.

En otras palabras, alguien glorioso es honorable, ilustre, estimado, rico, solvente, seguro; tiene gran reputación y es espléndido. De la misma forma, una iglesia gloriosa es una que demuestra visiblemente el poder de Dios con milagros, señales, maravillas, sanidades y la expulsión de demonios. Una iglesia gloriosa manifiesta la santidad, el carácter y la pureza de su Rey; manifiesta su riqueza en la tierra. Brilla con la luz de Cristo, testifica de Él dondequiera que va y remueve las tinieblas. Esa iglesia gloriosa continuamente predica, establece y expande el reino en todas partes. Manifiesta la vida de resurrección de Jesús haciendo milagros creativos, levantando a los muertos, y tomando dominio en cada área de la sociedad: política, artes, ciencia, medicina, negocios, deportes, educación, religión y más.

¿Quién pertenece a esta iglesia gloriosa?

Y para hacer notorias las riquezas de su gloria, las mostró para con los vasos de misericordia que él preparó de antemano para gloria. (Romanos 9:23)

Cada creyente que recibe y reconoce a Jesús como Señor y Salvador es escogido para ser un vaso de misericordia que manifieste su gloria en la tierra, sin importar su cultura, edad, nacionalidad, raza o género. Si usted está dispuesto, si se compromete con Dios rindiéndolo todo, y está disponible para Él, inevitablemente su gloria crecerá en usted porque ¡ahora es el tiempo!

El movimiento de Dios en los últimos tiempos será un movimiento de la manifestación de los hijos de Dios.

Pues tengo por cierto que las aflicciones del tiempo presente no son comparables con la gloria venidera que en nosotros ha de manifestarse. (Romanos 8:18)

Quizá usted ha estado experimentando gran tribulación en su vida, o tal vez está listo para rendirse y piensa que esa transformación de gloria no puede ocurrir en usted. Sin embargo la Escritura dice que nuestras aflicciones no son nada si las compramos con la gloria que será revelada en nosotros cuando Jesús regrese, y creo que tampoco pueden compararse con la gloria que veremos al manifestarse su presencia, en y a través de nosotros, ahora. Problemas matrimoniales, enfermedad, desempleo y cualquier otro tipo de ataque temporal del enemigo que usted pueda estar enfrentando ahora mismo, no se pueden comparar con lo siguiente: la satisfacción de orar por los ciegos y ver los milagros cuando ellos recuperen su vista, orar por los sordos y ser testigos de que empiezan a oír, orar por alguien poseído por un demonio y ver cómo es liberado, de testificar de Jesús y ver a las personas recibir salvación y ser transformadas, de orar por provisión sobrenatural y ser testigos de cómo ésta se manifiesta, y así sucesivamente. Ninguna de las condiciones presentes puede compararse con la gloria que Dios hará resplandecer sobre usted. Su aflicción es breve, temporal, y producirá en usted un mayor peso de su gloria (vea 2 Corintios 4:17). Dios no permitirá que usted se hunda en el fracaso. ¡Él le hará más que vencedor! (Vea Romanos 8:37).

Porque el anhelo ardiente de la creación es el aguardar la manifestación de los hijos de Dios. (Romanos 8:19)

Aún la creación tiene una ferviente expectativa —un deseo ardiente— por ver la manifestación de los portadores de la gloria de Dios. Aunque esa *"manifestación"* ocurrirá en su plenitud con la segunda venida de Jesús, yo creo que la creación está ciertamente vigilante; incluso ahora, espera el momento en que un hijo de Dios entre a un hospital y declare una palabra, y todos los enfermos sean sanados. Está esperando a que un hijo de Dios entre a una funeraria y levante a los muertos. La tierra espera, con gran expectativa, que un hijo o hija de Dios ore por miles de enfermos, y todos sean sanados. ¿Quiere usted ser esa persona? ¿Quiere dejar la comodidad y la conveniencia de sus cuatros paredes y estar disponible para Dios? Éste es su momento. ¡Ésta es la promesa de los últimos días para cada creyente!

Jesús es nuestro modelo para demostrar el reino, poder y gloria

En el primer tratado, oh Teófilo, hablé acerca de todas las cosas que Jesús comenzó a hacer y a enseñar.

(Hechos 1:1)

En Mateo 6:13, leemos, *"Porque tuyo es el reino, y el poder, y la gloria, por todos los siglos. Amén"*. Cada uno de estos aspectos es distinto. En términos simples, el reino es el mensaje del cielo. El poder es la habilidad del cielo. Y la gloria es la atmósfera o el ambiente del cielo. Jesús demostró poderosamente el mensaje del evangelio que Él portaba y trajo el ambiente del cielo a la tierra.

En la cultura moderna estamos acostumbrados a instructores que no demuestran ni practican lo que enseñan, porque a menudo, los conceptos, teorías y conocimientos, son mejor valorados que la experiencia. Por ejemplo, la gente suele ir a una escuela de negocios y graduarse con una maestría en administración de negocios, aunque nunca haya recibido clases de una persona activa en los negocios o alguien con conocimiento directo acerca de cómo manejar un negocio. Es por eso que la sociedad generalmente considera que el conocimiento sin experiencia es la norma. Yo soy un amante del conocimiento, la teoría y la teología, pero no me conformo con ellos. Me gusta ir más allá. Quiero tener una experiencia con dicho conocimiento, teoría o teología.

Los creyentes del Nuevo Testamento deberían enseñar, demostrar y fluir en lo sobrenatural.

En contraste con nuestra cultura, la Biblia hace énfasis en que los maestros no deben solamente enseñar sino también hacer. Por ejemplo, Nicodemo le dijo a Jesús, *"Rabí, sabemos que has venido de Dios como **maestro**; porque nadie puede **hacer** estas señales que tú haces, si no está Dios con él"* (Juan 3:2). También, después que los setenta discípulos fueron enviados por Jesús a ministrar en varias ciudades, ellos regresaron a Él con el reporte de lo que habían dicho y hecho (vea Lucas 10:1–17).

Yo defino el verbo *enseñar* como "impartir conocimiento, información y hechos", y el verbo *hacer* como "demostrar, manifestar o mostrar algo visiblemente". ¿Cuál es una de las razones principales por la que los creyentes que han sido bautizados con el Espíritu Santo y fuego asisten a la iglesia? Para recibir conocimiento, revelación, activación y el fuego de su gloria y entonces llevar todo eso allá afuera. Si el reino no está siendo manifestado en las calles, y si el conocimiento de la gloria no está llenando la tierra a mayor velocidad, es porque muchos creyentes nada están haciendo con lo que han recibido. Se han vuelto adictos al conocimiento y a asistir a conferencias; esto no los hace muy diferentes de un adicto a cualquier otra sustancia. Buscan únicamente una bendición —que alguien toque sus vidas con sanidad y liberación—, pero nunca hacen nada con lo que reciben, y nunca encienden a nadie más con el fuego de la gloria de Dios.

¡*"Hacer"* y *"enseñar"* (Hechos 1:1)! Estas dos cosas hicieron que Jesús operara con una espada de doble filo. Él tenía tanto la Palabra como las obras. Si la teología que predicamos no produce el "hacer", entonces solamente estamos transfiriendo información y no impartiendo revelación.

Observemos que la mayor parte del tiempo Jesús demostraba antes de enseñar. Si seguimos el patrón general del ministerio sobrenatural en el cual Él se reveló primeramente, entonces nosotros *haremos* —manifestaremos la presencia—, y después *enseñaremos* el evangelio y la gloria a otros, porque la demostración sobrenatural hace que los corazones de las personas estén receptivos a creer y recibir la Palabra. Sin una manifestación visible, los argumentos y dudas en la mente de la gente probablemente los dominarán. Aún después de su resurrección, Jesús demostró que Él estaba vivo con señales incuestionables a cada uno de sus discípulos, sin dejar lugar para las dudas.

El aspecto más importante del servicio en una iglesia es que Dios manifieste su presencia.

¿Qué está demandando Dios de cada creyente hoy? ¡Disponibilidad! Cada uno de nosotros es un vaso que porta el reino, el poder, y la presencia de Dios. Él quiere usarlo. Estos no son los días de Moisés, Elías o David. ¡Éste es su día! Hasta hoy la gente ha oído sobre ellos, pero no ha oído sobre usted. Ellos fueron hombres comunes que recibieron una pasión divina y manifestaron a Dios bajo una gloria menor que la que tenemos ahora. ¡Lo reto! ¡Atrévase a apropiarse del denuedo del Espíritu Santo!

La gloria de Dios no está limitada a un lugar o a una situación específica. Quiero que usted de verdad entienda que Él se mueve fuera de la iglesia, tanto como adentro. Una de las razones primordiales por la que Él nos escogió para ser portadores de su presencia, es que ¡donde quiera que vayamos, Él se pueda manifestar!

Portando la presencia de Dios fuera de la iglesia

Cuando usted es un portador de la gloria de Dios, los milagros, señales y maravillas se manifestarán dondequiera que vaya. No tendrá que esperar el siguiente servicio en la iglesia para ver una sanidad o para que ocurra un milagro.

Muchos líderes y creyentes piensan que, para que Dios se haga visible y tangible, es imprescindible tener un grupo musical y que haya adoración corporativa; de lo contrario, Dios no fluirá. La adoración corporativa sí produce una nube de gloria que hace posible todas las cosas. Llena y renueva el aceite en nuestras lámparas, dándonos el fuego que necesitamos, y produce milagros espontáneos. Sin embargo, no es menos cierto que usted y yo podemos manifestar la presencia de Dios fuera de tal entorno, por medio de la fe y la autoridad "cruda", sin coros, música ni una atmósfera de gloria estructurada —el Espíritu Santo en nosotros es más que suficiente—. Usted puede ser un instrumento de Dios en cualquier lugar del mundo, porque es un tabernáculo móvil de la gloria del Espíritu Santo.

Con nosotros llevamos el dominio, el señorío y la voluntad del Rey. De ese modo, tenemos el potencial para manifestar la realidad del reino a toda persona y situación que enfrentemos, estableciéndola convincentemente por demostración. *"Desde los días de Juan el Bautista hasta ahora, el reino de los cielos sufre violencia, y los violentos lo arrebatan"* (Mateo 11:12).

En el mover de la gloria postrera, el creyente más débil será como David, y la iglesia unida en Cristo será como Dios.

En una conferencia realizada en un estadio, en Argentina, el milagro que sigue nos dejó realmente atónitos. Un niño de catorce años, llamado Pablo Alejandro, recibió su milagro durante la reunión. Sufría de una enfermedad llamada displasia ectodérmica congénita, la cual había detenido su crecimiento debido a la falta de hormonas. Su madre nos dijo que esa condición incluso había tomado la vida de otro de sus hijos, y la vida de su hermano. Como resultado de la enfermedad, Pablo no sudaba, pese a que vivía en una parte del país donde las temperaturas suben mucho durante el verano. Esta es una condición que puede ser mortal debido a la hipertermia. La enfermedad también lo hizo crecer sin encías ni dientes, por lo que tenía que usar prótesis dentales. Además, le picaba y ardía la piel. Estaba desesperado por ser sano y libre de todas esas plagas, y de la muerte.

Durante uno de los servicios, la gloria de Dios se derramó e hizo posible todo. Cuando comencé a declarar milagros creativos y señales sobrenaturales, Pablo empezó a sentir calor en su boca; dijo que sintió como un "ardor". Le pidió a la persona que tenía al lado que le revisara la boca, y para su sorpresa, se le estaban formando las encías. ¡Esa persona también pudo notar que ahora tenía hueso, y que sus dientes estaban creciendo! La prótesis ya no le quedaba. Además, empezó a crecerle pelo en el cuerpo. Para que este milagro ocurriera, Dios tuvo que crearle nuevas glándulas sudoríparas. ¡Donde la ciencia médica no tuvo respuesta, la gloria de Dios hizo un milagro creativo!

Pasos para manifestar la gloria de Dios hoy

Usted puede ser un portador del tipo de milagros que le ocurrieron a Pablo. Todo lo que tiene que hacer es creer y estar disponible para Dios.

1. Crea con todo su corazón

Jesús le dijo: ¿No te he dicho que si crees, verás la gloria de Dios? (Juan 11:40)

Jesús nos dio la clave para ver la gloria tangible y visible de Dios: crea —por encima de todo razonamiento e intelecto, y más allá de toda circunstancia—. ¿Ha considerado que, quizá lo que hoy usted está experimentando podría servir para que la gloria de Dios se manifieste? El único requisito para que esto suceda es que usted ¡lo crea con todo su corazón!

2. Hacer un compromiso de "id"

Y [Jesús] *les dijo* [a sus discípulos]: *Id por todo el mundo y predicad el evangelio a toda criatura.*

(Marcos 16:15)

"*Id*" se traduce de la palabra griega *poreúomai*, que signfica
"ir en el propio camino, pasar de un lugar a otro"; es "más específicamente usado para indicar procedimiento o curso".[14] Un
grave problema —sino el peor— que la iglesia está experimentando es que la mayoría de los creyentes ha fallado en entender
el verdadero significado de la palabra "*id*". Es tan simple, pero
parece que muchos cristianos todavía no lo entienden o simplemente no quieren hacerlo. En el libro de los Hechos leemos
que lo mismo ocurrió en la iglesia primitiva. Los creyentes no se
movían; diez años después de la resurrección de Jesús, seguían
predicando básicamente dentro de las paredes de Jerusalén, recibiendo más revelación, orando más, y ministrándose unos a
otros. Puede que hayan creído que no estaban listos para salir,
como muchos aún creen en la iglesia. Sin embargo, ellos jamás
estuvieron listos para ir, hasta que comenzó la persecución.

En nuestro tiempo, los creyentes continúan recibiendo conocimiento, orando, ayunando, buscando más activación e impartición y pidiendo una profecía más o una palabra de ciencia
más, ¡pero nunca están listos para *ir*! No estoy diciendo que estas cosas son malas —todas son buenas—, pero ¿qué estamos
haciendo con todo lo que hemos recibido? Si la actitud en el
cuerpo de Cristo no cambia, seremos "impulsados" de la misma
forma que la iglesia primitiva. Dios tuvo que permitir tribulación para forzarlos a ir al resto del mundo, a predicar, impartir
sanidad a los enfermos, y echar fuera demonios.

Cada capítulo del libro de los Hechos fue escrito para que
usted reciba conocimiento y revelación, impartición y activación
—y para que vaya inmediatamente a hacer lo mismo—. En el
momento que usted aprende algo, usted se vuelve responsable

---

[14] *Vine's Complete Expository Dictionary of Old and New Testament Words* (Nashville, TN:
Thomas Nelson Publishers, 1985), 269, s.v. "Go (Went), Go Onward".

delante de Dios de practicarlo. Si lo toma como simple conocimiento, usted será una persona religiosa más, que sabe la verdad, pero no la vive. Por tanto, antes que eso suceda, o incluso si ya ha ocurrido, lo reto a tomar la decisión de ir a su "mundo" —su casa, oficina, negocio o ciudad—, y testificar de Jesús. Le aseguro que la gloria de Dios se manifestará con señales indiscutibles, porque éste es el tiempo para la manifestación de la gloria, en y a través de los creyentes. Las señales siguen a aquellos que van y obedecen, conforme a la Palabra de Dios.

El poder y la gloria de Dios sólo podrán experimentarse a medida que usted va.

¿A dónde debe ir? Debe ir *"por todo el mundo"*. La palabra griega traducida como *"mundo"* en Marcos 16:15 es *kósmos*, que significa "distribución ordenada" o "mundo". En su sentido inmediato, aparentemente se refiere a la tierra física como escenario de la habitación humana,[15] ya que Marcos usó un participio presente, "mientras van de un lugar a otro por el mundo". Pero, en otro sentido, la palabra *kósmos* puede denotar "'la condición presente de los asuntos humanos', alejados de y opuestos a Dios".[16] Yo considero que el *kósmos* (cosmos) en ese sentido es el orden social organizado o estructurado en el mundo en que vivimos, el cual está diseñado para trabajar contra el sistema, gobierno o reino de Dios, porque Satanás es el *"príncipe de este mundo"* (Juan 12:31).

¿Cuáles son los sistemas de este mundo? Los principales sistemas son: el político, el judicial, el artístico (teatro, películas, música, y otros entretenimientos), económico/financiero, educacional, comunicacional, médico y religioso. Aún cuando hay creyentes trabajando en cada una de esas áreas, estos sistemas por lo general son controlados por Satanás y sus agentes humanos —personas que le sirven (a sabiendas o sin saberlo)

---

[15] Vea, por ejemplo, Watchman Nee, *Love Not the World: A Prophetic Call to Holy Living* (Fort Washington, PA: CLC Publications), 11.
[16] *Vine's Complete Expository Dictionary*, 685, s.v. "World", 1. (e).

para mantener esos sistemas—. Podemos "ir" con el poder, reino y presencia de Dios a remover los poderes demoníacos que controlan esos sistemas, para que la gente llegue a conocer a Cristo y así, quienes pertenecen al reino de Dios puedan influenciar esas áreas.

¡Esto es imposible de lograr con fuerza humana! Tenemos que usar el poder sobrenatural de Dios, conforme a la medida de favor, gracia e influencia que Él nos ha dado. ¿Cuál es nuestro cosmos? Puede ser una barbería, hospital, bodega, oficina, corporación, estación de radio o televisión, compañía de producción de videos, editorial, banco, supermercado, teatro, corte, biblioteca, universidad, taxi, aeropuerto, calle, estacionamiento, salón, gasolinera, salón de belleza, centro de salud, hotel, área turística, y otros. Podemos manifestar la gloria que habita en nosotros compartiendo la Palabra de Dios, imponiendo manos sobre los enfermos y echando fuera demonios; invadiendo con la verdad y la realidad del cielo esas áreas de nuestro cosmos.

A medida que "vamos", demostramos lo sobrenatural

Y yendo, predicad, diciendo: El reino de los cielos se ha acercado. Sanad enfermos, limpiad leprosos, resucitad muertos, echad fuera demonios; de gracia recibisteis, dad de gracia. (Mateo 10:7–8)

Debido a que la mayor parte de la iglesia ha fallado en seguir al Espíritu Santo y demostrar lo sobrenatural, ahora nos encontramos tratando de enseñar y explicar lo que se supone los creyentes hubieran captado, o "capturado", básicamente por asociación y por vivir bajo una atmósfera espiritual divina. La iglesia, en su mayoría, no ha aprendido a moverse espontáneamente; por el contrario, como lo hemos visto, ha reducido lo sobrenatural al razonamiento, porque muchas personas sienten que si no entienden algo, no es real.

Lo sobrenatural fue diseñado primero para ser experimentado y luego para ser entendido.

Los individuos carnales o mundanos no entienden que Dios es sobrenatural; sienten que la dimensión espiritual no tiene propósito, porque están en tinieblas y no pueden verlo. Es nuestra responsabilidad y tarea mostrarles esa dimensión, para que puedan ver la luz y los milagros. Nadie puede explicar a Dios, pero cuando lo experimentamos, no se necesitan más explicaciones. Si nos encontramos dando explicaciones, es porque la religión nos ha separado de la experiencia. La gente creerá cuando pueda experimentar a Dios.

Además de las que ya he presentado en este libro, podría contarle historia tras historia, sobre lo que les sucede a los miembros de nuestra iglesia mientras van por la vida, manifestando a diario, la revelación de la gloria de Dios en su cosmos.

Por ejemplo, una mujer llamada Silvia fue al doctor para un examen de rutina. Dos semanas después el doctor la llamó con los resultados. La prueba del VPH (virus del papiloma humano) había salido positiva, y le dijeron que tenía cáncer cervical. La mujer de inmediato rechazó el diagnóstico y la enfermedad. No los aceptó ni confesó, sino que se declaró a sí misma sana en el nombre de Jesús. Esa misma semana, en su grupo de discipulado, su mentor oró por ella; oró contra el espíritu de enfermedad. Silvia sintió un hormigueo en toda el área abdominal, seguido por un gran sentimiento de paz. Cuando regresó al médico para un seguimiento, no encontraron VPH ni células cancerosas. ¡Estaba completamente sana! Los doctores no alcanzaban a explicar lo que había ocurrido.

Al mes siguiente, Silvia notó a su jefa un tanto deprimida y siempre hablando de la muerte. Se enteró de la razón: el médico le había diagnosticado cáncer en los dos senos. Inmediatamente Silvia le compartió su testimonio, y le dijo, "Si usted cree que Dios puede sanarla, ore conmigo". La supervisora aceptó la invitación y confesó a Jesús como su Señor y Salvador. Silvia oró por salud y le impuso manos, declarando sanidad. Después, regresó a trabajar. Una semana más tarde, su jefa volvió al médico, quien la examinó y la declaró completamente sana. Ya no está deprimida. Tiene esperanza, gozo, salud ¡y a Jesús! Antes de eso, ella no permitía que Silvia leyera su Biblia o hablara de Jesús en la oficina; ahora la pone a orar por sus amigos enfermos y creer por su sanidad. Silvia está llevando el reino de Dios a su oficina, mientras trabaja. Dios la sanó y ahora ella está impartiendo sanidad a otros.

El mensaje del reino, poder y gloria irrita a los religiosos, pero aviva a aquellos que tienen sed de Dios.

¿Qué excusas dan los creyentes para evitar manifestar el reino? Tanto los cristianos relajados y cómodos como los inseguros y tímidos tienen innumerables excusas, incluyendo: "Soy tímido", "No puedo hablar", "Tengo mis propios problemas", "Mis finanzas no están bien", "No tengo tiempo", y "Estoy muy cansado". Incluso ponen como excusa que la manifestación del reino es sólo para los apóstoles o evangelistas. ¡Dios está cansado de excusas! El tiempo ha llegado para que usted predique, enseñe y demuestre el reino, empezando por su familia, luego sus amigos y después su cosmos más amplio.

¿Debería esperar a ser oficialmente enviado por la iglesia?

Jesús dijo, *"Mientras van..."* (Mateo 10:7), lo que significa, mientras va en camino, andando por la vida. No tenemos que esperar que el pastor nos llame adelante al altar y nos envíe con un título especial para que prediquemos y demostremos el poder de Dios. Jesús ya nos envió al mundo entero, a todos los estratos de la sociedad: pobres, ricos, intelectuales, analfabetos, profesionales, trabajadores comunes, jefes, empleados, gente de negocios, artistas, atletas, niños, adultos, jóvenes y ancianos; a la ciudad, el campo, los suburbios y a las naciones.

Al decir esto, no quiero decir que los cristianos deberían gobernarse solos o que no deben estar bajo autoridad. Ya hemos hablado acerca de la importancia de estar sujetos a una autoridad espiritual, y el hecho que la sumisión trae orden y cobertura espiritual. A lo que me refiero es a la predicación del evangelio y la manifestación del reino por parte de cada creyente en su esfera de influencia.

No se requieren títulos o permisos especiales para hacer esto. Por tanto, a medida que usted va por la vida, comparta las manifestaciones de la gloria de Dios. Su vecindario es el lugar donde usted está llamado a demostrar la gloria que posee dentro de usted. Cuando esté en el salón de belleza, comparta una palabra de ciencia con su estilista, y si está enfermo o enferma, ore por él o ella. Cuando vaya de vacaciones, ore con el empleado de la recepción del hotel. Darle una palabra profética y gáneselo para Cristo. Cuando vaya a un restaurante, háblele a la mesera sobre Jesús y ore por ella. Usted entiende la idea. En nuestro ministerio, cientos de jóvenes han pedido el permiso de sus profesores para pararse frente a su clase y orar por sus compañeros enfermos. Dios los ha respaldado con poderosos milagros y señales, demostrando su gloria por medio del denuedo en sus palabras y acciones.

El creyente que quiere ser un vaso escogido para portar la gloria de Dios debe cruzar las líneas de la comodidad, la conveniencia y la razón.

Debemos ser vasos que portan la gloria de Dios, para sanar, liberar y manifestar milagros sorprendentes a medida que vamos por la vida y salimos de las paredes de la iglesia. En el Chaco, Argentina, ministré en un estadio abierto, y durante el tiempo de adoración del servicio, mucha gente pasó adelante a danzar y celebrar al Señor. Nuestro fotógrafo tomó varias fotos de lo que estaba pasando, y entre las fotos estaba la de una niña pequeña, que aparentaba no más de ocho años. Vestía de violeta y estaba sentada sobre los hombros de un hombre joven. Sus manos se levantaban hacia el cielo, y puede verse que le faltaba la mayor parte del dedo índice de su mano derecha.

Más tarde, cuando la gloria de Dios descendió sobre las más de veinte mil personas que estaban reunidas, oré por los enfermos y le ordené a todos los huesos encogidos que se estiraran. ¡Podíamos sentir el poder sobrenatural de Dios trabajando! La gente estaba profundamente tocada. Pedí testimonios, y entre la multitud salió la niñita. Su mamá estaba con ella, llorando e impactada por el milagro que acaba de ocurrirle a su hija. ¡Dios le había creado nuevamente su dedo! Ahora tenía un dedo índice de tamaño normal en su mano derecha. La niña había perdido su dedo en un accidente relacionado con una máquina de cortar pan cuando apenas tenía dos años, y había sufrido mucho, porque sus compañeros de escuela siempre se burlaban de ella. Pero, esa noche, ella sintió el fuego de Dios en su mano, y se volteó para mostrarle a su madre. Después, los doctores la examinaron y quedaron completamente impactados. ¡Las fotos de antes y después claramente muestran cuánto "creció" el dedo!

Algunas veces, las demostraciones de la presencia de Dios fuera de la iglesia son más poderosas que aquellas que ocurren dentro de la iglesia. Estoy convencido que ésta es la temporada en la cual ocurrirán grandes manifestaciones sobrenaturales, no sólo en las iglesias sino también en coliseos, arenas, parques, teatros, y en cualquier lugar que haya un creyente lleno de su presencia, y que esté dispuesto a manifestarla.

¿Qué le preocupa a usted más: sus necesidades o las necesidades de otros?

Algunas personas están tan centradas en sus propias necesidades, ego, reputación, o temor al rechazo, que les cuesta armarse de valor para demostrar la gloria que Dios ha depositado en ellos. Pero los milagros, señales y maravillas tendrán lugar cuando nos olvidemos de nosotros mismos, y percibamos y nos enfoquemos en las necesidades de los demás, y en cómo suplir esas necesidades. Cuando se levante por la mañana, pídale a Dios que ponga en su camino alguien en necesidad —alguien enfermo, deprimido o perdido—. Pídale denuedo para manifestar su presencia, para que esa persona pueda ver su luz. Recuerde que, dondequiera que usted vaya, la gloria de Dios es poderosa y está lista para ser manifestada.

Federid nació sordo mudo debido a una infección que sufrió en el vientre de su madre. La atmósfera en su casa era de frustración debido a su condición, pero su mamá, Reyna, nunca dejó de creer en el amor de Jesús. No hace mucho, ella trajo a su hijo a uno de nuestros servicios, donde estábamos ministrando sanidad y milagros. Durante la adoración empecé a orar por la gente, y cuando me acerqué al niño pude sentir la fe de su madre. Impuse mis manos sobre él y le ordené al espíritu sordomudo que lo soltara, diciendo, "¡Sal de él! ¡Suéltalo!". Luego le dije al niño que repitiera la palabra "Papi". En esa atmósfera, llena de la presencia de Dios, con una multitud esperando ver el poder de Dios, Federid de repente dijo, "Papi". La gente explotó en gritos de gozo cuando el niño de nueve años, que nunca había oído o hablado en su vida, de repente repitió el primer sonido que sus oídos —sanados por la gloria de Dios— registraron. El niño había llegado sordo mudo, pero se fue con un milagro creativo que le permitió oír y hablar. En la gloria de Dios, en un instante fue transformado.

¿Está dispuesto a comprometerse a demostrar la presencia de Dios?

Si a usted le gusta la religión y está conforme con ella, usted no va a querer "ir" y hacer lo que Dios está pidiéndole que haga hoy. Tampoco va a entender lo que estoy diciendo; por esa razón muchos creyentes en siglos anteriores se volvieron inefectivos. Para muchos de ellos, la religión y el formalismo se convirtieron en ataduras que les impidieron cumplir la comisión dada por Dios. Cada creyente está llamado a hacer historia, no a vivir una rutina o tradición sin el poder sobrenatural de Dios. Éste es el tiempo de comprometerse para ser un miembro del remanente de vasos escogidos; aquellos que portan y demuestran la gloria de Dios. Entonces, mientras va por la vida, empezando donde hoy está, ¡haga historia! Predíquele al perdido, sane al enfermo, expulse demonios y remueva las tinieblas con la luz de la gloria de Dios.

Sea parte del movimiento final de la gloria de Dios, que llenará la tierra en estos últimos tiempos. Las más grandes manifestaciones de su poder serán vistas en esta dispensación —este período revelado de tiempo—, y usted no puede quedarse atrás. Esa gloria está dentro de usted. Vaya y manifiéstela fuera de su iglesia, con señales, milagros y maravillas. ¡Usted es un portador de luz para este mundo! Empiece ahora mismo y viva las experiencias sobrenaturales más impresionantes que jamás se pudo imaginar.

De hoy en adelante empiece a dar pasos de fe, de modo que pueda llegar a escribir su propio libro, lleno con el mismo tipo de milagros que encontramos en el libro de los Hechos. Permita que la generación que está naciendo hoy, no sólo lea en la Biblia los Hechos de los Apóstoles, sino que también lean lo que Dios hizo a través de usted. Ahora, ¡vaya y manifieste su presencia!

Lo invito a que ore conmigo:

Padre celestial, ahora mismo, en el nombre de Jesús, te pido que me perdones por haberme conformado a la religión, el legalismo y las tradiciones vacías. En el nombre de Jesús, te pido que desates sobre mí hambre y sed por tu reino y gloria. Te pido que me uses como un vaso de barro escogido para manifestar tu gloria a medida que vivo mi vida. Te pido que desates el fuego de tu presencia en mí, ahora mismo, de manera que nunca más vuelva a ser un cristiano pasivo, sino uno activo y atrevido. Señor, dame denuedo. Permite que tu gloria esté sobre mí, todos los días de mi vida —aun más en estos tiempos de la gloria postrera—. Me comprometo a estar siempre disponible, a rendir mi cuerpo como sacrificio vivo, y a obedecer tu Palabra. Quiero ser parte del remanente que tú estás levantando para manifestar la gloria postrera. La recibo ahora mismo, y voy a mi "mundo", en el nombre de Jesús. ¡Amén!

El movimiento de la gloria de Dios empezará como una pequeña corriente de agua; la corriente aumentará hasta hacerse un arroyo; el arroyo crecerá hasta ser un gran río, el río rebosará y se convertirá en mar; y ese mar se transformará en un océano poderoso. Entonces, la gloria de Dios cubrirá la tierra como las aguas cubren la mar, ¡y Jesús vendrá por su iglesia!

EXPERIENCIAS CON DIOS

- Ha llegado la hora para que los creyentes, ¡manifiesten el conocimiento de la gloria de Dios en la tierra! ¿Está usted disponible? Si está pasando momentos difíciles, éste es el tiempo de clamar al único Dios verdadero por su ayuda y provisión. Si usted nunca ha reconocido a Cristo resucitado —Jesús, quien es la única respuesta a sus problemas—, acérquese a Él ahora repitiendo esta oración en voz alta:

Padre celestial, yo reconozco que soy un pecador, y ahora me arrepiento de todos mis pecados. Con mi boca confieso que Jesús es el Hijo de Dios, y creo en mi corazón que el Padre lo levantó de entre los muertos. Soy salvo, en el nombre de Jesús. ¡Amén!

- Ore por los enfermos, testifique de Jesús y profetícele a otros. Muévase en los dones del Espíritu Santo para buscar al perdido; vaya donde esté la depresión, la enfermedad y la pobreza. Manifieste la gloria de Dios dondequiera que usted vaya.

Acerca del autor

El Dr. Guillermo Maldonado es un hombre llamado a traer el poder sobrenatural de Dios a esta generación a nivel local e internacional. Activo en el ministerio por más de veinte años, es el fundador y pastor del Ministerio Internacional El Rey Jesús —una de las iglesias hispanas y multiculturales de más rápido crecimiento en los Estados Unidos— reconocido por la formación de líderes de reino y por las manifestaciones visibles del poder sobrenatural de Dios.

Con su maestría en teología práctica de la Universidad Oral Roberts y un doctorado en divinidad de la Universidad Vision International, el Dr. Maldonado está firme y enfocado en la visión que Dios le ha dado de evangelizar, afirmar, discipular y enviar. Su misión es enseñar, entrenar, equipar y enviar líderes y creyentes a traer el poder sobrenatural de Dios a sus comunidades para entonces dejar un legado de bendición a las futuras generaciones. Esta misión es mundial. El Apóstol Maldonado es un padre espiritual para más de 100 pastores y apóstoles de iglesias locales e internacionales que forman parte de la creciente, Red Apostólica Vino Nuevo, fundada por él.

Él es autor de muchos libros y manuales, algunos de los cuales han sido traducidos a otros lenguajes. Su último libro con Whitaker House fue *Cómo Caminar en el Poder Sobrenatural de Dios*. Adicionalmente, él predica el mensaje de Jesucristo y su poder redentor, a través del programa *Tiempo de Cambio*, el cual tiene alcance nacional e internacional a través de varias cadenas de televisión, alcanzando a millones a nivel mundial.

El Dr. Maldonado reside en Miami, Florida, junto a su esposa y compañera en el ministerio, Ana, y sus dos hijos, Bryan y Ronald.